推进城乡融合发展研究

陈方猛　等◎著

中国财经出版传媒集团
中国财政经济出版社

图书在版编目（CIP）数据

推进城乡融合发展研究 / 陈方猛等著. -- 北京：
中国财政经济出版社，2020.8
ISBN 978 -7 -5095 -1625 -6

Ⅰ.①推… Ⅱ.①陈… Ⅲ.①城乡建设－经济发展－
研究－中国 Ⅳ.①F299.21

中国版本图书馆 CIP 数据核字（2019）第 294387 号

责任编辑：彭 波　　责任印制：党 辉
封面设计：卜建辰　　责任校对：胡永立

中国财政经济出版社 出版

URL：http：//www.cfeph.cn
E－mail：cfeph@cfemg.cn

社址：北京市海淀区阜成路甲 28 号 邮政编码：100142
营销中心电话：010－88191537
北京财经印刷厂印装 各地新华书店经销
710×1000 毫米 16 开 15.5 印张 260 000 字
2020 年 8 月第 1 版 2020 年 8 月北京第 1 次印刷
定价：68.00 元
ISBN 978 -7 -5095 -1625 -6
（图书出现印装问题，本社负责调换）
本社质量投诉电话：010－88190744
打击盗版举报热线：010－88191661 QQ：2242791300

前　言

2017年，习近平总书记在党的十九大报告中提出实施乡村振兴战略，第一次明确提出“城乡融合”的概念，强调指出：“实施乡村振兴战略。农业农村农民问题是关系国计民生的根本性问题，必须始终把解决好‘三农’问题作为全党工作重中之重。要坚持农业农村优先发展，按照产业兴旺、生态宜居、乡风文明、治理有效、生活富裕的总要求，建立健全城乡融合发展体制机制和政策体系，加快推进农业农村现代化。”① 2019年4月15日，中共中央、国务院印发《关于建立健全城乡融合发展体制机制和政策体系的意见》，进一步明确了城乡融合发展体制机制改革的整体框架。城乡融合重要思想的提出，标志着中国特色社会主义城乡关系进入新的历史时期，具有重要的理论意义和现实意义。

首先，对马克思主义城乡关系理论的丰富发展。马克思、恩格斯对空想社会主义和资产阶级经济学家的城乡关系理论进行批判吸收，提出从分离到融合的重要思想。马克思认为，城乡分离是资本主义制度和生产力发展的必然产物。资本主义的产生和发展致使工业和人口集中于城市，并为城市的工商金融资本剥削农业生产者创造了便利；随着生产力水平的不断提高，社会分工也逐渐深化，商品经济快速发展，由此推动城市与农村的分离。“资产阶级使农村屈服于城市的统治”②，城市剥削农村的现象极为突出，城乡差距不断

① 中国政府网．http：//www. gov. cn/zhuanti/2017－10/27/content_ 5234876. htm.

② 中共中央马克思恩格斯列宁斯大林著作编译局编．马克思恩格斯选集（第一卷）．北京人民出版社，1995：276.

扩大。为此，恩格斯提出城乡融合的重要思想，强调“通过城乡的融合，使社会全体成员的才能得到全面的发展，”① “将把城市和农村生活方式的优点结合起来，避免二者的片面性和缺点。”② 进入新时代，习近平同志强调推进城乡融合，就是要进一步把乡村和城市放在平等地位，发挥各自优势，形成工农互促、城乡互补、全面融合、共同繁荣的新型工农城乡关系，这是对马克思主义城乡关系理论的全面继承与丰富发展。

其次，对新中国成立以来城乡关系的全面总结。新中国成立以后，通过社会主义改造，建立社会主义制度，消除了城乡关系分离的制度性根源。然而在特定历史背景下，随着计划经济体制和户籍制度不断强化，城乡二元结构体制的长期存在，严格控制农业人口流向城市，加剧了城市和乡村的隔离状态，而国家对农村的投入极其有限，由此造成我国城乡关系的严重失衡。党的十一届三中全会以来，随着改革开放的不断深入，城乡二元结构逐步被打破，城乡之间的藩篱逐步被清除；工业化的推进和城市经济实力不断增强，为以城带乡、以工补农提供重要条件，因而2002年11月召开党的十六大，正式提出统筹城乡经济社会发展，开启了中国城乡关系的再一次转轨。我国长期以来的农业支持工业、乡村支持城市的城乡关系调整为工业反哺农业、城市带动乡村。党的十八大以来，农业农村取得了长足的发展，广大农民的生活得到了进一步改善。为了有效解决城乡要素流动不顺畅、公共资源配置不合理等问题，党的十九大报告提出城乡融合的新思想与新观念，这是对新中国成立以来城乡关系的全面总结。

最后，实施乡村振兴战略、全面建设社会主义现代化国家的重

① 中共中央马克思恩格斯列宁斯大林著作编译局编．马克思恩格斯选集（第一卷）．北京人民出版社，1995：243.

② 中共中央马克思恩格斯列宁斯大林著作编译局编．马克思恩格斯选集（第一卷）．北京人民出版社，1995：240.

要保障。决胜全面建成小康社会，短板在农村，难点是农村贫困人口脱贫；现在要实现乡村振兴、全面建设社会主义现代化国家，短板仍然在农村，难点是实现农业农村现代化。随着我国城市化快速推进，乡村人口有进一步减少的趋势，2010年我国乡村人口有6.71亿，乡村人口占全部人口比重为50.05%，至2018年我国乡村人口减少至5.64亿，乡村人口占全部人口比重降低至40.42%，2018年与2010年相比，我国乡村人口减少1亿多，乡村人口占全部人口比重降低近10个百分点，然而仍然有相当多的人口居住在农村。根据预测，到2035年基本实现现代化时，仍会有约4亿人居住在乡村；即使到2050年，依然有几亿人居住在乡村。如果不进一步破除城乡二元体制、推进城乡融合发展，城市化的虹吸效应会让乡村一步步走向衰落，这数亿人就不可能同步实现现代化，乡村振兴战略目标就无法实现，整个国家也无法实现全面现代化。

进入新时代，城乡关系面临许多的新情况和新特点，推进城乡融合发展，是一项系统工程，涉及市场与政府、制度与执行力、整体与局部、目标牵引与问题导向等众多关系，我们认为，必须坚持以下几个方面原则；

（1）市场驱动、政府引导原则。推进城乡融合，首要是妥善处理市场与政府的关系，一方面要坚持市场驱动原则，要在尊重乡村发展规律的基础上，充分发挥市场在资源配置中决定性作用，坚决破除妨碍城乡要素自由流动和平等交换的一切壁垒，促进各类要素更多向乡村流动，在乡村形成人才、土地、资金、产业、信息汇聚的良性循环，为乡村振兴注入新动能；另一方面必须坚持政府引导，通过规划编制、政策实施和宣传鼓励等措施，有意识地引导城乡融合各项工作走向深入，逐步实现城乡之间的相互依存和共生共存。

（2）制度保障、工作协同原则。推进城乡融合，需要制度保障，更需要形成工作合力，提高执行力。一方面，推进城乡融合，要在促进城乡要素合理配置、促进城乡基本公共服务普惠共享、促进城乡基础设施一体化发展、促进乡村经济多元化发展、促进农民收入持续增长等方面建立健全制度机制，以新的制度机制管人管事；另一方面，坚持工作协同原则，树立城乡一盘棋理念，形成多部门工作协同格局，充分调动管理部门与农村基层组织、企业与农户的各方的积极性，确保政令畅通，上下一致。

(3) 稳步推进、敢闯敢试原则。一方面，充分考虑不同地区城乡融合发展阶段和乡村差异性，考虑市场培育、制度保障的进度差异性，稳妥把握改革时序、节奏和步骤，分类施策，梯次推进；另一方面，尊重基层首创精神，充分发挥地方基层干部群众的积极性和创造性，看准了的，就大胆地试、大胆地闯，在实践中善于总结，形成符合实际、各具特色的改革路径和城乡融合发展模式。

(4) 目标牵引、问题导向原则。一方面，坚持以目标牵引，城乡融合要服务于乡村振兴战略、全面建设社会主义现代化国家目标的实现，明确每一阶段的发展重点，构建促进城乡规划布局、要素配置、产业发展、基础设施、公共服务、生态保护等相互融合和协同发展的体制机制，确保乡村振兴各个阶段任务的完成；另一方面，坚持以问题为导向，就是要找准问题，精准施策，着力解决城乡要素流动不顺畅、公共资源配置不合理等突出问题，切实保护农民权益，不断提升农民获得感、幸福感、安全感。

推进城乡融合，必须围绕当前乡村振兴的中心工作，着力完成以下几个方面重点任务：

(1) 产业融合，构筑更加紧密的农企利益联结关系。产业融合是城乡融合发展的重要基础。为此，第一，构筑新产业新业态培育机制，就是要依托“互联网+”和“双创”推动农业生产经营模式转变，健全文化休闲类健康体验型新业态培育机制，发展农产品个性化定制服务，完善农村电子商务支持政策，实现城乡生产与消费多层次对接。第二，构筑工商资本入乡机制，就是不断改善农村营销环境和配套政策，引导工商资本投资适合产业化规模化集约化经营的农业领域，支持社会力量进入乡村生活性服务业，促进现代农业和农村新态业的发展。第三，构筑科技成果入乡转化机制，就是建立科研人员到乡村兼职和离职创业政策，探索其在涉农企业技术入股、兼职兼薪机制，促进科研成果的转化。第四，构筑农产品进城销售机制，就是要进一步完善惠农政策，消除农产品进城销售的有形和无形障碍，鼓励有机特色农产品在城市落户、直销机制，较好地满足城市居民的需要。

（2）资产盘活，构筑更加畅通的城乡资金纽带关系。资产盘活是城乡融合发展的必然要求。为此，第一，构筑自然资源资产产权制度，就是要做好农村集体所有的自然资源资产所有权确权工作，依法落实农村集体经济组织特别法人地位，增强对农村集体所有自然资源资产的管理和经营能力。要扩大竞争性出让，进一步完善自然资源价格形成机制，推进自然资源资产抵押融资，增强市场活力。第二，构筑集体经营性建设用地入市制度，就是要加快完成农村集体建设用地使用权确权登记颁证，按照国家统一部署，在符合国土空间规划、用途管制和依法取得前提下，允许农村集体经营性建设用地入市，允许就地入市或异地调整入市；完善农村土地征收制度，缩小征地范围，规范征地程序，维护被征地农民和农民集体权益。第三，深化农村（社区）股份合作制改革，就是要进一步实施农村集体资产清产核资，完善内部法人治理结构，健全激励制度，为推进资产盘活，提供重要保证。

（3）统筹规划，构筑更加合理的城乡空间布局。统筹规划是城乡融合发展的先导因素。为此，第一，强化顶层设计全域统筹规划，就是深入贯彻城乡融合、产城融合、有机更新、多规融合的理念与要求，利用大数据技术，更好地掌握基础数据；使用信息技术、空间技术、开门编规划等新方法。第二，因地制宜科学编制乡村规划，就是要科学编制中心镇、中心村规划，明确中心镇、中心村功能定位，确立中心镇、中心村人口合理规模，优化中心镇、中心村空间布局，引导人口相对集中。第三，加快培养乡村规划人才，就是在符合条件的高等院校增设城乡规划专业，定向培养一定乡村规划人才；村镇与大专院校、市县规划院合作，联合培养乡村规划人才（自培）；规模村镇配备专门规划人才。第四，进一步强化规划法律法规保障，就是要完善相应立法，强化规划权威性、严肃性，未经法定程序批准，不得随意调整更改各类规划。

（4）乡村善治，构筑更加和谐的城乡关系。乡村善治是城乡融合发展的内在需要。为此，第一，必须加强顶层设计，就是树立系统性战略性思维，做好整体谋划和分类指导，扫清城乡之间的制度障碍，真正实现城市与乡村融合的社会治理体系新格局。第二，强化党组织的政治引领，就是建立健全党组织领导的自治、法治、德治相结合的乡村治理体系，发挥群众参与治理主体作用；增强乡村治理能力。建立健全城乡干部交流制度，培育社会治理带头人。第三，培育发展农村社会组织，就是要将农村社会组织纳入推进城乡社会治理的重要组成部分加大政策支持力度，降低准入门槛，完善社会组织直接登记制度，优化发展环境，加快其培育。探索建立农村社会组织发展基金会或发展专项基金，引导慈善资金、社会捐赠资金等有效流入公益性社会组织。第四，完善网格化管理，就是要按照“网格化管理、组团式服务”工作要求，进一步强化信息收集，加大联合执法力度，完善基层服务，确保社会平安。

（5）引智聚力，构筑更加有力的城乡人才流通渠道。引智聚力是城乡融合发展的人才支撑。为此，必须重点做好以下几个方面工作：第一，实施“报效桑梓—城市工商企业家下乡计划”，就是要加强城乡信息互通，发挥各级工商联的渠道和作用，定期组织城市工商企业家下乡交流，从交流中发现“商机”，推进工商企业家下乡创业创新和社会捐赠。第二，实施“叶落归根—银发人才返乡计划”，就是从完美配套政策入手，鼓励和动员身体已退休的高级知识分子返乡从事乡村教育、信息咨询和技术服务，破解乡村振兴的人才瓶颈和人口老龄化的发展失衡双重困局。第三，实施“反哺家乡—大学生返乡计划”，就是实行本土化策略，组织大学生赴农村工作，担任各级村官，熟悉农村情况，为农民和农村合作社服务，为农村干部队伍注入新鲜血液。

(6) 设施互通，构筑更加一体的城乡设施共享网络。设施互通是城乡融合发展的基础性条件。为此，第一，坚持融合提升一条主线，就是要加强对城乡基础设施需求预测与分析，提高预测能力和掌控能力；将融合提升的理念与要求，贯穿于高质量地编制多层次、广覆盖的城乡基础设施发展规划之中；实行“多规合一”，促使城乡基础设施不断完善。第二，抓住产业融合、小城镇建设两大载体，就是要充分利用当前新型城镇化大力兴起以及交通、通信条件显著改善的有利时机，以产业融合、小城镇建设为两大载体和抓手，以点带面，进一步完善农村基础设施。第三，构筑“三大服务圈”布局，就是根据我国现阶段发展的现状及趋势，按照“服务、对接、融合、共享”的理念，重点推进农村居民生活服务圈、城乡交通服务圈、城市居民休闲体验服务圈等三大圈建设。第四，完善四大体系，就是重点完善教育、医疗、文化、路网四大体系，推动公共服务向农村延伸、社会事业向农村覆盖，提升公共服务质量与水平。

(7) 绿色融合，构筑适合惠及城乡居民的生态体。绿色融合是城乡融合发展的题中之义。为此，第一，加强城乡环境保护统筹的法制建设，就是要不断完善保护生态资源和城乡环境的各项制度，通过有效的资源保护和环境建设实施可持续发展战略，建立起符合城乡可持续发展的完善的环境法规体系。同时，必须依靠法制的保障，走生态环境建设法治化道路，实现环境建设法制化。第二，加快城乡环境政策和经济政策的融合，就是要科学设定政府城乡环境保护统筹的职责，准确定位环境功能，科学规划城乡环境保护，完善城乡环境保护统筹的环境经济政策体系。第三，建立以生态产业为理念的循环经济发展模式，就是要统筹城市和农村的产业结构链，建立配套的城乡生态产业体系，发展生物质能源保护农业生态环境，发展现代生态农业的循环经济模式。第四，强化城乡环保统筹宣传与教育，就是加强城乡环境保护统筹的教育，让更多的城乡居民参与城乡环境保护工作。

精雕细琢出佳品，千修百改出华章。经过多次讨论与修改完善，形成了现在的书稿呈现在读者面前，围绕城乡融合的主题，各章作者作了充分阐述。当然受认识条件的限制，有一些观点与看法可能还不够成熟，有待进一步深化研究。实践没有止境，理论创新也没有止境。随着实践的深入，对城乡融合规律性认识将会进一步提高。

作者

2019 年 9 月

目　　录

第一章

总　　论

城乡关系是人类社会经济发展的基本关系形态，在人类文明演进和经济社会发展中居于核心地位。马克思曾指出，“城乡关系一改变，整个社会也跟着改变。”[①] 城乡关系包括城乡经济关系、政治关系、社会关系、生态环境关系、文化关系及区位关系等诸多方面内容，具有十分丰富的内涵。如何看待和处理城乡关系，直接影响到一个国家经济社会的发展状况，也标志着一个社会的文明水平。理论界对城乡关系的研究伴随着现代城市的产生、发展和壮大，产生了城乡统一、城乡分离、城乡差别、城乡协调、城乡融合等理论。新中国成立以来，我国城乡关系受到国家经济社会发展水平和城乡有关理论的影响，经历了从城乡分割到城乡统筹再到城乡融合的过程。2018 年，我国常住人口城镇化率达到 59.58%[②]，按照世界各国城镇化发展的一般规律，我国正处于城乡关系演变与乡村快速发展转型的关键时期。城乡发展不平衡不协调，依然是现阶段我国经济社会发展中最为突出的结构性矛盾，通过城乡融合实现乡村振兴成为我国现阶段的重大发展战略。要实现城乡融合发展，必须从产业、生产要素、城乡规划、社会治理、基础设施建设、人才保障以及生态保护等多个方面入手，打破城乡二元结构体制，构建城乡互补、全面融合、共同繁荣的城乡关系。

---

① 马克思恩格斯选集（第 1 卷）[M]. 人民出版社，2012：237.

② 国家统计局 . 2018 年国民经济和社会发展统计公报 . http：//www. stats. gov. cn/tjsj/zxfb/201902/t20190228_1651265. html.

第一节 概述

“乡村是具有自然、社会、经济特征的地域综合体，兼具生产、生活、生态、文化等多重功能，与城镇互促互进、共生共存，共同构成人类活动的主要空间。”[①] 构建城乡融合的新型城乡关系，首先需要厘清城乡关系的相关概念和理论。

一、城市与乡村

城市与乡村是人类生产、生活的基本空间，但两者的起源不同，因此在各自的发展过程中呈现了不同的形态和功能特征。

（一）城市

城与市在古代是两个不同的概念，具有不同的功能。“城”是行政地域概念，在古代是指军事防御建筑，如“长城”。古代文献《管子》中有“城者，所以自守也。”[②] “市”在古代则是一个商业性概念，是指人们集中进行商品交换的场所。现代意义的城市是一个政治、经济、文化的社会综合体。根据《现代汉语词典》的释义：城市是“人口集中、工商业发达、居民以非农业人口为主的地区，通常是周围地区的政治、经济、文化中心。”[③]

（二）乡村

乡，在我国一般是指县以下的农村行政区域单位或者泛指城市以外的地区。村，则往往是指有一定农业人口聚集的地方。乡村是一个有别于城市的概念，从功能属性上来说，主要以农业生产为主，是农业人口集中居住的农村聚落。从地理空间的角度，乡村是一个空间地域系统，是指人口有一定数量的聚

---

① 中共中央 国务院．乡村振兴战略规划（2018～2022年）．http：//www.moa.gov.cn/xw/zwdt/201809/t20180926_6159028.htm.

② 辞海编辑委员会．辞海［M］．上海辞书出版社，1977：179.

③ 中国社会科学院语言研究所词典编辑室．现代汉语词典［M］．商务印书馆，2012：168.

集但又与其他群落隔离的聚居地。《现代汉语词典》对乡村的解释是："主要从事农业、人口分布较城镇分散的地方"。①

二、城乡关系的相关理论

城乡关系是指城市与乡村之间在经济、政治、文化、社会、生态等多个方面相互依存、相互矛盾、相互影响、相互制约的多重的、普遍的联系。在人类发展过程中，城乡关系经历了长期的历史变迁，而人类对城乡关系的认识也在不断发展和深化。

（一）亚当·斯密的城乡自然顺序说

国际学术界对城乡关系的系统阐述，可以追溯到亚当·斯密在《国富论》中提出的城乡关系的自然顺序说。亚当·斯密认为，城市和乡村是相互依存、互利互惠的关系，城市的发展是由于乡村生产力发展而造成的财富溢出，先有乡村的发展才有城市的发展，只有遵循这一自然顺序并保持一定比例的城乡格局，一个社会的发展才是合理的。他指出，"假使人为制度不扰乱事物的自然倾向，那就无论在什么政治社会里，城镇财富的增长与规模的扩大，都是乡村耕作及改良事业发展的结果，而且按照乡村耕作及改良事业发展的比例而增长扩大。"②

（二）大卫·李嘉图的城乡差距论

大卫·李嘉图生活在英国产业革命迅猛发展的时代，他在代表作《政治经济学及赋税原理》中论述了工业化进程中的城乡差距问题。他认为，农业部门由于受其生产过分依赖于土地的特点，存在收益递减的规律，重复耕种的土地收益会降低，当肥沃的土地被占有后，其他人不得不去耕种贫瘠的土地，收益也会出现下降。但城市工业则不同，由于技术的不断更新导致大工业生产，工业的收益呈现不断上升的趋势。蒸蒸日上的工业造就繁荣的城市，而收益递减的农村必然导致乡村的衰落。所以城乡之间的差距具有必然性，城市对

---

① 中国社会科学院语言研究所词典编辑室．现代汉语词典［M］．商务印书馆，2012：1418.

② 亚当·斯密．国民财富的性质和原因的研究（上卷）［M］．商务印书馆，2005：348.

农村的统治也是必然的。

（三）城市偏好学说

20 世纪 50 年代之后，城乡关系问题越来越受到理论界的关注，为城乡关系理论建立各种理论模型成为一种现象。其中最著名的是 1954 年，阿瑟·刘易斯提出了二元经济结构理论即“刘易斯模型”①，成为分析城乡关系问题的经典模型。刘易斯认为，发展中国家存在传统和现代两个部门经济，由于现代部门的高工资水平而形成一种不断扩张的态势，使传统农业部门的剩余劳动力被现代部门全部吸纳。另两位学者拉尼斯和费景汉进一步深化了刘易斯模式，将其演变为“刘易斯—拉尼斯—费景汉”模型。他们认为农业对经济发展的贡献不仅在于为现代部门提供了所需的劳动力，也在于为现代工业部门提供了农业剩余。

（四）城乡协调理论

早在 19 世纪末，英国学者埃比尼泽·霍华德就提出了“田园城市”一说，他认为“城市和乡村都各有其优点和相应缺点，而城市—乡村则避免了两者的缺点，“城市和乡村必须成婚，这种愉快的结合将迸发出新的希望，新的生活，新的文明。”② 20 世纪 30 年代，美国著名城市地理学家芒福德指出，“城与乡，不能截然分开；城与乡，同等重要；城与乡，应该有机地结合起来。如果问城市与乡村哪一个更重要的话，应当说自然环境比人工环境更重要。”③

20 世纪七八十年代以来，国际学者对城乡关系的研究试图纠正长时期占统治地位的城市偏好理论，岸根卓郎基于系统论的视角，提出建立一个“自然—空间—人类系统”④ 的城乡融合社会的设想。塔科里的城乡连续体理论、林奇的城乡动力学理论等都强调了城乡的关联性。麦基提出在区域综合发展基础上建立城市化的主张，道格拉斯则认为乡村的结构变化和发展通过一系列的“流”（人、生产、商品、资金和信息）与城市的功能和作用相联系，通过

---

① 叶超，陈明星．国外城乡关系理论演变及其启示［J］．中国人口·资源与环境，2008（1）．

② 埃比尼泽·霍华德．明日的田园城市［M］．金经元译．商务印书馆，2000：9．

③ 郝寿义，安虎森．区域经济学［M］．经济科学出版社，1999：404－405．

④ 武小龙，刘祖云．城乡关系理论研究的脉络与走向［J］．领导科学，2013（4）．

“流”可以导向一种城乡联系的良性循环，从而确保城乡均衡发展目标的实现。

（五）马克思恩格斯的城乡融合思想

19 世纪西方国家在快速工业化过程中，形成了城乡分割并对立的局面，导致城市发展的畸形和乡村的凋敝，最终成为社会发展的严重障碍。以圣西门、傅立叶、欧文为代表的空想社会主义者对当时西方社会遭遇的城乡矛盾进行了批判，并对未来理想社会提出了诸多设想，有些还被付诸实践，他们试图建设一个没有工农差别、城乡平等的和谐社会，但最终以失败告终。

马克思、恩格斯对空想社会主义和资产阶级经济学家的城乡理论进行批判性的吸收，他们认为乡村是城市的母体，城市的产生源于乡村的发展。西方国家城乡分割对立局面的产生和资本主义大机器工业的发展密切相关，这种生产方式导致城乡关系的不断扩大，城市不断剥夺农业的剩余，在空间上不断侵占农村，给自给自足的小农经济带来巨大冲击。但是，马克思、恩格斯也看到，这一发展过程又是社会发展的必经阶段，工业文明战胜农业文明是人类历史的巨大进步。他们从这种发展趋势中开始思考如何使城市和乡村融合发展的可能性。

恩格斯在《共产主义原理》中首次提出城乡融合说：“由社会全体成员组成的共同的联合体来共同地和有计划地利用生产力；把生产发展到能够满足所有人的需要的规模；彻底消灭阶级和阶级对立；通过消除旧的分工，通过产业教育、变换工种、所有人共同享受大家创造出来的福利，通过城乡的融合，使社会全体成员的才能得到全面的发展。”①他们在肯定了城市的功能和城乡分离的历史必然性以后，指出城乡之间的关系并不是僵硬的、一成不变的，未来社会绝不会固化城乡对立的二元结构，而是实现生产力高度发达基础上的城乡平等与协调，“把城市和农村生活方式的优点结合起来，避免两者的片面性和缺点。”②

① 马克思恩格斯选集（第 1 卷）[M]. 人民出版社，2012：308.

② 马克思恩格斯选集（第 1 卷）[M]. 人民出版社，2012：305.

三、城乡关系发展的几个阶段

从国际城乡关系的相关理论和马克思、恩格斯对城乡关系的论述中，可以看到城乡关系是一种随着生产力发展不断变迁的关系，城乡关系的形态与一个国家的经济社会发展状况密切相关。现代城市出现以后，城乡关系大致经历了几个阶段：

（一）城乡分割

城乡分割是工业化快速发展的产物。由于工业化进程的加快，导致大量乡村的人财物等生产要素向城市集聚，支持城市的快速发展与向外扩张，从而使乡村的发展出现滞后的现象，城乡差距迅速扩大，导致城乡对立。在我国，城乡二元结构体制加剧了城市和乡村的隔离状态，主要表现为城乡之间的户籍壁垒以严格控制农业人口流向城市，两种不同的资源配置制度使城市的公共服务和基础设施建设几乎完全由国家财政投入，而国家对农村的投入极其有限；在城乡户籍壁垒基础上还造成养老、医疗、失业、救济、补助等方面的重城轻乡、城乡有别，由此造成我国城乡关系的严重失衡。

（二）城乡统筹

重城轻乡的发展局面，虽然使城市得到快速发展，工业化水平快速提升，但也必然导致乡村凋敝，城市可持续发展、社会治理、生态环境等诸多方面受到严峻挑战。对重城轻乡的发展格局进行纠偏成为必然选择，城乡统筹正是在城乡关系严重失衡的情况下提出的发展理念。城乡统筹就是改变和摈弃城乡二元结构体制下所形成的“重城市、轻农村”的城乡分割的观念和做法，通过体制改革和政策调整削弱并逐步清除城乡之间的藩篱。发挥工业对农业的支持和反哺作用、城市对农村的辐射和带动作用，通过城市带动农村、工业带动农业，实现城乡互动、良性循环、共同发展。

（三）城乡融合

城乡融合即城乡发展一体化，是对城乡统筹的深化和发展。城市与乡村是一个有机发展的综合体，谁都离不开谁，任何一方的发展被忽略都不可能实现经济社会的健康发展。只有两者相互支撑，才能实现双方的可持续发展，一个社会可持续的繁荣也必然以城乡融合发展为前提条件。因此，城乡融合发展是改变城市偏好的城乡二元体制机制，“将城市和乡村放在平等的地位，全面推动城乡经济、社会、文化、生态、治理各领域的制度并轨、体制统一，加快城乡要素市场一体化，让公共资源在城乡之间均衡配置，生产要素在城乡之间双向流动，生产力在城乡之间合理布局，治理资源在城乡之间科学调配，充分发挥城乡各自的功能，形成工农互促、城乡互补、全面融合、共同繁荣的新型工农城乡关系。”①

城乡融合在经济上，要求人口、土地和资金等生产要素在城乡间的自由流动、均衡配置和合理使用，推动城乡产业融合发展。在社会层面，要求城乡实现基础设施建设的一体化和公共服务供给的均等化，在治理领域打破传统的单一治理，向多中心共治转变。城乡融合在生态空间上，要求通过城乡环境基本公共服务的均等化、城乡生态补偿及城乡规划等手段实现城乡间人与自然的和谐共处，推进城乡生态空间重构，实现城乡统筹协调发展。城乡融合在文化层面，要求城乡两种不同的文化形态平等共存、尊重包容、交流互动，实现城乡文化的和谐共生。城乡融合在制度层面，要求破解城乡二元结构，通过建立覆盖城乡的公共财政体制和社会保障体系，改革城乡户籍制度和土地产权制度，为城乡融合发展提供制度支撑。

城乡关系的类型及其特征如表 1.1 所示。

表 1.1　　城乡关系的类型及其特征

类型 层面	城乡分割	城乡统筹	城乡融合
政策选择	重城轻乡，以农补工	重城不轻乡，工业反哺农业	乡村优先，构建新型工农关系
城乡规划	轻规划，粗放型	重视规划但不完善	规划先导，注重科学性、前瞻性、融合性
经济领域	工业化水平低；产业分割，发展落后；政府计划配置资源，效率低下	工业化水平提高；资源配置未完全市场化；产业联结，发展提速，注重培育新产业新业态	市场化配置资源；产业兴旺，新产业新业态大量涌现，产业融合发展

① 金三林．新时期推进城乡融合发展的总体思路和重大举措［N］．中国经济时报，2019－7－1.

续表

类型 层面	城乡分割	城乡统筹	城乡融合
社会领域	城市化处在初级阶段；户籍制度严格控制人口流动；社会治理刚性一元化；社会保障忽视农民；公共服务以城市为主	城市化显著提高；放松户籍管理，人口流动不充分；探索多种模式社会治理；农民获得部分社会保障；公共服务城乡兼顾	高度城市化；城乡户籍合并管理，人口自由流动；多元化社会治理；社会保障和公共服务城乡均等化
基础设施	建设资金严重不足，设施落后，单一化建设	加快建设网状设施，设施尚不完善，监护不力，存在建设资金不足	设施建设融资渠道畅通，设施完备，城乡联结畅通，监护到位
生态环境	利用而不保护	从破坏到保护	从保护到美化，人与自然和谐
文化观念	观念冲突，文化歧视	冲突和歧视缓和	城乡文化平等共存，良性互动

第二节

新中国成立以来城乡关系的演变

马克思主义认为，在生产力相对落后的历史阶段，生产力发展引发的社会分工将导致城乡的分离，这一趋势具有历史的必然性。只有生产力达到高水平发展阶段，城乡融合才有实现的可能性，回顾新中国成立以来我国城乡关系的演变过程，也体现了这一城乡关系发展的历史规律。

一、新中国成立到十一届三中全会前的城乡分割

1949 年，新中国成立之初，整个国家经济基础薄弱，内外交困，百废待兴。国家面临的最根本问题就是如何为实现快速工业化奠定基础和提供保障，从而摆脱国家一穷二白的落后面貌。因此，在快速推进工业化的过程中，国家选择了苏联的社会主义工业化模式，就是依靠建立公有制和计划经济来推行优先快速发展重工业的战略。由此却导致了农村经济体制和城乡关系前所未有的变迁，逐步建立起农业支持工业、农村支持城市和城乡分割、城市优先发展的城乡二元体制。

（一）短暂的城乡兼顾时期

1949～1952年，为了巩固新生政权、稳定物价、恢复和重建国民经济，我国对粮食、棉花、油料、肉类等重要农副产品进行大量征购，以满足军队和城市居民的基本需求；同时，鼓励私营商业参加城乡贸易交流，满足居民特别是城市居民的多样化需求，使城乡经济逐渐活跃并得到了充分的发展。农民为新中国的国民经济恢复和持续发展作出了很大的贡献。为了快速实现经济发展，国家通过农村地区土地改革，到1952年年底基本实现了“耕者有其田”，土地平均分配制度得以落实。在经济上，中央政府采取了允许多种经济成分并存的政策，允许富农经济存在，允许农村土地、劳动力、资本等生产要素自由流动，城乡私营工商业可以自由发展。这一时期，城乡之间要素流动依然比较自由通畅，城乡之间还处于开放互动状态，国家的经济社会发展较好地兼顾了城市和乡村的利益诉求。

（二）农副产品统购统销制度和工农业产品价格“剪刀差”

1953年，国家开始实施以重工业优先发展为战略的国民经济第一个五年发展计划。由于国家投资增长过快，“积累与消费、市场与计划、农业与工业”的矛盾以农副产品供应短缺的形式表现出来，农副产品供应不足对城市社会稳定和国家工业化战略的实现构成了严重威胁。出于维护社会稳定和工业化建设的需要，1953年年底国家开始在全国对农副产品实行统购统销，规定农民消费和积累的定额后，其余农副产品由国家全部征购。统购统销制度将农业剩余转移到城市，为工业化积累创造了条件。与此同时，国家的建设重心进一步向城市与工业转移，通过工农业产品价格“剪刀差”策略，进行工业资本积累，农村生产要素最大限度地从农村单向流向城市。“以农促工，以乡养城”的城乡二元格局逐步形成。

（三）户籍制度

由于制度设计和自然灾害等原因，1956～1957年农村开始出现粮食短缺，造成大量农村人口进入城市谋生。为进一步遏制大量农村人口向城市转移，缓解城市管理的压力，国家不得不出台一系列禁止农村人口自由流往城市的政策。1958年全国人大常委会通过《中华人民共和国户口登记条例》，以法律形式限制农民向城市自由迁徙。新的户籍制度将居民分为农业户口和非农业户口，将城乡分割为两个不同的利益群体，使农民基本失去了自由流入城市的机会。户籍制度不仅有限制人口流动的功能，而且户籍制度与粮食、副食品、燃料、生产资料供给制度以及住宅、教育、就业、医疗、养老保险、劳动保护、兵役和生育制度等结合在一起，使不同户口类型的人享受不同的国家社会福利，而农民则基本被排除在国家社会福利之外。

（四）人民公社制度

1957 年冬至 1958 年春，在国民经济“大跃进”思想的指引下，全国农村大搞农田水利基本建设，1949 年开始形成的农村小型合作社开始走向大合并，在政府引导下，“政社合一”的人民公社制度开始确立，农村经济实行集体经营。人民公社制度强化了政府对农业生产要素的配置权。城乡之间的生产要素自由流动被完全禁止，代之以政府的计划调拨和交换。不仅如此，农村内部、农业内部甚至农民家庭经营内部的生产要素配置，也受到国家行政手段和政策的严格控制。

1949～1978 年，在国家经济基础薄弱、外有封锁孤立的极端困难条件下，国家通过政府的干预整合城乡社会资源，推动了国家整体的发展与进步，在较短时间内构建了完整的工业体系，实现了由落后农业国向工业国的转变。但城乡二元结构体制造成了城乡的分割，使乡村发展严重滞后。

二、十一届三中全会到党的十八大前的城乡统筹

十年“文化大革命”，国民经济近乎陷于停顿，人民生活没有得到应有的改善，城乡关系也被人为分割。1978 年，党的十一届三中全会召开，提出将全党的工作重心转移到社会主义现代化建设上来，为我国的农村改革探索创造了政治前提，也提供了思想基础。中国从此开启了改革开放的伟大征程，我国城乡关系的变革迎来了新的历史契机。但从城乡分割到城乡的再携手，这个历史过程不是一蹴而就的，其中又经历了曲折的过程。

（一）农村改革启动，城乡关系得以改善

农村改革发轫于安徽省凤阳县小岗村，家庭联产承包责任制释放了当地农

民的生产积极性，这一农村微观经济体制的变革在1981年以中央一号文件的形式给予肯定，以“包产到户”和“家庭联产承包责任制”为主要形式的农村经济改革全面实施。家庭联产承包责任制赋予了农民对土地的控制权、对生产的决策权和对收益的索取权，极大地唤醒了广大农民的生产积极性，农业生产效率大幅度提高。

同时，国家陆续推出多项改革：一是国家提高粮食收购价格，此举缩小了工农业“剪刀差”，调动了农民的生产积极性；二是鼓励发展农村多种经营的多个文件出台，国家基本恢复了基层供销社的合作商业性质和管理上的灵活性，鼓励农村剩余劳动力从事商业、饮食、修理、运输业等；三是粮食统购统销制度瓦解，市场交易替代计划供应成了粮食流通的主渠道。同时，市场化变革倒逼农村经济组织架构做出适应性调整，人民公社制度瓦解；四是国家放松了户籍壁垒的限制，允许农民外出经营和务工，解决了大批农村剩余劳动力的出路，中国城镇化进程也随之加快。

（二）市场化改革，城乡差距再扩大

由于传统农业发展的局限性，从1985年开始农村改革在经历前几年的改革，增长红利的释放进程明显放缓。农村生产效率的提高使大量农民从农业中解放出来，农村剩余劳动力开始向城市转移。率先发起的农村改革在一定程度上打破了计划经济时代城乡关系的稳固形态，对城市造成了很大冲击，从而倒逼城市进行改革以适应农村的改革与发展。随着国家经济工作重心转向城市，我国工业化和城镇化加速，社会资源大幅度向城市倾斜：城市企事业单位补贴占比越来越高，城市职工收入显著增加；大量农村土地因为工业和基础设施建设被开发占用，农村剩余劳动力廉价投入城市建设，支持城市的快速发展。

1995年前后，农业、农村、农民就开始出现了问题，到1998年问题日益严重，主要表现在农民负担不断加重、农村社会矛盾急剧上升、农业生产严重下降。特大群体性事件的不断出现，成为中国农村的普遍现象和主要问题。1998～2003年粮食产量连续五年大幅下降，粮食播种面积大幅减少，农村前所未有地出现大量的“抛耕”现象。乡村在这几年中几乎没有发生变化，而投入城市的资金则逐年增加，城乡存在巨大差距。同期，农村生产力严重不足，农业发展速度放慢，农民收入增加不明显，而工业则高速增长，导致工农业增长落差加大，工农业发展呈现严重的不协调，致使城乡居民收入和消费差

距日益扩大，城乡二元结构更加失衡。

（三）以城带乡，城乡统筹提上日程

2002年11月召开的党十六大，正式提出统筹城乡经济社会发展，开启了中国城乡关系的再一次转轨。统筹城乡经济社会发展主要有三个方面：一是加强农业基础地位，积极推进农业产业化经营，开拓农村市场；二是用逐步提高城镇化水平的方法促进农村富余劳动力向非农产业和城镇转移，通过减少农业人口提高农业现代化水平和农民收入水平；三是坚持党在农村的基本政策，加大对农业的投入和支持，通过政策支撑调整城乡关系。我国长期以来的“农业支持工业、乡村支持城市”的城乡关系调整为“工业反哺农业、城市带动乡村”。

党的十六届三中全会将“统筹城乡发展”放在“五个统筹”之首。2004年中央一号文件以促进农民增收为主题推出一系列惠农政策，首次对农村、农业、农民提出“多予、少取、放活”的方针。党的十六届五中全会提出了建设社会主义新农村的战略目标，从农村产业结构调整、农村政治、农村文明、农村社会等多维度建设，最终实现构建经济繁荣、设施完善、环境优美、文明和谐的社会主义新农村的目标。党的十七大再次突出农业的基础地位，提出走中国特色农业现代化道路，建立以工促农、以城带乡长效机制，形成经济社会发展一体化新格局。为确保“三农”工作的战略地位，中央连续下发关于“三农”的一号文件，围绕“三农”问题出台了农业税免征、粮食保护收购价、粮食补贴、农机补贴，医保、低保、九年免费义务教育、乡村公路建设、农电改造、危房改造、农村信息化等一系列“强农、惠农、富农”政策，不断加大对“三农”的财政投入，使农民得到了真正的实惠。

这一时期，以市场为导向的改革极大地提高了乡村社会的生产效率，也激发了城市活力，城乡之间互动性增强，城乡发展走上了快车道。但市场化改革使农村农业各种社会资源不断向城市流动，导致城乡发展差距更加严重，由于国家缺乏相应的扶植政策，这一时期曾出现严重的“三农”问题。城乡统筹战略的提出为重新协调城乡关系提供了契机，失衡的城乡关系也得到了一定的缓解。

三、党的十八大以来的城乡融合

党的十八大以来，我国形成了城乡一体化战略下的新型城乡关系，农业农村取得了长足的发展，广大农民的生活也得到了进一步改善。在取得一系列成果的基础上，城乡关系进入了城乡融合发展新阶段。

（一）加大对农村农业的投入

2012 年以来，中国经济进入新常态，公共财政收入也同时进入下行通道，即便如此，政府的“三农”投入依然保持增长的趋势，全国一般公共预算中农林水事务支出比重不断提高。公共财政投入的增加，使农村生产生活条件，以及农村公共服务的标准和水平均显著提高，农业农村发展环境得到显著改善。

（二）户籍制度改革

户籍制度是传统城乡二元体制的核心要素之一，随着过去几十年国家体制的逐步调整以及户籍制度自身的不断改革，户籍制度当初被赋予的功能明显下降，对农村劳动力流动的限制越来越弱，但是，户籍制度对城乡关系良性发展的阻碍作用依然存在。

2014 年，国务院颁布的《关于进一步推进户籍制度改革的意见》明确提出：“进一步调整户口迁移政策，统一城乡户口登记制度，全面实施居住证制度，加快建设和共享国家人口基础信息库，稳步推进义务教育、就业服务、基本养老、基本医疗卫生、住房保障等城镇基本公共服务覆盖全部常住人口。”① 就此开启了新一轮户籍制度改革。此次改革取消了农业户口和非农业户口的区分，统一登记为居民户口，消除了城乡居民自由迁移的制度障碍，随着新一轮户籍制度改革的推进，农村流动人口在城市享受公共服务的范围和程度也都显著提高。

---

① 中国人民共和国中央人民政府网 . http：//www. gov. cn/zhengce/content/2014 – 07/30/content_8944. htm.

（三）城乡基本公共服务并轨

2014 年，国务院发布《关于建立统一的城乡居民基本养老保险制度的意见》，开始“将‘新农保’和‘城居保’两项制度合并实施，在全国范围内建立统一的城乡居民基本养老保险制度”①。全国各地都建立城乡居民基本养老保险制度，从制度上基本实现了社会养老保险的城乡统筹。

2015 年，国务院发布了《关于进一步完善城乡义务教育经费保障机制的通知》，要求在整合农村义务教育经费保障机制和城市义务教育奖补政策的基础上，建立城乡统一、重在农村的义务教育经费保障机制。

2016 年，国务院发布了《关于整合城乡居民基本医疗保险制度的意见》，要求推进城镇居民医保和“新农合”制度整合，逐步在全国范围内建立起统一的城乡居民医保制度。所有省份基本建立起统一的城乡居民医疗保障制度。

（四）城乡要素双向流动加强

城市工商资本进入农村、投资农业热情上升，尤其是党的十八届三中全会以来，政府对于城市工商资本进入农村的限制不断放松，不但允许城市工商资本进入农业，而且允许社会资本投资农村，在农村兴办各类事业，因此，资本下乡的速度和规模都明显增加。城市工商资本在解决农业投入不足问题的同时，还为农业发展注入了先进的技术和管理理念，对农业现代化、高效化、生态化都有非常积极的作用，更重要的是，还将城市文明也一并带入乡村，为农村留守人群接受现代文明提供了条件。农民工返乡的规模不断扩大，特别是外出务工积累了一定资金、经验和人脉的返乡农民，他们通过进入规模种植业、农产品初加工、休闲农业和特色产业，为当地农业农村发展注入活力。

党的十八大以来，推动城乡发展一体化成为党和国家工作的重心之一，我国全面开启了推进城乡融合发展的新阶段。政府继续加大对农业农村投入的规模，农业农村发展环境得到显著改善，新一轮户籍制度改革开启，进一步提升了城乡融合发展的制度条件，城乡基本公共服务并轨取得实质性进展，城乡要素双向流动机制得到加强，重塑城乡关系、构建城乡融合发展体制机制实现乡

① 中国人民共和国中央人民政府网．http：//www.gov.cn/zhengce/content/2014-02/26/content_8656.htm.

村振兴成为全社会共识。

四、城乡关系发展的历史经验

回顾新中国成立以来城乡关系变迁的历史，走过了很多曲折的道路，提供了很多值得吸收和坚持的宝贵经验，也留下了不少不该再犯的错误和教训。前事不忘后事之师，对过去70年城乡关系发展经验的总结，最重要的是回归常识，总结出可资借鉴的发展规律，为未来的城乡融合发展照亮前进的道路。

（一）尊重和保障人民的基本权利是妥善处理城乡关系的出发点和归宿

改革开放前，逐步建立城乡二元分割体制的过程，实质上就是不断剥夺农民权利的过程。改革开放以后，随着不断向农民赋权，农民的生产积极性和创新潜力得到释放，通过不断改善自身以及农业农村的状况，推动城乡关系向前发展。改革开放以后，家庭联产承包责任制通过赋予农民自主经营土地的权利，迅速解决了广大农民的温饱问题和收入增长问题，显著缩小了城乡收入差距。取消统购统销，发展乡镇企业，通过赋予农民自由选择职业的权利，不但扩大了农民的非农就业机会，使城乡差距缩小的趋势得以延续，而且培育出具有竞争性的农产品市场，并削弱了城乡二元经济结构。允许农民进城，通过赋予农民自由迁移的权利，推动了城镇化率的快速提升，并最终发育出一个统一的劳动力市场。未来政府还需要继续向民间赋权，继续激发大众的积极性，使他们在不断改善自身境遇的同时，推动我国城乡社会的发展。

（二）坚持市场驱动是城乡改革取得成功的重要路径

改革开放以来，政府始终坚持市场化改革取向，不断提高市场配置资源的作用，使我国城乡面貌焕然一新，坚持市场化导向、发挥市场在城乡资源配置中的核心作用是中国改革成功的重要经验。要高度重视市场在破解城乡二元结构、实现城乡融合发展中的作用。统一农产品市场的建立、乡镇企业的异军突起、允许劳动力自由流动等，这些在促进城乡关系良性发展中发挥了关键性作用的改革，本质上就是在不断发挥市场机制的作用。当前，市场化取向的改革依然有待进一步深化，在未来的改革发展中市场化导向不能削弱只能不断强化。

（三）营造宽松的环境是城乡改革的重要条件

在城乡关系演进的过程中，来自基层的各种创新实践发挥了极其重要的作用，既为全国性的制度设计提供了经验，也通过实践自身所迸发出来的热情和冲动，为改革继续前行提供了推动力量。城乡关系调整的过程实质上就是基层创新和决策层观念转变相互配合、相互作用的结果。在重视顶层设计的同时，必须意识到更多实际问题的解决还是要依赖基层的创新。改革本身就是一个不断试错的过程，一条成功经验往往是成百上千改革者经过若干次失败的改革实践总结出来的，虽然这些失败的改革实践没有发挥积极的作用，但这是改革成功必须付出的成本。只有容许改革，容许改革失败，才能为改革者创造良好的环境，才能真正探索出有价值的改革方案。

（四）因地制宜、特色发展是城乡改革的重要方式

回顾70年来中国农村农业走过的发展道路，都是从某些地方的农民自发开始改变不利于发展的生产分配方式，成功以后逐步向其他地方推广试行。制定“三农”政策应建立在充分调研和试点的基础上，要通过试点判断改革方案的利弊和可行性，进而对方案进行修订和完善。尤其是一些根本性制度牵一发而动全身，更要在试点的基础上不断加以完善。要允许条件成熟的地方先行先试，探索农业农村的新型发展道路。我国幅员辽阔，气候条件、自然资源、风俗民情等千差万别，各地区农业农村的发展条件也存在很大不同。某些地方适合的发展方式到了另一些地方未必合适，所以各个地方一定要根据自己的条件，打造自身特色，探索符合自身发展的道路，而不是盲目照搬其他地方的经验。

（五）决策科学是城乡改革的重要保障

我国的城乡关系经历了不同的时代，政府始终扮演着重要角色，政府既是过去城乡二元结构的塑造者，也是推动城乡关系良性发展的关键性指导力量。改革开放前，政府全面掌控城乡的资源配置，造成全社会活力不足，生产效率低下，人民生活水平得不到切实提高，有些地方甚至在一段时间内出现了较为严重的问题。改革开放后，为了追求生产效率，国家权力逐渐让渡于市场机制。但是在实践中，国家权力一旦出现真空，将所有的问题交给市场去解决，

也带来了城乡差距的失控与城乡关系的紧张化。在新时代的历史背景下，国家权力对于市场机制如何进行合理的配置，从而实现效率与公平兼顾，既利用市场因素调动全社会的活力，更能通过相关的宏观调控合理配置市场要素，使城乡融合、乡村振兴战略得以顺利展开。政府宏观决策既要解决现实问题，也要具有一定的前瞻性。既要关注当下，也要在政策实施过程中根据具体情况灵活调整策略，科学引导城乡关系的健康发展。

第三节

城乡融合的国际经验与国内探索

世界发达国家和地区在城乡融合方面走在我国前面，积累了很多宝贵的经验，值得借鉴。过去几十年，我国各个地区结合自身实际，在城乡融合方面也进行了有益的探索和尝试。总结、吸收这些经验成果将为下阶段我国全面实施乡村振兴战略提供帮助。

一、国际经验

（一）乡村优先发展的英国模式

英国是世界上第一个进行工业革命并率先推进城镇化的国家。第二次世界大战之前，英国的经济和城乡发展以“重工轻农”为主要模式。第二次世界大战结束后，英国的城乡发展政策有了重大调整，开始强调乡村优先发展，重视对农业生产的保护，创建自给自足的农业经济。

1. 注重保护和可持续发展，杜绝过度开发和资源浪费

重点发展乡村旅游业，将宗教文化、历史名人、自然环境、商业运输、休闲娱乐融为一体，打造人文和自然景观相结合的乡村旅游品牌。重视农副产品生产的质量安全和生产过程的环保性，防止土壤和水源污染，强调将农业补贴与环境保护、减少农药使用等挂钩。对乡村废旧用房进行创意改造，既减少资源浪费，又使之成为新的经济增长点。在乡村建设过程中尽可能保留乡村的原始风貌，减少对环境和乡村历史人文景观的破坏。英国政府还实施了新的林业发展战略，强调首要任务是保护环境，尽可能多地增加绿化空间。

2. 市场与计划有机结合，实现农副产品良性有序竞争

所有农副产品从生产环节开始，在统一协调下，实行有计划生产，避免农副产品产量的大起大落，引发市场价格波动过大，影响民生。对农副产品生产，通过政府、协会、龙头企业和基金组织的多种协调方式，对农副产品的生产进行计划指导和相关配套服务，实现生产和销售的无缝对接，帮助农场主实现专业化和标准化生产，实现农副产品生产的高投入、高产出和高回报。

3. 将现代信息技术与规模化农业生产相结合，重点发展精准农业生产

2013 年，英国政府发布《英国农业技术战略》，将大数据、互联网等现代信息技术应用到乡村建设。目前整个英国农村地区基本全面推广了精准农业生产，依靠现代农业高科技提高农业生产效益。同时，以人工智能为基础的智能农业开始在许多大型农场中开展生产工作。另外，英国政府为增加村民的第三产业收入，鼓励农村地区开展观光休闲农业、经营乡村旅游。

4. 重视乡村教育发展，提高农业从业人员素质

英国是最早开始农业教育现代化的国家之一。20 世纪初《福斯特教育法》颁布，许多农村居民逐渐享受到接受正规教育的机会。现阶段，英国农村教育体系已相当完善，形成了初、中、高三个教育层次相互衔接的多级教育培养模式，提高了农业从业人员的素质，为乡村振兴提高了人才的保障。另外，农村地区基本形成了惠及每家每户的健康服务体系，住房、社会治安等方面也得到了切实有效的保障。

（二）大都市区带动的美国模式

美国是世界头号经济强国，也是全球范围内在解决城乡二元经济及城乡融合发展上最为成功的国家之一。美国是一个从以农业为主开始进行现代化建设的国家，经过高度现代化之后，美国已经成为世界上城市化水平最高的国家之一。

1. 构建大都市区城镇体系

20 世纪初，美国城市人口不断增加，城市中心过度拥挤，许多中产阶级开始向城郊迁移，推动了大城市周边小城镇的成长和发展。为顺应这一趋势，美国在 60 年代推行“示范城市”试验计划，对大城市进行人口分流，推进中小城镇的发展。大量小城镇依托中心城市快速发展，加之其产业结构始终坚持以中心城市为轴心横向扩散，注重农工协调互动的产业导向，促使美国形成了中心城市和郊区功能各有侧重又紧密联系、相互依存的“大都市区”城镇体系。

2. 致力城乡一体化基础设施建设

早在19世纪美国就开始进行一系列交通建设，使农村和外部的联系更加密切，促进了美国农业生产的专业化和区域化，也加速了小城镇的发展。美国尤其重视农村地区基础设施的规划与建设，并取得了显著成效。经过多年的持续努力，不仅美国大部分农村的基础设施和公共服务水平与城市相差无几，而且美国通过基础设施的高度现代化，实现了村镇的高度现代化，使城乡之间的差距大大缩小，发展了许多景观优美、环境优雅、设施齐备的都市化村镇，吸引了近一半的美国人口居住在这类村镇。

3. 加强对农村的政策支持力度

美国十分重视农业产业发展，建立了完备的政策支持体系。政府非常重视对农业的科技投入，以大量的财政资金提升农业产业化水平，并以大额补贴进一步提升农产品竞争力，同时构建了以服务农业为主的农场信贷系统，大力推动农业机械化、企业化和服务社会化。长期以来，为保护农业发展和改善乡村生产生活条件，不断加大财政支持力度，建立了以政府为主导的乡村地区公共产品供给体系，在乡村医疗、教育、社区服务等方面投入了大量资金。

（三）城乡等值化发展的德国模式

第二次世界大战结束后，德国农村问题逐步凸显，大量农业人口离开农村涌向城市，使城市不堪重负。在此背景下，德国政府实施了“等值化”理念指导下的村庄更新行动，即在保持村庄地方特色和独特优势的基础上，通过土地整理、村庄更新等方式，提升农业生产效率和农村生活水平，使农村与城市生活保持不同类型但各具吸引力。

1. 强化对村庄发展规划的政策指导

德国政府非常重视村庄规划，出台了一系列法规，要求村庄更新规划不得与法律相悖。德国村庄规划主要分为两个层次：一是土地利用规划。联邦政府、州政府、地区政府按经济功能做好土地利用规划，地方政府则根据当地发展设想，对土地利用的各种类型做出初步规定，重点是区分各类建设用地和农业用地。二是建设规划，对建设用地上的各项建设指标作出非常详细的规定。提高了土地使用效率，也避免了农村建设的无序性。

2. 通过土地整治提升农村产业收益率

在农业用地规划上，大规模开展农用地整理，鼓励和推动零星小块农用地合并，开展农地土壤改良，发展规模农业，并大力推进农业科技、农业机械的发展，提高土地利用率和农业生产率。在农村建设用地规划上，严格划分绿地、景观用地、历史文化遗产保护用地、工业用地等土地功能，通过开发荒地、更新改造旧建筑等形式，改善村庄居住环境。其中，划定专门区域开展生产用房建设，吸引工业企业下乡进村，为当地居民提供就业机会。

3. 加强公共服务和基础设施建设

依据村庄更新规划，由当地政府主导开展房屋更新、道路更新、水电气设施建设、教育卫生公共服务机构建设等项目。项目建设采取公私合营方式，部分项目由政府出资完成，部分项目由私人推进，政府给予一定资助。补贴方面，凡出售土地的农民可获得奖金或贷款，以引导农村劳动力向非农产业转移。信贷方面，积极开展农地金融，引导农民通过抵押土地而获得资金。

4. 注重生态环境和历史文化遗产保护

在村庄更新过程中，德国政府高度重视农业生态环境保护，很早就提出发展生态农业，通过土地整理推动生态农场形成。为了发展生态农业，政府为农民提供生态农业专业知识和生产技术培训。在村庄更新过程中，德国政府注重历史文化和老街小巷的保护修复和历史场景的维护重现，形成了如今德国各乡村独特的历史文化风格。

（四）市町村合并为先导的日本模式

第二次世界大战后，日本先后进行了三次新农村建设，在政府的大力倡导和支持下，各地区根据自身实际情况，因地制宜培育富有地方特色的农业产业，自上而下推动农业农村发展。

1. 市町村合并，推进农村城市化

日本的市町村合并浪潮可以追溯到1889年，日本明治政府推行市制和町村制，使日本的町村数量大为减少，城市数量大幅度增加。战后，日本在20世纪50年代和21世纪初又经历了两次规模较大的市町村合并，这种合并既有渐进式的在单个“村”的基础上，由“村制”向“町制”，继而向“市制”的温和演化，也有通过政府政策诱导下的跨越式推进。通过市町村合并，推进农村城市化，解决严重的农村“空心化”、大量农村人口进城等问题，为更大范围实行城乡的统一规划管理奠定了基础。

2. “一村一品”，发展特色农业

按照“一村一品”的要求发展特色农业，是日本推动农村发展的重大举措。政府通过政策引导，帮助各地建立独具特色的农产品生产基地，推动农林牧渔产品深加工，提升农副产品的附加值。发挥日本农协的作用，统筹农产品生产、加工、流通、销售等各个环节，建立完整的农业产业链条。提高农业组织化水平，建立起分散小农户与大市场、大流通、规模化经营之间的联系。加大政府投入，对农产品基地建设、农业生产、农产品加工流通等给予关税、税收、融资等方面的政策优惠。

3. 引导企业和资金下乡，为农村提供就业和资金保障

增加中央政府对农村基础设施建设项目的财政拨款和贷款，允许地方政府发行地方债券，加强农村基础设施的建设，提升城乡互联互通水平和农村环境，为企业下乡提供便利条件。对企业下乡实行专项补贴，提高企业下乡积极性。日本大部分农户都加入了农协，通过组织建立农协银行和保险机构，面向农民办理各项农村金融服务，并适当运用农村的资金投资城市和海外市场，为农民谋取更大利益。

4. 重视农民培训，提高农业从业者素质

日本政府在乡村无偿开办各类培训班，建立符合农民学习培训特点的补习中心，传授农业知识和专业技术，日本每个县均设立农业学校，办学经费由国家负担2/3，县里负担1/3。通过这些举措，大大提高了农业从业人口的综合素质，为农村经济的长期可持续发展奠定了人才基础。

（五）政府主导新村运动的韩国模式

20世纪60年代，韩国采取大城市与工业优先发展战略发展经济，这种不平衡的发展模式导致农村地区发展滞后，从而影响了韩国社会整体发展水平。如何促进农业发展、增加农民收入、改善农村生产生活环境成为当时韩国政府面临的重要任务。

1. 构建专门组织，推进新村建设成效

中央政府成立由内务部和农协等主要金融机构组成的中央协议会，制定新村运动的大政方针，推动地方建立相应组织：地方各级政府组建相应的新村运营协议会或委员会，对新村运动进行组织和指导，最基层的村庄建立负责村会，具体实施新村建设。政府通过建立五级垂直、稳定的组织架构推动新村运动，保障了新村运动的有效开展。20 世纪 80 年代政府逐步退出，新村运动改由民间主导。

2. 政府支持村民自建，加强农村基础设施建设

新村运动开始前两年，韩国政府免费为每个村庄提供一定数量的水泥和钢材。随后，政府成立了新村建设基金，采取政府支持一半、村民自筹一半的方式，用于农村基础设施建设，改善农民居住环境。新村运动所需要的土地多由农民自筹，政府作适当补偿。政府通过多种方式动员，鼓励农民主动参与家乡建设，为新村运动提供劳力。通过这些措施，韩国农民的国民意识、参与意识大大提升，农村的面貌得到了极大改善。

3. 发挥农协作用，为农业提供配套支持

为了更有效地推进新村运动，为农业生产提高资金支持和农产品销售渠道，韩国政府设立了农协中央会，组织农产品直销和农资直供，降低农业生产成本；政府通过农协窗口为农民提供农村低息贷款，农协所属银行为农业发展所需的流动资金提供全方位的信贷服务。

4. 加强农民教育培训，培育新村建设带头人

政府通过开办成立农协大、农业专业学校等农业技术培训机构，提高农民的农业生产技术和经营才能；通过组织研修班、专业化技术教育、领导艺术课程等，大力培训新村建设领导者。通过宣传新村运动中先进人物典型事例以及制定奖励政策，对农民进行物质和精神激励。

（六）世界各国城乡融合的主要经验

1. 加强顶层设计和法治建设，助推乡村发展

政府加强顶层设计，研究制定促进乡村发展的倾斜政策，或以少量资金为引导或提供大量资金直接建设，是推动乡村发展的强大动力。在推进城乡融合发展过程中，各国充分发挥政府“有形之手”与市场“无形之手”的作用，特别是注重涉农法规和城乡融合发展的法治建设，为乡村发展提供基本政策和制度保障，激发当地农民和其他市场主体积极参与乡村建设。

2. 加强基础设施建设，改善乡村环境

加强基础设施建设，全面改善农村居民生产生活环境，是各国推进乡村发展初期的重点工作。各国乡村发展初期都致力于对农业农村基础设施建设的投入，为后期的农业产业发展、农民生活质量提升、农村环境的改善打下了坚实的基础。

3. 注重规划引导，保护传统与特色发展

注重城乡规划引导，有效利用当地资源优势，保持当地特色文化和传统，是各国推动乡村发展的重要手段。各国都十分注重规划引领作用，注重保持乡村特色，尊重当地历史文化传承，有效开发当地优势资源，使现代文明与乡村传统有机融合，而不是建成风格雷同、产业结构相似的乡村和小镇。

4. 引入各类生产要素，推进产业合理布局

推动城乡融合、工农结合，积极将各类生产要素引入乡村，为农民本土化就业提供更多渠道，是推动乡村健康可持续发展的有效措施。各国都注重城乡协调统筹、产业融合发展，推进产业合理布局，培育地区性主导产业或特色产业，引导劳动力、技术、资金等生产要素向广大农村地区集聚，逐步实现城乡一体化、工农融合发展。

5. 加强人才培育与引进，推动乡村可持续发展

人是各国城乡融合发展的关键因素。培育多层次市场主体，加强职业农民培训，并适当引导各类人才资源流向农村地区，是推动乡村可持续发展的强有力保障。各国高度重视农村劳动力素质提升，适度引进各类人才进入农村地区，把挖掘培育农村地区人力资源优势和资本等其他要素投入有机结合起来，充分发挥人力资本作为生产要素对农村经济增长的推动作用。

6. 保持政策弹性，引导城乡融合发展

乡村发展战略符合当时国民经济社会发展阶段和未来发展规律，是各国推动乡村经济社会发展取得成功的内在要求。各国乡村发展模式无论是自上而下主导还是上下协同驱动，关键是保持乡村的政策投入的弹性，要与当时当地经济社会所处的发展阶段和地方特色相适应。

7. 重视科技研发，提高农业生产效率

利用现代科技和科学的管理方式，推动农业经营现代化，是各国实现乡村振兴的重要手段。各国都对农业的科技研发投入重视，将现代高科技手段用于为农业提供先进的设备、技术和原料以及改善农业经营方式，推动农业机械化水平的提高和生物科技的现代化，大大提高了农业的生产效率，改善了农村环境，提高了农民的收入。

二、国内探索

我国的城乡融合发展起步晚，但经过几十年的探索和实践，不少地方也积累了很多丰富的经验，特别是沿海发达地区，乡村面貌得到了极大改善，城乡差距不断缩小，农民的生活水平得到了很大提高。分析总结部分地区的先进做法对于我国下一阶段城乡融合战略的实施将有很大的助益。

（一）多中心网状发展的苏南模式

改革开放以来，以苏州、无锡和常州为核心的苏南地区作为我国经济社会发展的排头兵与先行者，在破除城乡二元经济社会结构、促进城乡融合发展方面，积累了不少成功的经验。

1. 以多中心共生促进城乡平衡发展

苏南地区城乡融合采取了“新农村社区—中心城镇—城市”多中心的发展策略，通过规划建设“苏锡常”都市圈，形成苏州、无锡、常州多个中心的新型乡村城镇化发展格局。同时，通过三大中心之间的共生互动，以及对周边中小城镇和近郊农村的辐射效应，打造“大城市—中小城镇—新农村”共同发展的区域网络状发展格局，以实现一种区域网络发展的城乡系统的良性循环。通过建立“城市公司 + 乡村基地 + 现代科技 + 农户合作”的农业产业规模化经营体系，促进城乡经济的合作共进。

2. 以“三集中”策略落实乡村有效治理

“三集中”指工业企业向规划区集中、农民向社区集中、农用地向规模经营集中。以集中促集约，优化城镇、工业、农业、居住、生态等规划布局，促进经济增长方式转变、城乡空间融合、资源优化配置。通过对工业园区的规划与建设，促成单一的产业集聚向产业集群转变，优化工业布局，提升经济效益。通过农民向社区集中对整个农村的布局进行重新规划，有效提升社区化管理和农村公共服务水平，通过集聚，降低公共服务成本，实现社区管理现代化。苏南地区推行农村土地承包经营权流转，使农用地得到成片开发利用，促进产业化经营，有效提高农民土地收入，使农民从效益低下的土地中解放出来，通过经商办企业或进城务工等途径提升生活水平。

3. 以城乡融合引领乡村城镇化

在城乡户籍制度上，一方面，淡化城市偏向的发展理念，还原户籍制度人口管理的基本功能，将户籍与各类福利逐步脱钩，消除公共产品供给的城乡差异性。放宽农村居民向城市迁移的限制，建立城乡统一的就业政策。建立政策扶持机制，通过失地人员就业基金，对吸纳大龄失地农民的用人单位进行适当补贴。完善创业扶持机制，通过建立免税、创业补贴对创业带动就业进行奖励。在社会保障上，实现城乡低保、城乡养老保险和城乡医疗保险“三大并轨”，保障农民市民化的稳定性与持续性。

（二）城乡均衡全域富美的浙江模式

浙江是一个资源小省，七山一水两分田，却在乡村建设方面取得了卓越的成就，城乡融合水平走在全国前列，成为全国乡村振兴的典范。

1. 统筹谋划整体布局，稳步推进美丽乡村建设

2003 年浙江省提出加快生态省建设，实施“千村示范、万村整治”工程。同年，浙江提出“八八战略”，其中明确提出统筹城乡经济社会发展，加快推进城乡一体化。此基础上，浙江省于 2010 年提出“美丽乡村”建设决策，进一步推进千万工程，突出强调“规划科学布局美、村容整洁环境美、创业增收生活美、乡风文明身心美”建设要求。2016 年浙江省推出升级版规划，突出强调以浙江省千万农民的切身利益作为美丽乡村升级版建设进程的主线。

2. 立足规划先行，优化城乡融合空间格局

把全省作为一个大景区、大花园来统筹规划、整体推进、分类施策、因村制宜，实现乡村整体美、城乡全域美，积极打造“城乡协同、区域协作、三生融合、镇村联动”的总体格局。坚持以新型城镇化为引领，实施“主体功能区、都市区和小县大城”三大空间结构优化战略，优化城乡空间布局。着力提升四大都市区、中心城市集聚辐射能力，科学编制城镇体系规划和村庄规划，促进城乡发展一体化。

3. 推进户籍制度改革，促进公共服务均等化

除杭州市区略有限制外，浙江全省已基本实行按居住地登记户口的迁移制度。围绕公共服务均等化目标，建立了城乡公用事业运营、维护、管理长效机制，推动城市优质资源下沉农村，不断提高农村教育、卫生、养老等公共服务水平。围绕“城乡融合”持续推动一批重大改革试点，在深化中心镇改革的基础上，开展小城市培育工作。

4. 推出特色小镇建设，构建产业融合新格局

浙江在全国率先推出特色小镇建设，着力培育城乡融合发展的新载体新空间，打造新兴产业集聚发展新引擎，构建产业融合新格局。开展下山脱贫、异地脱贫，深化实施山海协作工程，以项目合作为中心，以产业梯度转移和要素合理配置为主线，激发欠发达地区经济的活力。大力发展现代农业、旅游业，积极培育农村电商、民宿等新业态，注重推进农村三次产业融合发展，培育壮大农村发展新动能。组织农村劳动力转移培训和农民工岗位技能提升培训，增强农业转移人口就业创业能力。

5. 聚焦环境美化，推动生态绿色发展

积极探索“绿水青山”转化为“金山银山”的有效途径，在生态补偿、绿色金融等领域进行改革创新。聚焦环境美化，大力推动美丽乡村建设。以治污水为重点持续深化“五水共治”，在全国首创了“河长制”，推进流域综合治理，构建生产生活生态融合、人与自然和谐共生、自然人文特色彰显的生存空间新格局。

6. 社会治理精细化，为乡村稳定提供保障

推出乡村的“综治、监管、执法、便民”四大平台建设，不断丰富基层民主形式、提高基层政府服务水平。浙江基层所探索积累的“枫桥经验”“后陈经验”“新仓经验”为全国基层治理提供了宝贵经验。重视传统村规民约的重新制定和修订，建立了村民开展自我教育、管理、监督、服务的长效机制，引导乡村治理向法治有序、德治有效、自治有利的方向发展。基层组织的网格化治理经过多年探索，全省已形成“一张网”的基层社会治理网络，为乡村基层社会稳定提供了保障。

（三）激活市场产业优先的珠三角模式

珠三角地区是我国改革开放最前沿，是我国农村城市化的先行区域，是农村工业化最早的地区，也是我国经济最发达的地区之一。

1. 产业兴旺推动农村现代化

珠三角地区充分利用区位和政策优势，通过大量入境资本发展各种优势特色产业，崛起了大量以专业生产某一类产品及其相关产品的城镇，“一村一品，一镇一业”的发展道路推动了农村城镇化和现代化。如中山市，依托成熟的上下游分工，多年来聚集了大批传统产业集群，其涵盖灯饰、五金、纺织服装、家电、家具、农业等传统产业，同时还发展了文化旅游、节能环保、游戏游艺和 LED 等战略性新兴产业。

2. 激活市场推动乡村振兴

珠三角地区特别强调把产业兴旺作为实现乡村振兴突破的一个重要抓手。但其核心点是在激活市场，珠三角地区通过做好激活市场、依靠市场的体制机制建设，创造适当空间和条件激发市场主体来推动乡村有效发展。通过为乡村振兴提供更多的政策优惠，提供更好的投资环境，建设更好的投资管理平台，鼓励市场主体参与乡村建设，实现乡村振兴。

3. 突破行政区划限制扩权强镇

珠三角地区许多镇的人口、财政收入、产业规模已达到国内中小城市水平，但受镇级行政体制的束缚，普遍出现体制性矛盾，责大权小的矛盾尤为突出。政府通过扩权强镇下放更多的管理权限，强化镇级政府的公共服务和社会管理职能，实现“小政府、大服务”，积极促进公共服务和社会管理覆盖农村。通过简政强镇，加快政府职能转变，减少上级管理事项，给地方更多自主权。同时，推进农村人口就地城镇化，推动城乡融合发展。

4. 以人为本推进基本公共服务均等化

在珠三角经济腾飞的过程中，农业转移人口和外来务工人员的作用不可或缺。因此，让农业转移人口在城镇化落户，保障期享受与城市居民一致的公共服务，成为新型城镇化建设中的重中之重。珠三角地区在这方面进行了大量的尝试。如就地市民化，给予外来务工人员福利待遇的政策扶持，加快农民工融入城市职工和城市居民基本社会保障制度的进程，使农民工尽快市民化，享受均等化的基本公共服务。

（四）制度革新以点带面的贵州模式

近年来贵州部分地区作为我国变革现行农村制度的先行者，在农村地权和基本经营制度方面进行了重大变革，遵义市湄潭县实行“增人不增地、减人不减地”制度；六盘水市推出资源变资产、农民变股东、资金变股金的“三变”改革；安顺市提出以“三权”促“三变”，该市推出的“塘约经验”成为全国典型。

1. 利用现代科技推动产业发展

充分利用大数据优势和信息化时代基础条件，大力发展“互联网 + 农业”，加快农业产销的信息传递，辅助农业品牌的打造，增强了小农经营的互助合作，为农业增效、农民增收提供了高效便捷的途径。湄潭以荒山拍卖调动农民积极性，形成以茶产业为主导的产业，茶产业的壮大带动茶加工业和茶旅游业发展，形成以茶为纽带的产业链。安顺和六盘水则是通过基础设施的投资和持续性扶贫的外力支持，形成独具特色的人文和自然景色，乡村自然环境的改善带来山地特色农业的发展，推动农村产业振兴，使贵州告别过去穷山恶水的落后面貌。

2. 通过资本化推动资源增值

贵州三地的改革试验中，都采取将各项财政资金和扶贫资金在专款专用的前提下，折成股份，将农村资源进行折股量化，入股到前来合作的农业经营主体，经营主体通过资本投入、技术、市场和企业家资本，与村集体和农民的合作，利用乡村的独特资源和美丽山水发展产业，村农民集体则通过资源入股与合作，解决了发展所需要的资本、技术、市场和企业家能力，使贵州沉睡的资源在利用中增值。

3. 明晰和尊重产权

贵州从湄潭 1987 年的改革开始到安顺塘约探路，一直坚持以明晰产权为改革的前提，革除不断重分土地对农民种地预期的破坏，荒山拍卖更是给农民进行更大投资吃了定心丸。六盘水的“三变”也是以农民集体资源资产的确权及归属清晰为保障。安顺的“三权”促“三变”改革说明只有实行全面的确权、市场化赋权和基于经营者能力的易权，才能使“三变”的成果得以实现。塘约村不仅对承包到农民手上的资源予以确权颁证，而且对不清晰的公有资源进行全面彻底的确权，为贵州乡村振兴奠定了制度基础。

4. 变革经营方式发展特色农业

农业经营制度创新是湄潭、安顺和六盘水三地农村改革的重要内容之一。资本需求大、需要长期投入的项目，选择经营主体与农民集体股份经营；经营和市场风险大的项目，由公司与农民集体合作经营；村干部能力强、威信高的由村集体组织合作社经营。通过经营方式的变革，贵州的特色农业发展取得了较好成效。以产业为基础的“泛田园综合体”、以生态为基础的“绿色梦幻乡村”、以文化为基础的“特色民俗村镇”的特色农业产业模式遍地开花。

（五）都市辐射城郊融合的上海模式

经历了改革开放40年的快速发展，上海的城镇化率已经超过90%，上海的城乡发展一体化逐渐从乡村的基础保障转向乡村的内涵发展，乡村振兴也已经进入发挥乡村在生态、经济、文化等方面的多元价值阶段。

1. 构建城郊一体化体系

早在“十五”期间，上海就编制完成的《上海城市总体规划（1999～2020年）》，提出“多轴、多层、多核”的市域空间布局结构，确立了市域“中心城、新城、中心镇、一般镇”城镇体系及“中心村”五个层次。在此基础上，将郊区的基础设施、产业发展、资源利用、人口调控、环境人文、公共服务、城镇风貌等列入市域发展规划，进而将郊区新城建设作为重点发展目标，把镇作为吸引农民集中居住、统筹城乡资源的平台和载体。

2. 增强城乡功能与空间关联

20世纪80年代中期，上海提出以“城乡通开”“城乡一体”为发展理念，将全市工业主战场转向郊区，通过大力实施中心城区功能向郊区疏解转移战略，逐步形成中心城区与郊区协同并重的发展格局。明确中心城区重点发展现代服务业，郊区发展为拓展城市发展空间的重要支撑点、经济发展的重要增长极与各种要素优化配置的重要集聚地。为了优化城乡空间结构，上海制定实施了“三个集中”和“四大主体功能区”战略，使上海郊区步入了工业化、城镇化、农业现代化协同发展的快车道。

3. 加强城乡产业优势互补

在郊区产业非农化方面，鼓励城市工业扩散到郊区，发展工农联营企业，打破了传统的城乡产业二元分割结构，不断加大对郊区大产业、大基地、大项目的建设力度，提高成效的产业化水平。在都市多功能农业方面，上海不断调整优化农业耕地结构，依托郊区特有的江南风光，大力发展休闲观光农业。在加强农业主题公园建设的同时，积极开展集生态、观光、休闲于一体的农业旅游节庆活动和农业会展活动，建设新型农产品交易市场，带动区域农业的整体发展。

4. 以“土地整治＋”激活乡村内生动力

为补足乡村地区发展短板，近年来，上海探索了“土地整治＋”的乡村振兴发展模式，通过市级土地整治项目、郊野公园等重点项目，切实改善乡村地区生产、生活和生态环境，补足基本的公共服务设施，适时引入和孵化体验式农场、乡村民宿、乡村文创等农村新业态，将城郊土地整治项目分成乡村复兴型、都市观光型、城乡统筹发展型、乡村风貌保护型等类别，促进试点区域生产、生活、生态融合，激活乡村发展内生动力，统筹落实农田、水体、道路、林网、村庄等工程，强化郊野空间的多功能复合利用。

（六）各省市探索城乡融合的基本经验

1. 规划引领发展

城乡融合发展是个长远工程、系统工程，不能也不可能一蹴而就。这就需要根据本地的发展条件、历史基础和现实制约因素，有针对性地进行调查研究，因地制宜，科学规划发展蓝图，有序推进城乡融合。各地在推进城乡融合的过程中，都是通过规划引领发展，稳步推进，并根据历史条件的变迁对规划进行修正和完善，避免了发展建设的粗放性和无序化，如浙江的一张蓝图绘到底、上海的城郊一体化体系规划等。

2. 产业振兴优先

产业振兴是城乡融合的重要抓手，只有产业振兴才能为城乡融合发展提供动能。贵州湄潭以发展茶产业为主导，带动茶加工和以茶为特色的乡村旅游业推动当地农业脱贫致富，珠三角地区形成的“一村一品，一镇一业”为特色的产业形态推动了当地快速城镇化。浙江通过特色小镇建设，着力培育城乡融合发展的新载体新空间，上海以郊区非农化、都市多功能农业为重点推进城乡产业融合。

3. 创新体制机制

城乡二元体制是导致我国城乡发展不平衡，造成乡村衰败的根本原因。要实现城乡融合，就必须打破城乡二元体制。为此各地在如何推动乡村振兴、创新体制机制方面进行了大量有益的探索，如浙江在实现乡村治理方面探索新型的乡村自治模式，贵州探索“增人不增地、减人不减地”制度。乡村建设走在前列的地区，都在改进户籍制度、公共服务均等化、优化产业政策等体制机制上进行了全新的探索。

4. 激发内生动力

城乡融合需要外来力量的投入与支持，但最根本的是要激发乡村自身的内生动力，才能保持乡村可持续发展的动力。各地通过对加大乡村政策的扶持、基础设施建设和资金等方面的投入，调动和挖掘当地人、财、地的价值和功能，积极探索基层治理模式的创新，促进社会的稳定，吸引人才返乡，激发农村内生动力方面做了大量工作，取得了显著成效。

5. 夯实设施基础

基础设施建设和基本公共服务的有效供给是城乡融合的基础性保障。目前，农村基础设施建设落后和公共服务供给不足是制约农村经济社会发展的主要因素。各地在探索乡村振兴的过程中，都从加强乡村基础设施建设、为乡村提供更多公共服务起步，通过对城乡生产生活生态各项基础设施的投入，紧密城乡联系，推动城乡融合发展。

6. 保护生态环境

习近平总书记“绿水青山就是金山银山”的科学论断，为城乡的生态文明建设和绿色发展指明了方向。各地在城乡融合战略实施过程中，都合理利用当地的自然山水资源，充分挖掘“绿水青山”的价值，大力治理生态环境污染，有效保护生态环境，治理美化乡村生活环境，使城乡居民都从美丽乡村中受益。

第二章

产业融合　夯实基础

产业融合是城乡融合的基础和核心。产业融合是20世纪90年代末世界产业经济发展中出现的一个新趋势，是指不同产业或同一产业内的不同行业相互渗透、相互交叉，最终融为一体，逐步形成新产业的动态发展过程。[①] 21世纪以来特别是党的十八大以来，我国农村产业早已不是简单种地养猪，而是包括现代种养业、乡土特色产业、农产品加工流通业、乡村休闲旅游业、乡村新型服务业、乡村信息产业的大产业体系逐步形成，农村三次产业融合步伐加快，城乡产业发展也正由互相分割不断走向融合。这种突破产业边界和城乡边界的产业融合，为推动城乡产业优化升级、实现城乡空间互联互动、缩小城乡发展差距与农民增收等方面夯实了物质基础。

第一节

从城乡产业分割走向融合发展

新中国成立以来，我国的农业逐步摆脱了千百年来小农经济的种种弊端，取得了巨大成就。1950年，《中华人民共和国土地改革法》颁布，废除地主阶级封建剥削的土地制度，实行农民的土地所有制，广大农民在政治、经济上翻身，农民的生产积极性得到很大提高，为发展农业生产和新中国的工业化开辟道路。新中国成立以来，我国农村生产关系经历了多次变革或调整，这些变革或调整对农村生产力的发展状况产生了不同影响。

---

① 厉无畏，王慧敏．产业发展的趋势研判与理性思考［J］．中国工业经济，2002（4）：5－11.

一、新中国成立到十一届三中全会前的产业分割

对于中国而言，现代意义上的城乡二元结构产生和形成于新中国成立初期。土地改革以后，农民落后分散的个体经济不利于现代生产的社会分工，也不利于兴办大规模的农田水利建设，更无法集中力量抵御各种严重的自然灾害，无法满足社会主义工业化对农业提供越来越多的工业原料、资金和市场的需要。为了改变分散、落后的小农经济束缚农村生产力的发展局面，1953 年国家开始对农业实行社会主义改造，到 1956 年基本上完成了对农业的社会主义改造，个体农业经济转变为社会主义公有制经济。“到 1956 年底，全国有 96% 的农户入了社，加入高级社的农户高达 87%。原计划十八年完成的目标，提前了十一年”。[①] 农民的生产积极性一落千丈，这个时期农业发展不快，农村面貌无多大改观。

1958 年发动的“大跃进”，是从农业开始的，大搞农田水利基本建设揭开了“大跃进”的序幕。在中国共产党八届全国代表大会第二次会议上，通过了毛泽东同志主持制定的“鼓足干劲，力争上游，多快好省地建设社会主义的总路线”，确认我国社会主义建设已经进入了“一天等于二十年”的“大跃进”时期。以高指标为特征的“二五”计划促使工农业走上了“大跃进”的道路，在生产力还未达到条件的情况下，强行改变生产关系，建立人民公社，希望通过人民公社迅速过渡到共产主义去。1958 年 8 月，北戴河会议上正式通过《中共中央关于在农村建立人民公社问题的决议》，全国农村到年底就有“七十四万农业合作社合并为二万六千个人民公社”。人民公社的最大的特点是“一大二公”，事实上是搞“一平二调”，实行公社内部的平均主义和军事共产主义，对社员、社队的财物和土地等无偿调拨；农村原有的小商小贩、集贸市场，家庭副业等，都统统当作“资本主义尾巴被割掉”。人民公社的制度是农业集体化的一种尝试，但这种生产经营模式严重损害了农民的利益，极大地打击了农民的生产积极性，农业生产遭到极大破坏，农副产品产量急剧下降。

1966 年 5 月，中央政治局扩大会议和八届十一中全会分别通过《中共中央通知》和《中共中央关于无产阶级“文化大革命”的决定》，标志着“文化

① 逄先知，金冲及．毛泽东传（1949～1976）（上）．中央文献出版社，2003：416.

大革命”的全面发动。“文化大革命”期间的城乡经济政策和阶级斗争政策始终认为农民的个体小生产，是产生农村资本主义的源头和资本主义复辟的土壤，在农村大揪资本主义，到处割“资本主义尾巴”。批判工分制、按劳分配，只准农民搞集体粮食生产，不准搞副业等多种经营。“文化大革命”开始后，农业结构不合理，农村经济和农村生产秩序遭到严重破坏，农业仍增长缓慢，农民收入低下。

我国在计划经济体制时期，在制度和管理上把城市与农村截然分开，形成城市经济以现代化的大工业生产为主，而农村经济以典型的小农经济为主的城乡割裂的经济结构。中国二元经济社会结构的城乡产业割裂关系的形成，既有自然历史原因，也有社会现实原因；既有新中国成立初工业化权宜的因素，也有计划经济时代“抽农补工”“以乡保城”制度安排的结果。制度和管理的因素大体上有三种。

（一）小农经济的长期性是中国城乡产业割裂的基础性根源

毛泽东在《关于农业合作化问题》中指出：“小农经济是同现代化工业相抵触的”[①]。经过土地改革形成了农民个体经营模式，农村几乎变成了清一色的个体经济，农民个体经济所固有的孤立、分散、守旧等特点，在一定程度上制约着农业生产力的发展。小农经济的自给性、封闭性与稳定性，使农业生产方式与农村生活方式缺乏空间形态上向外扩散的机制。城市都淹没在乡村小农经济的汪洋大海中，城乡关系是靠赋税等强制制度，而很少由商业交换关系来维持的。

（二）“左”的思维和决策的消极因素

新中国成立前后，广大农村实行土地改革，充分满足广大农民群众“耕者有其田”的要求，调动了农民群众劳动生产的积极性。但是就“小农”如何转变成“大农”的历史性课题上，当时思维和决策上存在着“一大二公”的“左”的倾向。把农民看成是滋生资本主义的小生产者，视为社会主义的改造对象。有的地方对于农民种好自留地和养口母猪也要割“资本主义的尾巴”，对有一定技术和经验的农民进城作点小生意或者搞点第三产业当成为“盲流”加以歧视与排斥。

① 史敬棠．中国农业合作运动史料（下册）．三联书店，1959：4.

（三）"以农养工""以乡养城"政策是的制度性原因

在一穷二白的基础上进行工业化建设，资源、资金的获取只能由同样孱弱的农业来提供。中共七届三中全会上指出："搞工业要投资必须拿出一批资金来，不从农业打主意，这批资金转不过来。"① 具体方法主要有：通过对农副产品的统购供销直接抽取农村的物资资源；通过农业税的征收以转移支付的方式划拨农村的财富；通过对农副产品统购统销的方法，控制了农业的一切产出与交换；通过城乡分割的户籍制度，收入与福利政策向城市居民严重倾斜等。通过这些制度，在城乡的产品交换、公共产品供给、人员流动、社会福利等方面背向农村、倾斜城市，制度性地强化了城乡经济社会割裂的结构。

二、十一届三中全会到党的十八大前的产业统筹

党的十一届三中全会召开后，以家庭联产承包责任制为核心的农村改革拉开了我国改革开放的序幕。广大农民获得了土地的承包经营权后，农业经营模式改革逐步由包产到户发展到包干到户的家庭承包双层经营模式，极大地促进了农村生产力的进步。随着工业化、城镇化不断推进，农村第二、第三产业发展加快，城乡统筹发展被提出。城乡统筹发展是指改变"城市工业、农村农业"的二元思维方式，将城市和农村的发展紧密结合起来，统一协调，全面考虑，树立工农一体化的经济社会发展思路，以全面实现小康社会为总目标，以发展的眼光，统筹的思路，解决城市和农村存在的问题。通过分析我国城乡主要制度的变迁路径，可以将城乡产业统筹进程划分为萌芽期的方针探索阶段（1978～1992 年）、成长期的格局形成阶段（1992～2003 年）和稳定期的最终实现阶段（2003～2012 年）。

（一）第一阶段（1978～1992 年）：农村经济改革席卷全国，城乡关系不断趋好

1978 年年底，党的十一届三中全会拉开了改革开放的大幕，中央默许并推广了农民自发开展的家庭联产承包责任制改革，农村经济改革席卷全国。

① 陈云文选（一九四九——一九五六）．人民出版社，1984：97．

1982～1984 年的三个中央一号文件，从理论上肯定了家庭联产承包责任制是中国共产党领导下中国农民的伟大创造，也标志着农村微观经济组织基础从此发生了本质改变。

1984 年，《中共中央关于经济体制改革的决定》明确了社会主义经济是有计划的商品经济，从理论上实现了从计划经济向商品经济的重大转折，农村经济改革也迈向市场的探索阶段。改革农产品统派购制度、建立农产品市场体系是这个阶段农村经济改革的中心任务。1985 年，中国开始实行农产品收购的“双轨制”，以合同订购和市场收购的形式取代了农产品的统购统派。蛋类、水产品、蔬菜和肉类等农产品的生产和流通在 1992 年前就被全面放开。

乡镇企业在这个时期异军突起，不但为调整农村经济结构奠定了基础，而且还为解决我国农村剩余劳动力转移问题创出一条新路子。改革开放总设计师邓小平说：“农村改革中，我们完全没有预料到的最大收获，就是乡镇企业发展起来了，突然冒出来搞各种行业，搞商品经济，搞各种小型企业，异军突起。”① 乡镇企业的发展，解决了农村剩余劳动力的出路问题，也大大增加了农民收入。1992 年，我国有乡镇企业 2321 万家，近 90% 分布在行政村和自然村，共有职工约 1.13 亿人，农村家庭人均纯收入增加额中来自非农产业的收入所占比重逐年增加，1992 年高达 50.66%。② 乡镇企业还把工业文明带进了农村，客观上要求劳动者提高科学文化、技术技能和管理水平，造就了一大批农民企业家和新型农民，加速了农民现代观念和市场观念的形成。

（二）第二阶段（1992～2003 年）：城乡发展再度分离，城乡差距不断拉大

1992 年，邓小平同志“南方谈话”后，同年 10 月召开党的十四大，明确了建立社会主义市场经济体制的改革目标。总体而言，这一阶段改革重点在城市，农村改革相对有限，导致城市发展明显快于农村，在城乡共同发展的大背景下，城乡差距不断拉大。

一是家庭联产承包责任制的改革红利下降。1993 年 11 月 5 日，中共中央针对最早开始土地承包的地方 15 年的期限到期的情况，制定了《关于当前农

---

① 邓小平文选（3 卷）. 人民出版社，1993：238.

② 刘传江 . 城镇化与城乡可持续发展［M］. 北京：科学出版社，2004：101.

业和农村经济发展的若干政策措施》提出，在原定的耕地承包期到期之后，再延长30年不变。1994～1998年，我国农村基本完成了第二轮土地承包，给农民吃下一颗长效定心丸。家庭联产承包责任制核心是解决温饱和贫穷问题，联产承包责任制的效率并不能比大集体时期能高多少。从20世纪80年代开始，农村的基础水利设施就开始衰败，单位土地面积上投入的劳动也减少；到90年代之后，随着外出打工者越来越多，农村越来越难进行必需的集体建设，如修路、植树、水利设施维护等，都无能为力；农民种粮的利润空间在不断减少，这也就是为什么90年代中后期会出现“农民真苦、农村真穷、农业真危险”的“三农”问题的原因。

二是乡镇企业整体衰弱。步入20世纪90年代中期以后，随着社会主义市场经济的逐步建立，尤其是进入买方市场之后，乡镇企业发展明显减缓，效益滑坡，生产经营出现了较大困难。其主要原因有：盲目地上一般性工业项目，产业产品结构不尽合理，搞低水平重复建设；多数乡镇企业产权不清、政企不分，机制弱化，集体资产流失；乡镇企业管理粗放，经营不善，负债率高，物耗能量高，产品质量和经济效益不好；不合理负担过重，乱摊派、乱收费，乱罚款现象普遍存在等。

三是工农业“剪刀差”依然存在。“剪刀差”的概念来源于苏联，其含义是工业品和农业品之间的不等价交换。具体来讲，“剪刀差”指的是工农业产品在交换过程中工业品的价格高于价值，而农产品的价格低于价值的不等价交换。半个多世纪以来，中国在加快城市化和工业化的进程中，从农业获得的“剪刀差”收入不断增加。改革开放后，特别是从20世纪90年代中期开始，农产品收购价格指数逐年下降，其下降速度高于生产资料价格下降速度，工农业商品综合比价指数明显上升，工农业产品价格“剪刀差”更加扩大。国家先后进行了6次较大规模的价格调整，提高了粮食、棉花等18种主要农业及副业产品和肉类等8种副食品及其有关制品的价格。工农业产品比价虽经多次调整，但仍不合理。

（三）第三阶段（2003～2012年）：统筹城乡经济社会发展，解决“三农”问题

中国共产党1949年后经过50多年的探索奋斗，在2002年11月召开的中

共十六大上，将“三农”问题的认识推向了一个新的高度。大会围绕“全面建设小康社会”这个主题，提出“统筹城乡经济社会发展，建设现代化农业，发展农村经济，增加农民收入，是全面建设小康社会的重大任务。”2003 年 10 月党的十六届三中全会明确提出了以人为本、全面协调可持续的科学发展观，其根本方法是统筹兼顾，其中“统筹城乡发展”位列“统筹城乡发展、统筹区域发展、统筹经济社会发展、统筹人与自然和谐发展、统筹国内发展和对外开放”等“五个统筹”之首。2004 年 12 月的中央经济工作会指出，我国现在总体上到了以工促农、以城带乡的发展阶段，2005 年，中央一号文件明确提出实行“工业反哺农业、城市反哺农村”的方针。党的十六届五中全会，重新提出了建设社会主义新农村建设。2008 年 10 月党的十七届三中全会作出了《中共中央关于推进农村改革发展若干重大问题的决定》，明确提出统筹城乡产业发展，作为“建立促进城乡经济社会发展一体化制度”的一个重要方面，是统筹城乡发展的进一步深入。

统筹城乡产业发展，是指政府这一统筹主体，按照效率与公平并举和更加注重公平的原则，在宏观调控下充分发挥市场调节机制，以城市与农村为统一的空间载体，推进城乡产业发展水平协调化、产业结构比例和空间布局合理化共同发展，通过产业这个资源转换器的形式，把劳动力、科技、自然资源等生产要素及其生产能力配置到更优状态。[①] 统筹城乡产业发展是从城乡视角的统筹我国产业发展，是统一筹划国民经济各产业和部门及产业要素的城乡协调，推进产业高级化、结构比例与空间布局合理化共同发展。统筹城乡产业发展的基本内容概括为统筹城乡产业发展的现代化生产力水平、统筹城乡产业的空间布局、统筹城乡就业等主要方面。

1. 统筹城乡产业的现代化水平

我国农业机械化水平低、农业基础设施建设滞后、农业科技含量低、生产要素素质差、自然与市场风险大而抵抗能力弱，形成一个与现代工业和现代服务业不相协调的“农业现代化洼地”。党的十六大提出的“统筹城乡经济社会发展，建设现代农业，发展农村经济，增加农民收入”发展战略。党的十七大报告明确了“统筹城乡发展，推进社会主义新农村建设。坚持把发展现代农业、繁荣农村经济作为首要任务”。提升农业的现代化水平，建设城乡现代

---

① 王兴明，黄策、孙国玉．城乡产业发展统筹内涵初探［J］．改革与开放，2009（24）．

化水平协调的产业体系，是城乡产业发展统筹的重要任务。实现农业现代化，传统农业转变为现代农业，用现代科学技术和现代工业来为农业提供生产的技术手段和物质手段，用现代经济管理方法提供农业生产的组织管理手段，机械化、信息化、市场化、社会化，劳动生产率水平达到现代水平。

2. 统筹城乡产业的空间布局

统筹城乡产业发展的一个重要目标是产业布局的空间协调，把城市和农村作为一个整体，统一规划，通盘考虑，构建与地域空间相适应、与地区资源相匹配、布局和结构合理的城市乡村产业体系，形成城市与农村、工业与农业相协调的城市——区域空间一体化经济系统。党的十六大以来，城乡产业空间布局得到优化：一是增强中心城市对区域的辐射带动能力。中心城市增强辐射带动能力，成为区域的经济发展极，充分发挥对整个区域在辐射影响、组织带动和调节控制和推动区内与区际联合与协作等诸方面的极核作用。二是强化农村地区产业布局。大力发展农村内生型产业，积极承接城市转移产业，倾斜向农村地区布局新增产业，加快推进农业产业化、农村工业化、乡村城镇化、农民非农产业化进程，实现城乡产业布局合理与协调。三是建设与小城镇相互依托、相互促进的农村工业园区。农村工业园区是符合现代化要求、产业集中与融合及产业生态化发展趋势的产业组织形态，发展规模、配置资源和调节生产的能力决定于该地区的资源规模总量。

3. 统筹城乡劳动就业

人口数量巨大是我国的最大国情，解决农业剩余劳动力问题是我们城乡产业发展统筹最为繁重、最为急迫的任务。党的十六大以后城乡二元的时空布局状态被打破。一是城乡、工农要素自由流动的趋势形成。农村劳动力大量进城，自由择业，农民工群体的持续壮大。截至 2011 年，全国农民工总数达到 25728 万人。从输出地区看，东部地区输出农民工 10790 万人，占全国农民工总量的 42.7%；中部地区农民工 7942 万人，占全国农民工总量的 31.4%；西部地区农民工 6546 万人，占全国农民工总量的 25.9%。[①] 二是城乡社会交流增多。随着城镇化进程的加快，城乡之间的空间距离逐步缩短，人员、信息、文化等社会交流不断增多，过去只有城市居民独享的一些公共服务也逐步进入

---

① 吴丰华，韩文龙. 改革开放四十年的城乡关系：历史脉络、阶段特征和未来展望［J］. 学术月刊，2018，50（4）：58－68.

乡村。三是城乡居民收入差距拉大的趋势得到扭转。2010 年农民人均纯收入 5919 元，同比增长 14.9%，自 1998 年以来首次超过城镇居民人均可支配收入增幅[①]。城乡居民收入比由 2009 年峰值的 3.33∶1 下降至 2011 年的 3.13∶1，扭转了自 1984 年以来不断扩大的趋势。[②]

三、党的十八大以来的产业融合

产业融合思想最早起源于 20 世纪 60 年代，随着信息技术的快速发展和扩散，西方发达国家在信息产业领域出现了产业融合发展的现象。一些基于工业经济时代大规模生产分工的产业边界逐渐模糊或消融，并在原有的产业边界处融合发展成新的产业业态，成为价值的主要增长点和经济增长最具活力的源泉与动力。尽管产业融合现象作为一个热门话题已经广泛讨论了近三十年，但是关于产业融合至今尚未形成统一的表述，产业融合概念也往往与技术融合、数字融合、三网融合等概念混用。国内大多数学者从不同产业或行业之间的相互作用的角度入手，认为“产业融合是指不同的产业或同一行业的不同产业，通过渗透发展，逐渐形成新产业的过程”。[③] 产业融合（industry convergence）是指不同产业或同一产业不同行业相互渗透、相互交叉，使产业边界逐渐模糊化或者重新划分，最终融合为一体，逐步形成新产业的动态发展过程。21 世纪以来特别是党的十八大以来，农村三次产业融合发展步伐加快，乡村形成以农业农村资源为依托、以产业融合发展为路径的产业体系。

（一）城乡产业融合思想的形成和发展

党的十八大尚未明确的提出推进农村产业融合发展的思想，在“三农”政策中突出了 4 个“更加重视”：更加重视促进农村小康和“四化同步”、更加重视加快转变农业发展方式和增强创新驱动能力、更加重视着力构建新型农业经营体系和发展多种形式的适度规模经营、更加重视生态文明建设和绿色发展。其中，更加重视促进农村小康和“四化同步”、更加重视加快转变农业发

① 农博网．http：//finance. aweb. com. cn/2011/1/29/22520110129104636230. html.

② 国家统计局．http：//www. stats. gov. cn/tjzs/tjsj/tjcb/dysj/201505/t20150528_1111158. html.

③ 厉无畏．产业融合与产业创新［M］．上海管理科学，2002（4）：4－6.

展方式和增强创新驱动能力，凸显推进农村产业融合的重要性和紧迫性，对培育农业农村经济新增长点提出了新的更高要求；更加重视着力构建新型农业经营体系和发展多种形式适度规模经营，为推进农村产业融合提供了部分新的载体，2013 年中央一号文件明确要“鼓励和支持承包土地向专业大户、家庭农场、农民合作社流转，发展多种形式的适度规模经营”；更加重视生态文明建设和绿色发展，则锁定了加快转变农业农村发展方式的选择空间，2014 年中央一号文件要求，建立农业可持续发展长效机制，促进生态友好型农业发展，加快转变农业农村发展方式的选择空间，明确了走产出高效、产品安全、资源节约、环境友好的现代农业发展道路。

基于前述背景，2014 年 12 月召开的中央农村工作会议要求，“深刻认识新常态下农业农村外部环境和自身内部发生的重大变化，善于在变化中捕捉机遇、逆境中创造条件，不断挖掘新潜力、培育新优势、拓展新空间”，[①] 并首次提出“推进农村一二三产业融合发展”的思想，要求“把产业链、价值链等现代产业组织方式引入农业，促进一二三产业融合互动”“延伸产业链、打造供应链、形成全产业链，完善利益联结机制，让农民从产业链增值中获取更多利益”。2015 年中央一号文件指出要以市场需求为导向，积极开发农业多种功能，文件提出“富裕农民，必须充分挖掘农业内部增收潜力，开发农村二三产业增收空间，拓宽农村外部增收渠道”，并把推进农村产业融合作为“延长农业产业链、提高农业附加值”、增加农民收入的重要决策部署。2015 年 10 月，中共十八届五中全会通过的《中共中央关于制定国民经济和社会发展第十三个五年规划的建议》明确要求，“着力构建现代农业产业体系、生产体系、经营体系，提高农业质量效益和竞争力，推动粮经饲统筹、农林牧渔结合、种养加一体、一二三产业融合发展，走产出高效、产品安全、资源节约、环境友好的农业现代化道路”。

2015 年 12 月，《国务院办公厅关于推进农村一二三产业融合发展的指导意见》要求“用工业理念发展农业，以市场需求为导向，以完善利益联结机制为核心，以制度、技术和商业模式创新为动力，以新型城镇化为依托，推进农业供给侧结构性改革，着力构建农业与第二、第三产业交叉融合的现代产业体系，形成城乡一体化的农村发展新格局”。该文件涉及推进农村产业融合的

① http：//www. wendangku. net/doc/913f514daaea998fcd220e57 －2. html.

总体要求、发展多类型融合方式、培育多元化融合主体、建立多形式利益联结机制、完善多渠道融合服务、健全融合推进机制等内容，构建了支持农村产业融合的政策框架，标志着党中央关于农村产业融合的思想逐步成型成熟起来，进入深化完善阶段。

2016 年 10 月发布的《全国农业现代化规划（2016～2020 年）》将推进农村产业融合作为协调惠农的重要内容，作出了建设一批农村三次产业融合先导区等重大决策部署。此后，党中央关于农村产业融合思想的内涵和底蕴更加丰厚，推进农村产业融合也逐步成为政府和全社会解决“三农”问题的自觉行动。党的十九大报告首次提出实施乡村振兴战略，把“三农”工作放到乡村振兴战略中来部署，以乡村为切入点，建立健全城乡融合发展体制机制和政策体系，统筹处理好城镇化和乡村振兴，加快城乡融合发展。2018 年的中央一号文件中指出，要构建农村三次产业融合发展体系。2019 年 5 月中央发布《关于建立健全城乡融合发展体制机制和政策体系的意见》（以下简称《意见》），为新时代的城乡融合发展描绘了路线图、确立了时间表。《意见》从完善农业支持保护制度、建立新产业新业态培育机制、探索生态产品价值实现机制、搭建城乡产业协同发展平台、健全城乡统筹规划制度等措施入手，明确提出用城市现代科技来改造传统农业、用城市的工业发展来延长乡村的农业链条、用移动互联来丰富和发展农业业态。

（二）城乡产业融合的内容

从不同角度分析产业融合发展，融合模式具有不同的种类。从产业角度来分析，产业融合可分为产业渗透型融合、产业交叉型融合和产业重组型融合三类方式。我国目前农村三次产业融合发展从产业融合内容上看，主要有以下三种方式：农业产业链延伸型融合；农业产业与其相关产业交叉型融合；先进技术要素对农业产业的渗透型融合。

1. 农业产业链延伸型融合

农业产业链延伸型融合的核心是以农业为中心，以农产品加工为引领，向产业链条前后延伸，将种子、农药、肥料供应与农业生产连接起来，将农产品生产、加工、销售及休闲农业、乡村旅游等相关服务业连接起来，实现农业产供销“一条龙”，农工贸一体化，延长农业产业链，提升农业价值链，提高农业附加值，不断增加农民从农业产业中获取的收入。如生猪产业链涵盖饲料加工、兽药生产、育种养殖、屠宰、加工、猪肉制品、贮藏、流通至消费等多个细分领域，其中涉及种猪场、养殖场、小农散养户、饲料企业、兽药企业、经销商、加工企业、零售商等多个行为主体。产业链上的各个环节相互关联，形成一个以生猪生产为主线的网状结构。处于生猪产业链上任何一个环节的主体，都存在较大的风险，为了降低主体经营的不确定性，确保各主体的利益收入，需要加强各主体的衔接，实现生猪产业链的延伸型融合发展。农业产业链延伸型融合发展主要是农业产业通过向前后延伸来改变产业链的过程，农民专业合作社、家庭农场、种植大户、龙头企业、经营农户等经营主体为了获得农业产业中更多的利润，就会主动推进农村第一产业向农村第二、第三产业延伸。创新生猪经营方式，降低主体经营的不确定性，平衡产业链利润的分配，加强各主体的衔接，使产业链利润风险共担，确保各主体的利益收入，实现生猪产业链的延伸型融合发展。

2. 农业产业与其他产业交叉型融合

农业产业与其他产业交叉型融合发展是指农业产业随着发展跨越传统农业产业边界，与其他产业相互改变产业链的过程，同时，另一产业的无形要素也跨越其产业边界应用到农业产业对相应功能模块进行创新的过程。农业产业与旅游业的融合为交叉融合的典型案例，以休闲农业为代表的第三产业促进第一产业从而带动第二产业。农业产业基于资源平台将其农业休闲、体验、观光等新功能应用到旅游产业的产业链中，从而产生了农业旅游类产品，随着该农业旅游类产品及其衍生农业产品的丰富和发展，旅游产业链的其他环节也发生了改变。同时，旅游产业将其旅游文化、旅游宣传、旅游带动、游客消费等功能应用到农业产品中，打造“望得见山、看得见水、记得住乡愁”的农产品销售与体验，从而提升了农产品的文化内涵和吸引力，满足了体验游、休闲游的需求。随着农业休闲旅游市场的发展，在农业资源开发上逐渐开始注重对农业产业资源中旅游资源的发掘和提升。农业产业与其相关产业交叉融合体现了农业产业与另一产业间的相互改变过程，实现两个产业链上的创新。

3. 先进技术要素对农业产业的渗透型融合

先进技术要素对农业产业的渗透型融合是其他产业改变农业产业链的过程。该融合过程主要是其他产业的无形要素跨越其产业边界并基于共用平台应用到农业产业对相应功能模块进行创新的过程。如信息技术特别是物联网、大数据、“互联网＋”、云计算、众筹等先进技术要素对农业产业的渗透。先进技术要素对农业产业的渗透型融合，表现为先进技术要素的创新、扩散、发展与融合，带动传统产业发生变化和创新。如信息技术的快速推广应用，既模糊了第一产业与第二产业、第三产业间的边界，也大大缩短了农业供给与农业需求双方之间的距离。信息技术融入农业产业链的不同环节，得到了不同的功能创新，使“互联网＋”农业、农业电商、农业众筹、在线租赁等方式成为可能。信息技术的渗透性、带动性、倍增性、网络性和系统性等特点推动了信息产业带动农业产业的融合发展。

第二节 城乡产业融合发展的现状

党的十八大以来，农业发展进入新阶段，一系列重大改革举措相继推出，农村产业融合取得了历史性成就，我国城乡融合发展站上了新起点。与此同时，我们也要清醒看到，现代农业产业体系尚不健全，生产体系、经营体系和组织体系还不完善，农业的产业链短、附加值低、竞争力弱，农产品的阶段性供过于求和供给不足并存，供给质量和效益都亟待提高。

一、城乡产业融合发展取得显著成效

近年来，我国非常重视城乡三大产业融合发展，政府出台了一系列支持农村三大产业融合发展的政策文件和指导意见，各地区也积极开展了与其相关的实践并取得了一定的成效。城乡产业的融合发展取得了以下成就。

（一）探索出多种融合发展实践模式

随着我国三次产业融合示范点逐渐增多，各地根据自己的自然条件、资源禀赋和社会发展水平，发挥比较优势，开发出具有当地特色的三次产业融合模式，不断创新，逐步探索出了多种类型的融合发展模式。这些城乡产业融合发展实践拓宽了该领域的发展空间，也为今后的三次产业融合提供丰富的实践经验，主要类型如下：

1. 以第一产业主导的三次产业融合模式

以原产地的特色种养殖为依托，通过农产品加工、传统手工制作等第二产业的发展及产业服务、休闲服务在研发、生产、营销环节的介入，打破传统农业产业界限，延伸产业链，推进三次产业融合发展（见图 2-1）。农产品（第一产业）与加工业（第二产业）的融合，既可以通过传统技术人才进行手工制作形成特色多样产品，也可以实现现代机械化进行精深加工来实现。农产品（第一产业）与农村文旅产业（第三产业）的融合，主要是基于利用特色农村品、生态环境、自然风景区等原生优质资源，推动观光、科普、体验、度假等服务业的发展，通过拓展农业生产功能实现第一、第三产业的融合。在呈现方式上，现有的"一村一品""一县一业"等均属于这种发展模式。如浙江蓝美科技服务有限公司实行"公司 + 合作社 + 基地 + 农户"模式，为小农户提供蓝莓种苗、生产技术和产品销售，已在全国范围内推广种植蓝莓 5.3 万余亩，带动小农户近 5 万人。

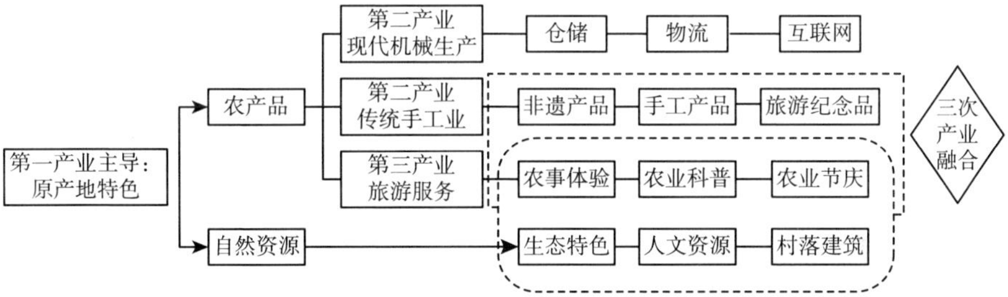

图 2-1　第一产业主导的三次产业融合模式

2. 以第二产业加工为主导的"二三一"融合模式

以第二产业为主导的"二三一"融合模式（见图 2-2）和前者的区别主要由第二产业带动第一产业和第三产业发展。这里的第二产业是依托农产品及特殊技艺的精深加工和手工制造，加工产业在促进农产品转型升级中的积极推动作用。首先是第二产业带动第一产业的融合发展模式，以第一产业为基础的原材料供给进行精深加工，以配套性服务业（如仓储、运输、电商等）及支持性服务业（科技、信息、金融等）为支撑，从而带动了传统养殖业向现代农业的转型和提升。比较有代表性的如温氏集团的饲料原材料采购及加工、种苗生产、技术配套服务、肉猪回收销售等"一条龙"生产经营模式；上海鑫博海蔬菜原料生产、贮藏、配送、销售等整个流程一体化的"中央厨房"模式等。其次是"加工产品＋文化服务"为引领，推进第二、第三产业融合发展模式。对于依托特殊材质、特殊工艺、特殊人才的手工制造业来说，由于其独特的文化底蕴及价值，将实现加工产业与文创、旅游的高度融合，促进农产品加工→特色手工艺品→文化传承（手艺及工匠等）的发展模式。

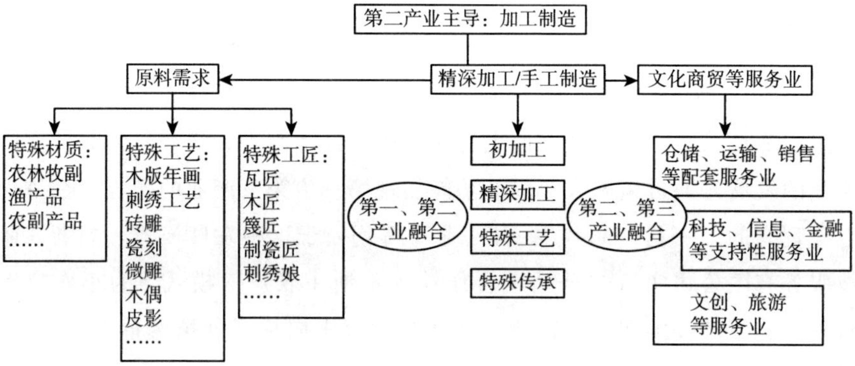

图2－2　第二产业加工为主导的"二三一"融合模式

3. 以第三产业为主导的"三二一"融合模式

一是乡村文化旅游引导的消费带动模式。利用旅游聚集人气和促进消费的优势，依托当地农业资源，通过旅游活动的开展、旅游购物的消费以及旅游服务的体验，推进农业与文化创意、旅游、生态等产业进行融合发展的模式。乡村文化旅游引导的消费带动模式培育新型产业业态，主要包括休闲农业、创意农业等。观光农业把农村自然风光、农产品生产为基础，以农业文化和农村生活文化为核心，通过规划、设计与施工，吸引游客前来观赏、品尝、购物、习作、体验、休闲、度假的一种新型农业与旅游业相结合的生产经营形态。农村创意文化产业是指将农业完整产业链条与农村文化、艺术创意相结合，在农产品生产、加工及营销过程中融入文化创意元素，促进了农产品由使用功能型消费向文化审美型消费转变的现代农业经营模式。如陕西安塞县致力于延安"红色旅游"项目的开发，并衍生出腰鼓、农民画、剪纸等系列文化产品，其中剪纸影集、个性化邮票、文化衫等产品深受游客青睐。农村康养产业是农业与健康养老产业相结合的新业态，这种休闲农业与生态养老全方位一体的"城乡融合型"田园养老模式，给老年全体提供一种生态养生、回归自然、绿色健康的养生养老生活方式（见图2－3）。

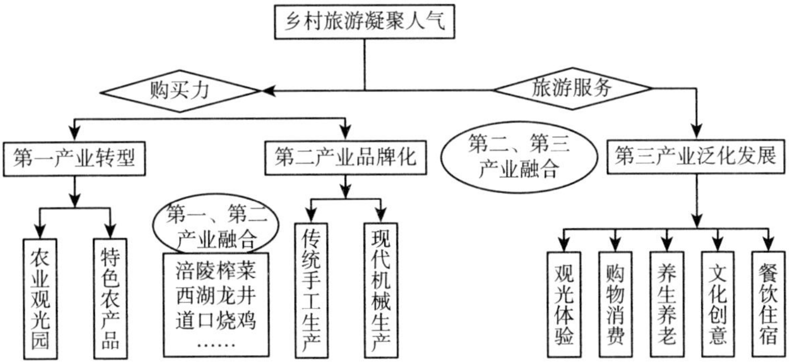

图 2－3　乡村旅游引导的消费带动模式

二是农业科技引领的产业融合发展模式。科技作为推动产业发展的关键要素，其在产业促进和融合方面有着得天独厚的渗透优势。科技与农业的有机衔接和融合，实现农业生产技术创新，能够改变农业产业的技术体系和结构，降低生产成本，提高农业附加值，提高农业产业竞争力。农业科技引领城乡产业融合发展，体现在两个方面：一方面，种植、品种优化等技术应用到农业生产，能提高第一产业（农产品）的科技含量和新产品的研发，同时通过技术推广服务来提高农民的整体技术素质；另一方面，依托加工技术和先进设施的应用，能推动第二产业的标准化加工水平，提高第二产业效率。充分发挥技术在第一、第二产业中各环节的渗透、凝聚和组合作用，将进一步优化农产品生产、加工和销售结构，逐步提升农业综合价值，模糊城乡产业界限，推进“三一二”产业融合发展（见图 2－4）。

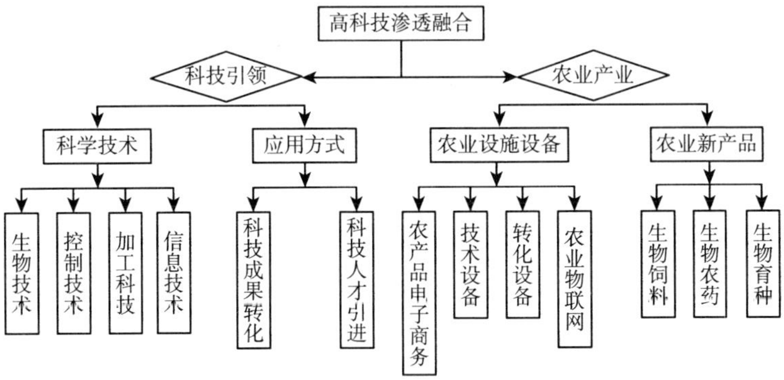

图 2－4　农业科技引领的产业融合发展模式

三是以电商物流引领的服务带动模式。该模式主要以物流配送为核心，带动农产品的规模化生产、销售、服务以及加工企业的聚集和联动，构建完善的产业链体系，实现第三产业（服务业）带动第一产业和第二产业的融合发展。电商物流服务需要以云计算、互联网、O2O 模式等科技手段为支撑，培育农业龙头企业、“龙头企业 + 农户”、农产品批发市场等多个市场主体，建设综合信息服务、产销一体化、商务智能、高效物流配送等综合性服务平台，实现基于互联网及物流配送的三次产业融合发展（见图 2 – 5）。如浙江遂昌县利用丰富的农产品资源，积极与相关企业合作，加快发展农村服务业，推进电商与实体流通结合，促进农村电子商务迅速发展，形成了农村电子商务发展的“遂昌模式”。

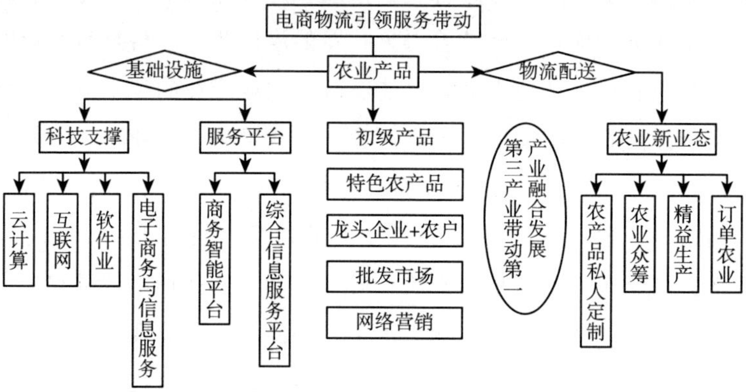

图 2 – 5　以电商物流引领的服务带动模式

4. 现代农业示范区引领的县域产城融合发展模式

城乡产业融合模式之产城（镇）融合以农业产业化为依托，以农村新型城镇化为基础，产业与城市空间、功能等多方面的融合，达到“产、城、人、文”四个维度综合融合发展模式。产城融合发展是社会经济发展、资本积累到一定程度的发展阶段，随着我国农业现代化和美丽乡村建设加速推进，小城镇中小产业集群快速发展，小城镇吸纳更多的农村转移人口，充足的人力资源使第二、第三产业加快发展，农业产业化和人口的迁移合理地融合在一起，实现“以产促城，以城兴产，产城融合”。各地涌现的农产品加工特色小镇、农产品贸易特色小镇是产城融合发展的生动实践。农产品加工特色小镇指在农业产业带或农产品主产区优势区吸引加工企业聚集，形成生产与加工、企业与农户相衔接配套的农业上下游产业小镇，并且功能完善、分工优化、特色突出；农产品贸易特色小镇指依靠某一特色农业产业和环境因素如地域特色、生态特色、文化特色等，打造的具有明确农业产业定位、农产品贸易特征、文化内涵和一定社区功能的综合小镇。这些特色小镇创新了块状经济和县域经济，是一种新的产业经济模式，是供给侧改革的创新实践（见图2-6）。

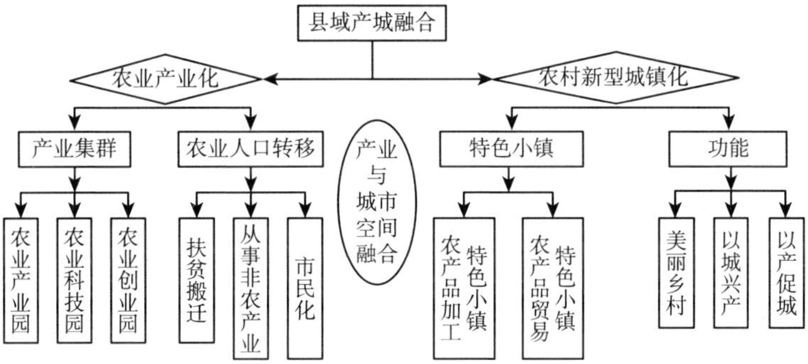

图2-6　县域产城融合发展模式

（二）培育出一批新型产业融合经营主体

农村三大产业融合发展越来越快，各地也大力支持新型产业融合经营主体的发展，培育出了一批融合经营主体。通过农村三次产业融合发展推进了农业经营模式创新，形成了“农民专业合作社+基地+超市”“农民专业合作社+农户+龙头企业”“村集体+龙头企业+公司”“公司+农户”“公司+合作社+基地+农户”“公司+基地+农户”等新的农业经营模式，为农村三大产业融合发展提供了主体支撑。

1. 农业产业化龙头企业不断壮大

农业产业化龙头企业，是指在农业行业中，对其他农业企业的发展具有引领和示范作用，是通过订单合同等方式与农民建立稳定长效的利益联结机制，进行一体化农业生产性服务的企业。农业龙头企业具有资金、技术、人才等方面的优势，是最具实力和创新活力的主体。这些企业使农产品加工和流通进一步发展以及标准化、规模化的原料生产基地建设起来，加强了产业链建设与供应链管理，提高了农业生产效率，是促进农村三次产业融合发展的引领示范者。

2. 农民合作社快速发展

农民专业合作社是指农民按照自愿联合、民主管理的原则组织起来的农业互助组织。在农村三次产业融合发展过程中，农民合作社一方面可以将分散的农户组织起来，把分散的农户与市场联系起来，提高农民的市场谈判地位，降低分散农户的生产和市场交易成本，增强农户的融资和抵御风险的能力；另一方面，可以在更大范围内把各主体的不同要素进行组合，提高资源配置的效率，是促进城乡产业融合发展的生力军。到 2018 年年底，浙江省有农民专业合作社 4.73 万家，其中县级以上农民专业合作社 5279 家①。如嘉兴市万好蔬菜专业合作社共流转土地 5000 余亩，其中核心示范基地种植面积 1500 亩，发展社员 1020 名，其中农民社员 1002 名（含家庭农场成员 38 户），带动辐射至海盐、南湖、平湖等 20 个乡镇 100 余个村 2.6 万农户，种植面积 3.8 万亩②。

3. 农业社会化服务组织建立起来

农业社会化服务组织是指为农业生产提供产前、产中和产后全过程的生产性服务的各类服务组织。农业社会服务组织依托农业龙头企业、农民专业合作社、供销社等主体，大力培育多元化、多层次社会化服务组织，公益性服务与经营性服务相结合、专项服务和综合服务相协调，不断拓展服务领域，能够为农户的生产提供代耕代种、土地托管、植保、统防统治、烘干仓储等各种专业化服务，帮助农户解决一些生产中的难题，提高农户的生产效率，是促进农村三次产业融合发展的重要保障。

4. 家庭农场方兴未艾

家庭农场是指以家庭为基本单位从事农业专业化、集约化、商品化生产经营，以农业生产收入为主要收入来源的新型农业经营主体。这类经营主体的内部治理结构比较简单，成员之间的利益高度一致、劳动监督成本比较低、数量众多、分布广泛，是促进农村三次产业融合发展的重要主体。

5. 农产品行业协会逐步发展

通过组建农产品行业协会，把经营同类产品和同链条产品的主体纳入统一平台，以协会为抓手，建设现代农业产业体系、生产体系和经营体系，推进良

---

① 人民网 . http：//zj. people. com. cn/n2/2019/0813/c186937 – 33242868. html.

② 推进小农户和现代农业有机衔接，浙江在线 . http：//zjnews. zjol. com. cn/zjnews/zjxw/201908/t20190813_10794134. shtml.

地、良种、良法、良品、组织、加工、品牌、金融等环节全链条发展。同一产业的农业经营主体依法组建农产品行业协会和联合会，把各类新型农业经营主体和广大小农户联结起来，为会员提供内部交流、行业自律、技术推广、品牌建设、产品营销、资金融通等各项服务。如嵊州市成立了剡溪果业协会，下设9个分会，现有登记注册入股社员335户①。农产品行业协会打造一批竞争力较强、知名度较高的特色农业品牌和区域公用品牌，区域内的农户可以分享品牌增值收益。

（三）催生出一批农村新兴产业业态

我国许多地方不断推进农村三大产业融合发展，通过理念创新，促进了土地、资本、技术、文化等要素的跨界配置，实现了农村三大产业的结构重组，促进了休闲、旅游农业等农村新兴产业业态的出现，为农村产业融合提供了新的增长点。休闲农业是以农业景观、农业生产条件和农村的生活文化等资源要素为基础，以观光休闲为目的，以服务为手段，以城市游客为目标，将旅游业与农业相结合，贯穿农村三大产业，融合生产、生态等多种功能的新业态。农业电子商务是以电子信息网络为媒介，以农业网站平台为载体，利用现代信息技术，依托农产品生产和物流配送，实现在网上完成农产品或服务的购买、销售和电子支付业务的商务平台。随着新技术的快速发展和人们消费理念的改变，以及农村三大产业融合的不断推进，农业电子商务呈现出迅猛发展的态势。工厂化农业是运用先进的管理方法以及技术、设备发展起来的技术密集型生产方式，这种生产方式全面自动化和机械化，因此在很大程度上能够摆脱地形、气候、土壤等自然因素的制约，在人工环境中进行生产，实现周年性、全天候、反季节的规模化农产品生产。

（四）制定出一系列支持政策措施

自2015年提出要推进农村三大产业融合发展以来，从中央到地方制定出一系列与其相关的支持政策措施。国家发改委、农业部、财政部等各部门立足全局，以战略的视角制定了关于推进农村三大产业融合发展的指导意见、发展

① 推进小农户和现代农业有机衔接，浙江在线. http://zjnews.zjol.com.cn/zjnews/zjxw/201908/t20190813_10794134.shtml.

规划、试点实施方案等，从顶层设计层面推动农村三大产业融合发展，为农村三大产业融合发展提供了宏观指导。例如，在 2015 年 12 月，出台了推进农村三大产业融合发展的《指导意见》，为农村三大产业融合发展提供了政策基础和依据。2016 年 10 月，农业部发布《关于推动落实农村一二三产业融合发展政策的通知》，对监督落实促进农村三大产业融合发展的措施做出具体部署。2017 年 12 月，农业部办公厅发布《关于支持创建农村一二三产业融合发展先导区的意见》，阐述了培育打造和创建融合发展先导区的重要作用、总体要求和重点任务，对加强融合发展先导区的组织领导做了具体安排。各地区高度重视农村三大产业融合发展，为了促进农村三大产业融合发展，制定出了一系列支持农村三大产业融合发展的相关政策。随着一系列政策文件的出台，农村三大产业融合发展已逐步形成一个政策体系，农村三大产业融合发展的政策扶持不断加强，为推动农村三大产业融合发展提供了政策保障。

二、存在的问题和不足

总体来看，我国目前城乡三大产业融合发展还处于初级发展阶段，农村三大产业融合发展程度低、融合发展缓慢。农业对第二产业、第三产业的融合较少，农业产品的附加值偏低，先进技术要素对农业产业渗透融合力不强，新型农业经营组织发育迟缓，产业融合政策体系不健全，产业融合的融资环境差，在融合发展过程中还面临着很多难题。

（一）对“三产融合”的认识不够深入

“三产融合”作为新生事物，不少人对其认识还停留在浅层，认为就是把三大产业简单地组合在一起，或者直接将农业实现工业化。在具体运用中，只是针对第三产业融合的一个层面，而不能很好地将其逐步体系化。农村三大产业融合发展涉及国土、农业、环保、工商、科技、旅游、工信、质检等相关部门，绝大多数管理部门往往从自身的立场出发，只按照本部门的管理规章办事，容易忽视农村三大产业融合发展的需要。由于部门繁多，各个部门之间职能划分不清，导致协调难度大，实施成本高，办事效率低，从而制约了农村三大产业融合发展的效果。

（二）农村基础设施存在先天不足

“三产融合”的发展主战场是农村地区，但是农村的基础设施不够完善、配套资源相对落后、农业专业人才缺乏，是制约农村三大产业融合的重要原因之一。第一，农村基础设施建设滞后。我国农村许多地区与农村三大产业融合发展相关的供水、供电、供气条件差，道路、仓储物流及休息服务接待设施落后，加之农村环境和卫生条件较差，大部分农村地区不具备专业的污水和垃圾处理能力，加大了企业建设成本和困难，推进农村三大产业融合发展的配套设施支撑不足。第二，农村信息化建设滞后。农村三大产业融合发展需要利用信息科技技术发展新型农业，提供综合性服务，但我国农村许多地区信息网络建设比较滞后，农村区域网络通信设施建设不到位，通信信号差，不利于新技术在农业上的应用以及农村电子商务的发展。第三，农业专业人才短缺。农村三大产业融发展主要依托技术、业态和商业模式的创新，这些方面都需要专业人才作支撑，但由于农业生产效益比较低，农村青壮年劳动力大部分都外出务工或经商，留守农村的劳动力以老人、妇女为主，文化素质偏低，导致农业劳动力不断弱化，缺少农业专业人才。此外，我国农村三大产业融合推进的时间还比较短，相关人才培养培训体系未还未能及时建立，导致人才供给不足，尤其是领军、复合型人才短缺，成为制约农村三大产业融合发展的重要因素之一。

（三）可持续、易复制的成功典范较少

随着国家对乡村经济的重视，各农村地区纷纷试行“三产融合”模式来发展本地经济。各地政府也出台优惠政策等加以扶持，然而许多地区的“三产融合”只是停留在初级阶段，有其名而无其实。市场营销和品牌建设落后，农产品市场拓展能力比较低，品牌辐射效应发挥不足，市场竞争水平低，融合链条短，附加值低。休闲农业和旅游农业开发建设的项目也主要是以观光旅游为主，缺少对乡土文化、风土乡俗等历史人文资源的开发，发展模式也比较单一，缺少特色和创意，产业形态雷同严重。

（四）各利益主体冲突较为明显

发展第三产业融合的最终目标是提高农民的收入，利用工业反哺农业，农民得以分享农业与第二、第三产业融合增值收益。但是，在实践过程中发现，多数地区的融合主要以第三产业为主，并非以农业为依托之本，农民的收入没有得到较大提高，甚至处于不利地位。第一，合作方式比较单一。大部分地区主要是以订单农业为主要的联结机制，缺少股份制和股份合作制等利益联结方式。由于订单农业履约的随意性比较大，违约率较高，农民难以通过保护价收购、利润返还和股份分红等方式获取农村三大产业融合发展的收益。第二，部分工商资本社会责任感不强，农民利益被边缘化。有些工商资本会依靠自身的优势，强制干预农村资源配置，过分强调自身的经济利益，使农民的利益被边缘化。第三，风险防范机制不健全。农村地区还没有形成健全的风险防范机制，许多地方并没有建立土地流转、订单农业等风险保障金制度，农村地区农业保险、担保机制也还不健全。

（五）新型农业经营主体培育困难

农村三大产业融合属于跨界融合，涉及的领域很广，普通农户由于自身规模小、经营管理能力不强等因素难以发挥很大的作用，只有新型农业经营主体才能在农村三大产业融合发展中发挥引领作用。我国新型农业经营主体总体发育还比较缓慢，对农村三大产业融合发展的带动能力不强。第一，家庭农场和专业大户的生产经营结构比较单一，主要以从事种养殖业为主，生产经营规模比较小，技术和经营管理水平低，难以发挥出推动农村三大产业融合发展的基础作用。第二，农民合作社的生产经营方式单一，职能发挥不充分，经营管理不规范。大多数农民合作社在提供技术支持、发布供求信息、业务培训、开拓市场、抵御市场风险、反映群众诉求等方面没有充分发挥作用。许多农业合作社都是挂个牌子，存在“有组织无合作”“空壳化”现象，无实质内容。第三，农业产业化龙头企业的引领示范作用发挥不充分。农业产业化龙头企业规模偏小，产业融合带动能力弱，与农户联结比较松散，对农村产业融合的引领示范作用发挥不充分。第四，社会资本难以投向农业农村。社会资本下乡这一问题还存在一些歧视性政策，部分领域对其开放的程度不够，各类社会资本投资项目缺乏相关扶持政策。

第三节

新产业新业态引领城乡产业融合发展

习近平总书记在党的十九大报告中提出，要建立健全城乡融合发展体制机制和政策体系，加快推进农业农村现代化。2018年《中共中央 国务院关于实施乡村振兴战略的意见》提出要“构建农村一二三产业融合发展体系”“开发农业多种功能，延长产业链、提升价值链、完善利益链”等意见，指导农村现代新业态的发展。2019年《中共中央 国务院关于建立健全城乡融合发展体制机制和政策体系的意见》将“建立新产业新业态培育机制”作为城乡产业融合的主要改革举措提出。农村通过发展农业新产业、新业态引领和促进城乡产业融合发展，是拓宽农业增收渠道、构建现代农业产业体系的重要举措，是加快转变农业发展方式、积极推进农业结构调整的必然要求，也是实现城乡全面融合、乡村全面振兴的一把关键钥匙和有力抓手。

一、农业新产业新业态的国外经验借鉴

在“互联网+”时代，农业加快了与其他产业融合的步伐，实现农产品生产、加工、销售以及乡村休闲旅游一体化。随着农村三大产业融合理念的提出，日本、荷兰、法国等发达国家尝试将其运用到实践中。

（一）日本的“六次产业”

日本早在20世纪70年代就探索发展“第六产业”（或创意农业），日本政府主导的大分县“一村一品”运动是日本创意农业的发展源头。后来日本政府及农民不断发展创意农业，在每个村、镇开展特色农业产品、特色文化、特色旅游等。到了20世纪90年代，日本农村地区出现了人口老龄化、农村劳动力外流等“乡村没落”迹象，在这个经济背景下，日本政府领导各级地方政府，以法律形式要求各级地方政府挖掘和发挥农村潜力，建设美丽乡村和促进城乡“融合”发展。进入21世纪以来，日本政府颁布《农工商合作促进法》《粮食、农业、农村基本计划》《农业六次产业化》《农山渔村六次产业化政策实施纲要》等一系列法律法规和重要文件，推动三大产业融合。其中，

城乡融合的重点是培育创意农业，并以创意农业为纽带激活农村经济、乡村治理及城乡融合发展。在三大融合道路上，日本的农业建设逐渐走向完善，农产品获得巨大附加值，有效增加了农户实际收入。

（二）荷兰的“农业产业链”

荷兰是一个典型的人多地少、农业资源匮乏的国家，但是其在农业发展方面形成了发达的农业产业链经营水平，创造出了“荷兰农业奇迹”，成为仅次于美国的全球第二大农产品出口国，积累了许多丰富的发展现代农业的经验。荷兰政府在重视农业科技创新的基础上，同时融入文化等非技术因素，以增加农业附加值和生产效率的提升。例如，荷兰的花卉产业链在此方面表现得非常突出：在研发和育种环节，荷兰非常重视花卉的新品种研发，每种花都有专门的育种公司；在生产、收购和加工环节，荷兰 70% 的花卉生产采用了新型温室无土栽培，生产的过程实现了全程自动化和机械化。荷兰政府非常重视农业产业链的整合与分工协作，创意农业产业链是荷兰“链战略行动计划”的一个重要组成部分。荷兰农民遵循民主自愿的原则，自发组织建立起了各种互惠共赢的农业合作社，以抵御市场的风险。

（三）法国的“乡村旅游”

近年来，法国乡村旅游的发展速度很快，已经成为法国的第二大旅游产品。法国的乡村旅游推动了当地农村三大产业的融合发展，极大地促进了当地农村经济的发展，增加了当地农民的收入，其发展经验值得我国参考和借鉴。一是以本地居民为经营主体，发挥政府引导作用。法国把本地的农业开发者和乡村居民作为发展乡村旅游的主体，以保障当地居民的利益，促进农村经济的发展。二是发挥行业协会的作用，强化行业自律。法国政府与行业协会在乡村旅游起步之初就开始了合作。法国 22 个大区 100 省都成立了旅游协会，旅游协会可以制定行业规范，以达到行业自律，推动乡村旅游的发展。三是保持乡土风貌，凸显本土性。法国的旅游协会制定了严格的乡村旅游管理条例，以避免同质竞争，强化当地农产品直销。如“农场客栈”管理条例规定，农场餐饮必须使用当地生产的农产品，不得出售或采购其他农场的农产品，还必须使用体现本土特色的烹调方法。法国农民还充分挖掘自身的优势，使乡村旅游的每个产品都保持原真性和独特性，使游客能够真正体验和享受乡村特有的情趣。四是提供财政支持。法国政府通过出台税收优惠政策及财政补贴等方式对乡村旅游的经营者给予支持。为了保障和推进传统民居的维护和修缮，法国政府为农庄提供了大量的经费资助。在税收方面，法国的餐饮税只有5.5%，并且还完全取消了餐馆和旅馆的职业税。法国还将旅游资源的开发和保护列为国家重要职能，每年花费在旅游资源保护和开发上的经费高达200多亿法郎。

（四）对我国的启示

日本、荷兰、法国等国政府在促进“创意农业”发展方面，许多经验和政策措施仍值得我们借鉴。具体包括以下几个方面：一是重视法律制度建设。为了保障创意农业的顺利实施，日本政府通过法律手段保护社会资本参与“创意农业”活动，而且对一些有碍于日本农业新业态发展的法规，放松法规限制，为日本农村创意农业发展提供良好的软环境。二是加大财政金融投入力度。日本和法国以财政优惠、补贴、低息或免息贷款等形式支持经营主体大力发展，为推进农村产业融合发展，提供了财政金融支持。日本还设立优秀项目资助金，对于拥有优秀的创意农业项目的个体或企业，还给予相应补贴，这对引导社会资本进入农村发展创意农业也有一定的导向作用。[①] 三是发挥农业合作组织的作用。日本政府通过成立专业指导创意农业发展的政府指导小组，以点带面，推动创意农业的全国性探索，促进日本全民参与“创意农业”项目，真正实现全民化的农村振兴运动。这些融合发展经验都值得我们借鉴，发展经验能更好地推动农村三大产业融合发展。

二、农业新产业新业态的概念、特征与类型

党的十九大以来，随着居民收入增加和消费需求升级，农村改革不断深化和发展活力有效释放，农业发展迎来了新契机，展现出了新面貌。传统的农业业态已经不能适应新的农业发展趋势，随着现代信息技术快速发展和创新应用，一系列新型农业业态出现并获得一定的发展。

① 刘丽伟．发达国家创意农业发展内在机理研究：以荷兰、日本、德国、英国为例［J］．世界农业，2010（6）：20－24.

（一）农业新产业新业态的概念

业态是产业发展层次和阶段的外化体现，产业业态的推陈出新、新业态的发展演变，是产业转型升级的重要途径。业态一词最初起源于日本零售业领域。零售业是一个产业，而百货店、超市、折扣店和便利店等是零售业的实现形式，也就是零售业的“业态”。业态概念由零售业拓展到制造业、农业等领域，称为“产业业态”，用于表征产业活动的存在形态和实现形式。积极培育新产业新业态，使之成为新的增长引擎，既是主动顺应变革的时代要求，也是现阶段实现稳增长、调结构双赢的有效途径。

农业农村新产业新业态是随着农业农村经济发展与科技的进步，在原农村三大产业基础上，借助信息等新技术，分化、嫁接、重构的新生产组织形态或服务组织形态。国内对农业业态、农业新业态的概念及内涵尚未有一个清晰的界定。借鉴零售业态、旅游业态等产业业态概念，可以归纳出农业业态概念：农业业态是指农业产业组织为适应市场需求变化，将生产经营所涉及的多元要素进行组合而形成的不同农产品（服务）、农业经营方式和农业经营组织形式所呈现的形态。[①]

由于业态的动态发展，在业态的逐步完善、改进和转型升级过程中，融入新的思路或转变新的内容，创造出一些不同于传统业态的新型产业形态，即新业态，如观光农业、体验农业、创意农业、田园综合体、农村电商、农村快递、乡村养老等。在这个过程中，农业的产品形态、组织形态、经营形态出现了一定的动态变化，当量变达到质变后，便形成了一个新的农业业态。“新”是一个相对概念，在消费需求变化多端和市场竞争日益激烈的环境下，农业新业态指的是相对于现阶段农业主体产业有新突破、新发展，或者超越传统农业发展模式，具有可持续成长性，并能达到一定规模，形成比较稳定发展态势的产业形态。

（二）新产业新业态的特征

农业新业态不仅是相对于现阶段农业主体产业有新突破、新发展，出现新

---

① 陈慈，陈俊红，龚晶，孙素芬．当前农业新业态发展的阶段特征与对策建议［J］．农业现代化研究，2018（1）．

的农产品（服务）、新的农业经营组织形式、新的农业经营方式，而且还具有可持续成长性、引领性、创新性，并能使附加值高、达到一定规模的农业产业形态。

（1）成长性好。农业新业态的产生是传统农业由低级向高级阶段的演进与农业产业结构优化的必然结果。随着时代的发展，由于高新技术的渗透、需求的变化等，传统农业产生了多个新业态。大部分农业新业态处于“萌芽期”或“成长期”，具有较好的发展后劲和市场扩张能力，业态发展速度往往明显快于传统产业。

（2）附加值高。新产业新业态是原产业链的延长，也是原价值链的扩量。农业新业态形成的主要依赖路径是通过不同行业之间的融合，这使农业新业态具有高度融合的特征，与其他产业的关联性强、附加值高。

（3）引领性强。一种新的产业形态可以称为新业态，必须具备一定的规模性和形成稳定发展态势。打破传统，不同以往，即“新”；具有一定的经济规模，即“业”；形成稳定的发展态势，即“态”。因此，农业新业态通过创新的理念、革新的技术，产生了新产品、新技术、新服务，再造了传统产业发展的新优势，产业引领性突出。

（4）创新性明显。新业态本质上是突破传统农业范式的一种业态创新，这种业态创新表现在：新产业新业态是原产业的分化、再造与放大，催生出原创性新产业，如生物技术对农业的技术渗透产生了生物农业这一新产业；新产业新业态是已有产业的耦合关联，产生了不同于其他产业的新业态，如农业与旅游业的融合形成了休闲农业与乡村旅游这一新业态；原产业组织的创新与升华，推动业态内部的革新，如将休闲农业与乡村旅游新业态的产品市场细分，满足个性化消费市场需求，产生了特色民宿这个具有发展潜力的新业态。

（5）“三产化”特征突出。传统农业作为第一产业，主要满足人们的物质需求。新业态通过非物质部门对农业的渗透，促进农业由单一的提供产品向提供服务、由第一产业向第三产业转变。农业的“三产化”特征突出，服务化特征趋强。

（三）新产业新业态的类型

新业态种类繁多，有必要厘清农业新业态的结构层次与类别划分，以利于农业新业态的后续研究。根据新业态的产生路径，将现有农业新业态划分为三大类别。

1. 服务型农业新业态

服务型农业新业态是农业与商业、旅游业、文化产业等交叉融合衍生出服务型农业新业态。通过拓展农业的生态、休闲、教育、养生等服务功能，发生了休闲农业、会议农业、构思农业、阳台农业等服务型农业新业态。

休闲农业作为适应城市居民休闲需求而出现一种新业态，其包含的产品类型多样。休闲农业是利用农业景象资源和农业生产条件，开展观光、休闲、旅行的一种新式农业生产经营形态。休闲农业全体进入成长期，市场竞赛逐步加剧，面临转型晋级。目前，休闲农业在我国已呈全面开展态势，产品日渐丰厚，规划不断扩大，利润加快增加。但市场远未饱和，未来开展空间仍然很大，预计全国休闲旅行市场将超越 80 亿人次，远高于现阶段年接待 22 亿人次的规划。

农业会议是有关农业的展览和会议。展览是指各种农业博览会、买卖会、订货会、展览会，主要包括农业会议、展览、展销、节庆活动等，西瓜节、桃花音乐节、草莓大会等形式多样的节庆活动。会议农业增速放缓，今后可以打造更多的会议品牌，增强展会、节庆衍生产品开发以及探索市场化运作形式等。

构思农业包含产品构思、服务构思、环境构思和活动构思等，现在主要以产品构思和活动构思为主。构思农业处于萌芽期，现在没有具备较大规划的市场份额，由打造构思到构成工业，还有很长的路要走。

阳台农业是在阳台空间上搞农业生产。它具有与地面土壤空间所具的一切作用，但从技能角度说，阳台农业所涉技能更趋高新性，培养形式更趋无土性，生产的产品更趋观赏识性与自给性。阳台农业开始走进城市，实行培养无土化、设备智能化、空间集约化，展示了都市型现代农业新形态。阳台农业现在还处于初期推广阶段，要构成工业，需要处理阳台小气候限制以及适应性设备和技能开发等关键问题。

2. 创新式农业新业态

技术是推动产业结构升级最活跃、最积极的因素，特别是重大技术在应用过程中往往会催生一系列新的业态。以现代生物技能、信息技能等为代表的高科技向农业浸透，衍生出生物农业、智慧农业、农业大数据使用、农产品电子商务等创新式农业新业态。

生物农业。生物农业是指运用先进的生物技能和生产工艺培养各种农作物的农业生产方法，涵盖了生物育种、生物农药、生物肥料、生物饲料、生物疫苗和制剂等领域在内的生物农业。生物农业整体上进入大规模产业化的起始阶段，发展前景广阔，预计到2020年，我国生物农业总产值将达到1万亿元。

智慧农业。智慧农业是将物联网技能运用到传统农业中去，运用传感器和软件经过移动渠道或者电脑渠道对农业生产进行操控，使传统农业更具有“才智”。除了精准感知、操控与决策办理外，从广泛意义上讲，才智农业还包含农业电子商务、食品溯源防伪、物流运输、农业休闲旅行、农业信息服务等方面的内容。处于由萌芽期向成长期迈进阶段，由于技术装备成本高、市场不成熟、规模化和标准化程度低等原因，智慧农业尚未真正实现产业化。

农业大数据。农业大数据是融合了农业地域性、季节性、多样性、周期性等自身特征后发生的来历广泛、类型多样、结构复杂、具有潜在价值，并难以使用通常方法处理和剖析的数据集合。农业大数据资源还未找到有用的开发使用形式，目前正处于萌芽期。

农产品电子商务。农产品电子商务简称农产品电商，是指用电子商务的手段在互联网上直接销售农产品及生鲜产品，如五谷杂粮、新鲜果蔬、有机食品、地方特产、生鲜肉类等，农产品电商随着互联网的飞速开展，将有力推动农业工业化的脚步。农产品电子商务已进入到成长期的快速推进阶段，各种“瓶颈”正在显现，在渠道运营、农产品标准化、仓储物流等方面还有待突破。

3. 社会化农业新业态

伴随着城乡一体化的发展和城乡要素的流动，受社会分工细化以及新的社会组织方式变革，催生了一批社会化农业新业态，包括农业众筹、订单农业、社区支持农业、农村养老服务业、农业社会化服务业、农产品私人定制等。

订单农业。订单农业又称合同农业、契约农业，农户依据其本身或其所在的村庄安排同农产品的购买者之间所签订的订单，安排农产品生产的一种农业产销形式。目前订单农业新表现形式主要有两大类：一类是流通、餐饮类服务型企业向前延伸产业链建立原材料直供基地；另一类是企业与农产品基地建立合作模式，将基地作为公司员工购买农产品和休闲体验场所，为公司员工提供内部福利。

社区支持农业也称市民菜园，消费者提前支付预订款 农场按需求向其供应农产品，是生产者和消费者风险共担、利益共享的城乡合作新模式。社区支持农业在农民和消费者之间创立了直接联系的纽带，也为消费者获取健康安全的农产品提供了一条可靠途径，有一定商机，需要继续探索完善。

农业生产性服务业。通过开展农机服务、农技服务、土地托管、动植物疫病统防统治等，引导农户实现“服务外包”，为解决“谁来种地”“如何种地”等问题提供了出路。

农业众筹、农产品私人定制等。这几类新业态主要服务于特定消费群体，收益率较高，是农业多样化发展的一种新趋势。农业众筹、农产品私人定制正处于萌芽期，这几类新业态主要服务于特定消费集体，收益率较高，是农业多样化开展的一种新趋势。

三、促进农村新产业新业态发展的对策建议

随着居民收入增加和消费需求升级，现代信息技术快速发展和创新应用，农业农村资源要素的组合利用方式正在发生新的变化，“互联网 +”“旅游 +”“生态 +”已经深度渗透并融入农业农村发展的各个领域和各个环节，不断催生诸多新产业、新业态和新的经营模式。在新形势下，应完善政策体系、加强利益联结、发挥民俗文化和特色产业优势、加强新业态市场监管、培育现代农业“产业园”“科技园”“创业园”等对策措施，不断壮大农村新产业、新业态，为城乡融合发展、农业转型升级和农民就业增收注入持久活力。

（一）完善要素支撑的政策体系

农业新业态处于发展初期，是新生事物，离不开政府支持。国际上，许多农业新业态发展较好的国家都非常重视政策的引导、指导作用。典型的如日本政府出台了许多法律法规和政策文件，涵盖总体纲要、推进办法和运用规定等各个方面，为推进创意农业发展提供了法律制度保障，成功地实现了由传统农业向农业新业态的转型发展。中国政府应高度重视农业新业态对化解中国“三农”问题、提高农民收入的积极作用，将农业新业态作为实现乡村振兴的重要抓手。在法律法规方面要制定和完善关于农村新产业新业态发展的各项法律法规和具有针对性的政策措施，合理保护农业新业态的健康发展。在财政支持方面，对农业新业态的发展给予财政倾斜支持，鼓励各地创新财政资金使用

方式，探索以奖代补、先建后补、财政贴息、财政资金入股等新业态资金扶持方式。在人才培养方面，将农业新业态作为新型职业农民培训的重要内容，吸引大学生、返乡农民工、企业成功人士等进行新业态创业，给予相应的创业指导和技能培训支持。

（二）建立紧密型的利益联结机制

农业新业态发展的最终目的是解决农民的收入问题。农民作为弱势群体，将自己手中的要素资源参与到新业态的市场经济中，普遍存在对要素价值认知不足、法律意识欠缺等问题，大多数农民以土地流转、提供产品和作为产业工人等形式参与到新业态中，新业态经营参与度不高。鼓励有条件地区开展农村土地和集体资产股份制改革，推动农村集体建设用地、集体资产确权分股到户，推广以“公司＋农户”“公司＋合作社＋农户”“合作社＋农户”等股分红、股份合作紧密型利益联结机制。并将这些合作模式应用到农业新业态的具体形式上，如采用股份合作模式发展田园农业、用产业基金模式打造特色农业小镇、用多方主体参与多种金融手段混合发展农业观光综合体和大型农业旅游开发项目等，保障农民利益。

（三）为农业新业态注入传统文化要素

农业新业态发展中不仅仅注重科技，更要注重文化，将两者融合发展。通过发展创意农业、旅游农业、文化娱乐、生态养护等多种新型业态，拓展农业新业态的实现路径和促进农业生产价值升值。我国很多农村保留着传统特色的村容村貌、具有历史文化底蕴的人文景观、青山绿水的田园风光和新秀奇特的自然风景，应依托农村特有的旅游资源，突出区域特色和资源特色，采取“旅游＋”“生态＋”等模式，推进农业、林业与旅游、教育、文化、康养等产业深度融合，大力发展休闲度假、旅游观光、养生养老、农耕体验、农业创意、乡村手工艺等产业，使之成为繁荣农村、富裕农民的新产业和新业态。

（四）加强新业态市场监管与规范

根据产业发展规律，当产业发展到一定体量后，产业的发展质量开始逐渐受到重视，产业将朝规范化方向提升。建立行业标准，规范农业新业态发展行为，是提供农业新业态竞争力和新业态管理水平的有效措施之一。根据目前农业新业态的发展现状，迫切需要建立行业标准的有葡萄酒庄、客栈民宿、教育农园、乡村酒店等。同时，针对若干技术壁垒性较低、门槛较低的农业新业态，应适时提高上述新业态行业准入门槛，引导农业新业态朝规模化、组织化发展，提升业态发展档次。

（五）为农业新业态添加互联网基因

随着信息技术的发展，电商经济开始广泛扎根于农村，各类农村消费品电商、农业生产资料电商、农产品电商蓬勃发展。农村电商的迅猛发展促使农村商业模式和消费方式发生了深刻变化。一是通过打通“工业品下乡和农产品进城”双向流通渠道，促进农村市场持续升级，推动了加工业、商贸业将生产经营前端延伸到农业农村，这些产业与农业的深度融合，带动了农民创业就业，提高了农村市场活跃度。二是通过“线上销售与线下实体”互动，减少中间环节、降低流通成本，刺激农村消费市场发展，有效地服务农村生产经营活动和农民生活。农村电商通过把实体经济与电子商务有机结合，广泛应用到农业、农村工业、商贸流通、金融服务等领域，使实体经济与互联网共同产生叠加效应和聚合效应，引发商业生态的巨大变革，催生“互联网＋农业”“互联网＋商贸流通”“互联网＋金融”“互联网＋旅游”等农村新型业态。

（六）发展现代农业“三园”

当前和今后一个时期，要大力发展现代农业“产业园”“科技园”“创业园”。现代农业“产业园”重在聚集现代生产要素，发挥科技集成、产业融合、创业平台、核心辐射等功能作用，促进农业生产、加工、物流、研发、示范、服务等相互融合，形成现代农业产业集群。现代农业产业园可以在一定区域范围内集聚现代生产要素和经营主体，实行全链条开发，引领带动区域乡村产业做大做强，让农民在家门口就能有活干、有钱挣，抓住了产业园，就牵住了乡村产业振兴的“牛鼻子”。现代农业“科技园”是一个以现代科技为依托，立足于本地资源开发和主导产业发展的需求，按照现代农业产业化生产和经营体系配置要素和科学管理，在特定地域范围内建立起的科技先导型现代农业示范基地。农业科技园主要突出科技创新、研发应用、试验示范、科技服务和培训等功能，建设农业科技成果转化中心、科技人员创业平台、农业技术推广样板、高新技术产业孵化基地，打造现代农业创新高地。现代农业“创业园”主要为各类人才在农村创业创新提供政策扶持和服务。农业农村部印发《关于大力实施乡村就业创业促进行动的通知》，激励更多返乡下乡本乡人员开展创业创新，到2020年培训农村创业创新人才40万人，建设300个国家农村创业创新园区（基地），建立促进就业创业的政策体系、工作体系和服务体系，促进乡村就业创业规模水平明显提升。“三园”是农村承载资金、科技、人才、项目的重要平台，是在农村实施创业创新的重要基地。努力把“三园”建设好，使其在引领现代农业建设、促进城乡产业融合发展中发挥“加速器”作用。

第三章

盘活资产　激发活力

盘活资产就是通过改革盘活农村集体土地资产和集体经营性资产，保障农民承包地和宅基地在内的土地财产权利和农民长期以来在集体资产中的股份权利，全面赋予农民完整充分的财产权。强化农民创业的新动力，最大限度地激发农民创业活力，为城乡融合提供良好的农村产权制度保证。农村集体资产是农业农村发展的重要物质基础和动力来源。农村要发展壮大集体经济，增强农业农村发展活力，迫切需要推进农村集体产权制度改革，管好用好集体资产，促进资产保值增值，形成归属清晰、权能完整、流转顺畅、保护严格的农村集体产权制度，建立符合市场经济要求的集体经济运行新机制。同时，随着农村集体资产规模日益庞大，如果不尽早将其确权到户，就会存在流失或者被侵占的危险，这显然不利于农村社会经济的稳定和发展。为此，必须推进农村集体产权制度改革，通过改革搞清楚农村集体资产，搞清楚资产权属关系，盘活用好农村集体资产，激发农民农村活力。

第一节

农村集体产权制度从单一走向多元

1949 年以来，我国农村产权制度经历了从单一走向多元的演进过程，伴随着我国城乡关系从分割逐渐走向融合。特别是改革开放以来，我国农村土地产权制度改革经历了从农地“稳权”即稳定农民土地承包权到土地确权、明确土地产权关系的转变以及从产权“保护”到“赋能”的转变，农村集体产权制度呈现出从城乡分割逐渐走向城乡融合的趋势。

一、我国农村集体产权制度演进的几个阶段

（一）新中国成立到十一届三中全会前的单一集体产权结构，束缚农村生产力发展

农村土地集体所有权是自物权、完全物权，权利主体（农民集体）享有完整的占有、使用、收益和处分的系列权利。1956～1978年，农村集体经济组织作为权利主体，组织成员对农村土地实行直接占有、统一劳作、统一生产、统一处置劳动产品。在此阶段，农村土地集体所有权完全是单一的公有制形式。这种单一的集体公有制产权模式下，农民承包经营的农村土地要素仅仅只是农业资源，而不是农户家庭资产，更不是农民发展和创业的资本。农民的土地要素源源不断为工业化城镇化提供支撑，农民在贡献土地要素以后却不能平等参与分享工业化城镇化成果。这是导致我国城乡关系失衡扭曲最终形成“三农’问题的根源。

（二）十一届三中全会到党的十八大前的“二权分置”确立，解放和发展农村生产力

十一届三中全会到党的十八大，农村土地所有权和承包经营权的两权分离时期。1978年，改革开放给农村土地制度改革带来了新契机。我国农村的集体产权制度也开始突破原有制度的束缚，逐渐从单一的公有制走向了多元化结构。开始于1978年年底农村改革以及1982～1986年，连续五个中央一号文件的出台表明我国农地产权制度调整取得重大突破，标志着“二权分置”即农地所有权和承包经营权相分离的农地产权制度确立。通过农地产权结构调整，达到了调动农民生产积极性、提高农村粮食产量、基本解决农民温饱问题的目的。1984年出台的中央一号文件明确提出：稳定完善联产承包责任制，延长承包期，并规定承包期限为15年左右。该文件第一次规定了联产承包制长久不变的政策方针。这从制度层面完全肯定了联产承包责任制。家庭联产承包责任制，将土地所有权和承包经营权分离，采用土地承包到户的模式进行农业生产。这对农民生产积极性的提高无疑是一剂良药，使中国农业重新焕发了生命力，同时，土地集体所有的形式也得以保持，使农户经营权从集体所有权中成功分离。我国的土地产权制度充分给予了农户自主经营权，打破了农村生产力

发展的制度束缚，推动了农村经济的发展，是我国农地产权制度的一次重大创新。表明了改革开放后我国的农地产权结构开始从单一逐渐向着一个多元化、完整化、完全化的趋势演进。

（三）党的十八大以来"三权分置"，释放农村生产力发展的新动能

党的十八大以来，习近平总书记提出"深化农村改革，完善农村基本经营制度，要做好研究农地所有权、承包权、经营权三者之间的关系"。2014 年中央一号文件首次提出在落实农村土地所有权的基础上，稳定农户承包权，放活土地经营权。这标志着"三权分置"思想在理论层面被正式阐述。2015 年的中央一号文件要求界定三者之间的权利关系，并要修改相关法律法规。2016 年和 2017 年中央一号文件都提出继续完善落实"三权分置办法"。这就是以习近平同志为核心的党中央关于农地"三权分置"的政策理念，从萌芽、形成到成熟的演进过程。

这一时期，在中国工业化和城镇化进程不断深入的过程中，作为土地承包经营权主体的农民大规模进入城镇，他们的承包地以正式或非正式的形式交由他人耕种。2013 年，中央农村工作会议提出要落实集体所有权、稳定农户承包权、放活土地经营权。同年，党的十八届三中全会通过《中共中央关于全面深化改革若干重大问题的决定》，强调要赋予农民更多财产权利。2015 年，党的十八届五中全会通过《中共中央关于制定国民经济和社会发展第十三个五年规划的建议》，进一步提出要明确农村土地所有权、承包权、经营权的分置办法。2016 年 10 月，国务院办公厅印发的《关于完善农村土地所有权承包权经营权分置办法的意见》出台，其中提出的关于集体所有权、农户承包权和土地经营权在农村土地上的分置意见，意味着中国农村土地制度实现了从两权分设到三权分置的飞跃。三权分置在稳定集体所有权、承包关系的同时，促使土地要素自由流动，不但保护了集体所有权和农户承包权，也保护了进行现代农业生产的新型农业主体的经营权。农村土地三权分置的逐步细化实施，有利于土地资源在市场导向下高效流转至新型农业经营主体；农村土地的确权，也赋予了农民更充分的财产权。简言之，在三权分置制度背景下，土地资源有条件地向具有更高土地开发利用效率的群体集中，有利于全面实现农业农村现代化建设。这一时期土地制度创新的本质在于农村土地的确权及保护，从两权分设到三权分置的制度变迁，凸显了农民的主体性，在保障农民土地承包权的

前提下，充分尊重了农民留农还是离农的选择权。自党的十八大以来，中国一系列农村土地制度创新，如“三块地”改革试点以及农村土地承包权“三权分置”制度、农村宅基地“三权分置”制度等相继实施，表现出明显的城乡融合趋势。

“三权分置”是继20世纪80年代将所有权与使用权分离后的又一次变革。它实现了土地承包权和经营权的分离，解决了在坚持农村土地集体所有制与财产权利私有化的矛盾，完成了由过去强调土地产权归属即所有权向强调土地产权市场化利用即财产权的转变。在“三权分置”构造下，农地产权更加多元化，有效解决了农户收益权、处置权弱化的问题，促使了农地产权向着流动化、资产化的趋势转变。农村土地“三权分置”的改革实践，将充分发掘土地的财富价值，极大地释放农村生产力发展的新动能，我国农地产权制度的创新正日益推动着我国城乡的融合发展。

二、改革开放以来我国农村集体土地产权制度的两个转变

（一）从农地“稳权”即稳定农民土地承包权到土地确权明确土地产权关系的转变

农村改革以来，我国一直强调坚持完善家庭承包责任制，农村土地承包经营权长期不变。2006年、2007年中央一号文件强调稳定农民的土地承包经营权，稳定完善以家庭经营为基础的统分结合双层经营体制。从2008年开始，我国在农地产权改革方面，逐步踏入了土地确权阶段。2008年的中央一号文件第一次提出为了规范农地承包管理，要加紧建立土地承包经营权登记制度，同时保证农户拥有土地经营权证。这是中共中央、国务院正式迈出的土地确权第一步。2009年的中央一号文件明确了保持现有的土地承包关系稳定并长久不变。这使农民的土地经营权更有保证，避免了因土地调整而损害农民生产积极性情况的发生，减少了土地确权过程中的因土地调整而难以界定产权因素的阻碍。2010年中央一号文件提出，确权范围要更广，将农村集体所有权、宅基地使用权、集体建设使用权全部纳入登记范围中，并且还具体规定了承包地确权内容。2013年中央一号文件规定了对农地承包经营权确权的时间，大概用五年时间完成，从而解决土地边界不清、面积不准的问题。2016年中央一

号文件提及，“到2020年，完成对村集体资产的确权”。土地确权是农地产权制度改革的基础性一步。一方面，农村土地等集体资产的产权权利束得到了界定与分割，主体虚置、产权不清等问题得到了极大改善，减少了产权在分割、转让过程中的交易成本；另一方面，农地确权使中央由过去依靠政策层面简单保护耕地、稳定农户承包经营权向通过具体确权明确产权主体、权利束转变，符合农地产权制度的改革要求，更具可操作性。

（二）从产权“保护”到“赋能”的转变

1. 以“产权保护”为指引，深化农村集体产权制度改革

我国现行法律没有对农地集体所有产权做出详细而又明确的规定。在《土地管理法》中，农村集体土地所有权归属于集体经济组织，但在所有权主体的界定上又十分模糊。从法理上看，村集体经济组织是抽象的，无人格的法律术语；而从产权角度来看，所有权的实体并没有量化到个人，农户只是以其集体成员的身份获得农地承包权，由此，在集体内部，土地就有了公共物品的性质。公共物品并不具有排他性，产权得不到有效保护。而在实际操作过程中，绝大部分村委会就成了集体土地的代理人，农户处于弱势地位。由于缺乏有效的监督，容易造成村干部利用职务之便，违法变更土地用途，贱卖集体土地，谋取私利。在产权保护这一思想的指导下，深化集体产权制度改革被提上议事日程。与此相契合，中央对相关议题予以高度关注，多次提出要推动土地产权制度深化改革。2013年中央一号文件首次提出要改革现有的农村集体产权制度，并指出建立现代化的农村产权制度是激发农村发展活力的内在要求。2014年中央一号文件明确了集体产权改革的形式即股份合作制。2015年，中央一号文件提出要加紧修改农村土地承包法，不断完善相关法律法规，这为集体资产所有权提供了相应的法律保护。2016年、2017年中央一号文件提出要对农村集体经营性资产通过折股的方式量化到集体经济组织成员内部。农村集体产权的深化改革，是农地产权制度改革的保障性一步。通过股份合作制形式，能够将村集体成员纳入集体所有制中，有效实现集体权益与成员权益统一，这利于保障成员的财产性权利。

2. 以“产权赋能”为契机，推进农地产权权能结构完善

中共中央、国务院在出台一系列的土地征收、集体产权改革等方面的产权保护政策时，还积极推进产权赋能，完善农地产权的权能结构，充分保障农民

的财产性权利。十七届三中全会明确提出完善土地承包经营权权能，保障农民对承包地的占有、使用、收益等权利，并且在流转时，允许农民出租、互换、转让。这在完善权能上迈进了一大步。2014 年中央一号文件在产权赋能方面取得重大突破。在承包地方面，赋予了农民抵押担保权能。在集体经营性建设用地方面，允许其入市，在符合要求的情况下，可以租赁、入股，并且与国有土地同权同价。

在宅基地方面，中央突破了以往简单保护农民宅基地的用益物权，不准抵押的思维，向稳步推进农民住户财产权抵押、担保转变。完善权能是农地产权改革的关键性一步。随着我国农地产权思想逐步成熟，农民被赋予了更多权能，产权结构更加完善，在法律条件允许的条件下，农民可以自由处分手中的耕地、宅基地，这充分发挥土地要素优势，使农民获得了更多财产性收入。

通过一系列改革，目前，农村土地产权确权登记颁证稳步推进，农村集体建设用地改革已经启动，农村股份合作制改革全面推进，农村产权流转交易市场建设有序推进。我国以国家为主导的农地产权结构在不断优化，我国农地产权制度经历了“二权分置”到“三权分置”、农地稳权到农地确权、产权保护到产权赋能的调整，农户所享有的土地权利也经历了从无到有、权利期限从短到长期不变、权能数量和内容由少到多、由残缺不全到日趋完整的过程，农村土地产权制度产权结构完整化、完全化，我国农村集体土地产权制度从单一的公有制逐渐走向多元化结构。城乡融合，需要从根本上、制度上保障广大农民的土地财产权利和农民在集体资产中的股权权益，让农民的土地财产和集体资产股权成为农民进一步创业发展的资本，盘活农民的资产，增加农民的财产性收入，因此，深化农村土地制度改革和农村村级股份合作制改革，成为城乡融合和农村改革发展的重大现实问题。

第二节

深化农地产权制度改革

城乡二元土地制度是影响城乡融合发展的重要障碍，在城乡融合中，如何保障农民的土地财产权利，关系到农村稳定、农村经济发展，对于发挥农村土地要素的价值和农民积极性有重大意义。目前，农村集体土地产权制度存在的主要问题是农村土地和集体资产产权权属主体还不够明晰，而且权能不全，难以自由流动，农村集体建设用地改革进展缓慢。深化农村土地制度改革的基本方向是：落实集体所有权，稳定农户承包权，放活土地经营权。重点在明确农村土地集体所有权的前提下，稳定农户承包权，放活农民土地经营权。改革目标是赋予农民更多土地财产权利，主要包括农民承包地、宅基地、集体经营性建设用地改革三个方面，最大限度地盘活农村集体土地资产。

一、推进农民土地产权确权

在农村土地集体所有这一前提下，明晰产权主体需要弱化所有权，强化使用权。具体而言，对于三类不同形式的农村土地，分别进行改革：一是使土地承包权永久化和物权化。农民的土地承包经营权本质上是一种物权，而不是债权。二是使农户宅基地及其房产财产化。明确农户拥有其宅基地上的住房与城市居民私宅同样的财产权利，核发产权证，允许异地交易、置换和银行抵押，同时，改变“一户一宅”无偿使用、无限期分配宅基地的制度。三是将集体建设用地股权化。允许农民集体经济组织在一定范围内，市场化开发利用非农建设用地，发展农村第二、第三产业和集体经济。确权颁证是土地产权制度创新的基础。积极推进农村土地承包经营权、农民住房、农村集体资产三个方面的确权登记工作。这是城乡融合中农村土地制度改革的基础性工作。

（一）加快农村土地承包权确权登记和颁证到户

根据中央提出的坚持土地农民集体所有、家庭经营基础性地位，落实集体所有权、稳定农户承包权、放活土地经营权，实行“三权分置”的基本精神，完善农村土地承包经营权制度。主要是明确定位，重点了解农村土地确权工作中究竟缺少什么，应该补充什么，以确权确地为主，确权确股为辅，依法做好补课工作，完善农村土地承包经营权登记制度，实现农村土地承包经营权登记制度全覆盖，为稳定土地承包关系，加快土地流转、发展规模经营创造条件。加强农村土地承包的档案管理，县、乡、村三级要按照各自职责一并做好二轮承包以来历史形成的、这次再完善工作新形成的土地承包档案的归档工作，全面推进农村土地承包的信息化管理。加快流转，赋予农民更多的土地承包经营权权能，促进流转顺畅，流转关系稳定规范，土地流转率达到70%以上，农户承包地“入册上图”率达100%以上。保护农村妇女合法权益，土地承包经营权证依法载明权利共有人。

（二）开展宅基地的确权发证工作

宅基地的确权发证做到积极保障，尊重历史，加快推进，提高农户宅基地和农房登记颁证率，让农民吃上“定心丸”，切实保障农民合法取得宅基地的权益。在布局新增建设用地时，优先考虑满足农民建房用地需求，特别是在各个中心村周边。按照不同村庄发展趋势合理划定建设区，重点保障农民建房用地空间。在年度新增建设用地指标和规划预留指标中要预留一定比例的土地规划指标，专项用于保障农民村民建房，解决农民建房报批难的问题。对于目前符合建房条件，符合“两规”，不超过当地规定面积标准的违法占用的宅基地经处理并补办用地审批手续以后给予确权登记颁证，加快推进。利用农村宅基地确权登记工作的契机，尽快组织开展农村无房户、危房户、困难户的现状调查摸底工作，开展农民建房和宅基地登记颁证专项工作，做到能发就发，应发尽发，保障农民宅基地权益。

（三）做好集体建设用地使用权确权登记

对于农村各类土地产权进行全面确权登记，并进一步明确农村集体土地使用、转让和处理的权利，允许在土地用途不发生从农地向非农用地转换的前提下，农村集体土地可以进行转租转让，土地使用权证也可以抵押贷款，为探索入市交易、抵押担保、同地同价打好基础，也为土地流转和现代农业的发展奠定基础。同时，从根本上保护农民的土地财产权利，更好地发挥农民土地财产的价值。

二、推进土地产权赋权流转

（一）进一步拓展农民土地产权权能，搞活农民土地承包经营权

目前，我国农村土地流转主要有五大模式[①]：一是通过土地互换促进规模化产业化集约化经营，便于土地的连片集中和农业现代化。二是土地出租，农民将土地承包经营权出租给大户或企业法人等承租方，农民稳定收取土地租

---

① 曹文彪．城乡融合的浙江探索与实践［M］．浙江人民出版社，2017：226.

金。三是农民土地入股，亦称股田制即“以土地换股权”模式。农民将土地承包经营权作价入股与农业产业化企业合作，与工商资本合作建立股份有限公司，被称为“以土地换股模式”。该模式最早在20世纪90年代出现，浙江杭州、宁波等地方较早进行尝试，另有不少城市也在试水，且近几年不断扩围之势。该模式有助于农村集体土地流转效率提高，并在土地流转过程中有效维护农民权益，增加农民长期收益。“土地换股权”模式的实质在于：在农村土地流转和村办企业建设的过程中，农民可以将土地承包权作为资产入股，并享受分红。四是股份合作，农户以土地经营权为股份与合作社或者其他经营主体共同组建“股份 + 合作”的合作社，一般采取“租金保底+利润分红”的分配方式。五是宅基换房，农民“以宅基地与承包地分开、搬迁与土地流转分开，以宅基地置换城镇房产，以土地承包经营权置换社会保障”为主要内容的“两分两换”模式，最典型的是浙江嘉兴，被国土资源部确定的首批征地制度改革试点城市之一浙江嘉兴市，以土地承包经营权置换社会保障有两种基本置换方式：一是在“依法自愿有偿”的前提下，采取转包、出租、入股等方式全部流转土地承包经营权，流转期限在10年以上的，按照城乡居民社会养老保险中城镇居民的缴费标准和待遇置换社会保障；二是在有农业投资开发公司承接和整片开发的基础上，农民自愿全部放弃土地承包经营权，同时按照被征地农民养老保险政策置换社会保障。以宅基地置换城镇房产有三种置换方式：一是作价领取货币补贴到城镇购置商品房；二是到搬迁安置区置换搬迁安置房或自建联排房；三是有产业用房的，可部分或全部到产业功能区置换标准产业用房。“两分两换”模式，其发展目标为“五化”即通过土地流转规模集约经营，加快推进农业产业化；通过盘活农村非农建设用地存量和挖掘潜力加快推进工业化；通过转移培训和提升农民，加快推进农民市民化；通过加大以城带乡、以工哺农力度，改造农村，提升农业，转移农民，加快推进农村城镇化，最终实现城乡一体化。通过“两分两换”可以把农民的财富变成进城的资本，实现农民生产和生活方式的转换，从而使城市化和工业化同步；通过城市化和社会转型来进一步推进经济的转型和发展，从而实现经济社会的统筹发展和城乡融合发展，因此被专家看好，认为具有较大推广价值。

（二）创新农村宅基地制度

盘活农村宅基地资产，解决农村宅基地大量闲置问题。宅基地是农村建设用地置换中的大头，同时也与农民利益和长远生计最为相关。一是加强宅基地立法体系建设，充分提高农民对宅基地的资产价值意识，明晰宅基地产权；二是探索宅基地的有偿退出机制，建立完善规范的转让程序，对于自愿放弃宅基地的农民，应保障其利益不因放弃宅基地而受损；三是建立农民节约利用宅基地的激励机制，使其能够参与整理节约出来的建设用地的利益分享；四是审慎推行宅地基换房等置换制度，充分保障农民宅基地占有使用和收益的权利，保障农民集体对宅基地的所有权。活化农民的宅基地和地上的房屋，从原来的只限于在村庄内部的流转和交易放大到县级范畴，至少可以通过县域经济范畴内的城乡融合，通过就地城镇进一步放大农民宅基地和房屋的价值。一方面农民进城可以带资，或者是实现与城市住房等价值的兑换；另一方面，可以通过各种形式的整合，使农村宅基地和地上房屋与城镇化开发结合在一起，增加县城以及小城镇建设用地资源供给，为乡村的工业化和非农化，提供重要的土地资源保障。

（三）开展农民住房财产权抵押转让

保证农民宅基地的用益物权，通过农房的抵押转让贷款，让农民的房屋资产变成生产经营的创业资本。农民住房财产权抵押贷款是指农民宅基地上所有的农村住房作为抵押担保向金融机构申请贷款的行为。作为农房抵押贷款最早发展的浙江温州乐清成功申报省级农村改革试验区，具体承担“农户宅基地用益物权保障和住房财产权抵押转让机制创新”试验任务。2015 年 12 月，乐清市和瑞安市成为国家首批 59 个农民住房财产权抵押试点之一并开展相关试点工作，农房抵押贷款已普遍展开。截至 2016 年 12 月，温州市农房抵押贷款余额已突破 100 亿元，其中乐清市的农房抵押贷款规模居全国第一位。农房抵押贷款盘活了农民的“沉睡资本”，增加了财产性收入[①]。同时，促进了城乡融合，推进了城乡一体化。农房抵押贷款是农村金融的一项重要创新，有利于解决农民的资金难题，促进农民致富，增加农民收入，从而促进现代农业的发展。而在温州的改革实践也证明，农房抵押贷款对促进地方经济的发展起着不可估量的作用。

农民住房作为一项不动产，与城市房屋一样具有不动产物权的共同属性，

① 曹文彪．城乡融合的浙江探索与实践［M］．浙江人民出版社，2017：226.

其抵押权同样具有从属性、优先受偿性、特定性等抵押特性，但是由于其建立在农村宅基地上，流转范围比较小，农房抵押的价值相对较低；由于其登记制度不完善，农房和宅基地限制流通，使抵押实现比较难，目前温州试点地区大多只是政府担保或银行加强贷前审查等措施，最终抵押权难实现的风险还是银行自行承担。我国目前农房的抵押转让贷款主要受到现行法律法规制约、农房交易的利益归属不明、抵押转让价值的评估很难、农房处置的风险仍存、出让受让主体界定不明等。

从浙江温州的先前试点的经验看，需要重点探讨的是，首先，顶层法律的重构，从根本上消除农房抵押转让的法律障碍，不仅从房着眼，更要从地入手。最根本的是在立法层面改变现行的集体土地管理制度，改革完善宅基地制度，有条件地放开宅基地使用权的抵押转让，明确农房、宅基地流转的具体条件，允许农房和宅基地进入农村土地和房产交易市场，同时加快不动产统一登记制度，明确农村不动产的权利归属，保障交易安全。必须有底线设计，保证农民居有定所而不能流离失所。

其次，在操作细节的设计上，完善农房价值评估机制，实行“协商评估+组合担保”相结合。针对农房贷款过程中出现的价值评估难、抵押率标准问题，采取“双方协商估价”的灵活作价方式，同时，针对小额融资需求的农户，一般通过提供农房抵押都能解决融资需求，但对于融资需求较大的农业大户（一般为50万元以上），在单一农房抵押无法有效满足融资需求的情况，可引入“农房抵押+农信担保”、“农房抵押+企业或个人保证”、“农房抵押+专业公司保险”等，以追加担保方式增加贷款额度。

界定转让人与受让人条件，实行“明确要件+规范管理”相结合。为避免农户实行农房抵押贷款之后出现居无定所的情况，在实行农房抵押贷款转让的过程中应要求抵押人或者转让人提供除目前的农房之外还有其他可居住场所的证明。即一旦目前用于抵押转让的住房因无法提供还款被银行接收的情况下也不会出现农民流离失所的情况。而对于农房的受让人，建议可以有条件地适度放开而非仅仅局限于本村集体居民。可以以小范围试点的方式尝试将农房的受让对象扩大到本乡镇甚至是所在县的居民，尤其是一些来自经济较发达县市进行创业的外来人员。相比较而言，这些人员对农房的需求更加强烈，购买欲望也更大。从当前的改革实践来看，对于农房受让人的过度限制已经严重阻碍了农房抵押流转工作的进一步推进。当然，还要严格规范农房抵押贷款的相关要求，严格审批条件等。

建立农房转让收益分配机制，实行“利益共享＋分类处理”相结合。农房和宅基地使用权流转收益牵涉政府、村集体经济组织、原宅基地使用者等利益相关者之间的利益关系。流转收益分配应当以保护农民利益为原则，适度向农民倾斜。因此，在农房实现流转取得相应的增值收益后，利益相关者可以通过协商来确定增值收益的合理分配。此处的利益相关者主要指宅基地所有者（宅基地所在村集体）和宅基地使用者（农房所有者），他们之间的利益分成该如何确定可由双方自行协商决定，但要坚持双方利益共享的原则不变。同时，为了更有效地引导农房与宅基地使用权流转，要进一步明确农村集体经济组织对宅基地使用权流转收益所应享有的具体分配额度。

构建农房抵押风险管控机制，实行“三方参与＋专项保障”相结合。这是推进农房抵押贷款的重要制度保障。可以建立“信联信惠农贷”和农房抵押双重风险保障金制度，在涉农贷款较多的农业、农商、邮储等银行开设农房抵押风险保障金专用账户，坚持“三方参与”原则，建立成长式风险保障金制度。同时，还要强化风险保障功能，赋予风险保障金风险补偿、还贷周转、资产收储等功能。

我们认为，允许农房进入城乡统一的房地产市场也是农村土地改革发展的必然趋势。以利于充分盘活农村资产要素，提高农民的农房资本收益，有效拓宽农民融资渠道，进一步推动农村要素生产力升级，最终推动城乡融合发展。

三、推进土地规模经营，发展现代农业

农村土地产权的确权登记和赋权流转为土地的规模经营创造了有利条件和制度保证，也为现代农业发展奠定良好基础，更好地把城乡融合与现代农业发展结合起来，与提高农民的组织化、农业的产业化规模化专业化结合起来。解决城乡融合中“谁来种地、怎么种地”的市场主体问题，培育新型市场主体非常关键。必须培育各种新型农业经营主体，发展家庭经营、集体经营、合作经营、企业经营，构建现代农业经营体系，使其成为现代农业发展的重要保障。

（一）创新新型农业经营主体

当今推进土地规模经营和农业经营方式创新，要坚持家庭经营的基础地位，专业大户、家庭农场保留了农户家庭经营内核，又具备集约化、商品化生产优势。其是最适合中国国情的农业经营方式，与农业现代化并行不悖。规模经营与农业现代化相辅相成，相得益彰。因此，对于我国农业家庭承包制改革以来农业小规模和分散化经营来说，必须继续在充分尊重农民意愿的前提下，因地制宜，积极推进农户土地承包经营权长期稳定流转，引导农民土地承包经营权向农业大户、家庭农场、农民合作社等集中，以转租、转包、互换、转让、股份合作社等多种形式发展农业的规模经营，着力推进多种经营形式联合共生、协调发展的经营体系，以适应现代农业规模化、组织化、生态化发展趋势。鼓励发展家庭农场和专业大户，引导规模经营户通过工商注册登记，成立家庭农场和土地合作农场，实现“自然农业”向“法人农业”过渡。

（二）创新农业专业合作社

积极鼓励和发展以农村特色产业、专业服务为内容的合作社联合社，并加大扶持力度，推动农业专业合作社提质增效，拓展经营服务功能，延伸经营服务领域。同时，实施农民合作组织改造提升行动，完善农民合作组织示范创建机制和信息管理系统，引导合作社加强规范化建设，提升农民组织化程度。引导农民合作组织优化产权结构，增加会员数量，规范分配机制，开展合作联合。

（三）创新农民土地入股模式

从我国实际出发，工商资本进入农业主要应发展种质种苗、产前产后服务、加工流通等，推广建立“公司＋基地＋合作社或家庭农场或农户”的联合经营模式和以土地入股为特征的股份合作模式。创新发展订单农业，支持农业龙头企业建设稳定的原料生产基地，带动产业发展和农民增收。加强对工商资本进入现代农业领域的准入监管和风险防范，有序引导大量民营工商资本以资本、技术和先进经营模式改造传统农业，发展适合企业化经营的现代种养业，通过品牌嫁接、资本运作、产业延伸等方式进行联合重组，培育壮大一大批产业关联度大、带动能力强的农业龙头企业，支持成长性农业企业在各类资本市场上市，支持符合条件的涉农企业设立基金，发行中小企业私募债等产品。

四、农村集体建设用地入市改革

城乡融合必先土地制度的融合，而城乡二元土地制度融合的重点在于城乡建设用地制度的融合。城乡建设用地制度融合的总体目标是通过农村土地制度改革建立城乡统一的建设用地市场与制度。加快集体经营性建设用地入市，在保障农村集体经济组织基本权益的基础上，更要发挥市场化的作用，让更多农村闲置土地资源参与到新型城镇化建设开发中，进而降低土地成本，激发土地市场的活力；更重要的是，让农村集体经济组织和农民可以通过农村集体经营性建设用地入市并分享城镇化的收益。引导和规范农村集体经营性建设用地入市，在符合规划、用途管制前提下，实行与国有土地同权同价。

现行法律法规不允许集体建设用地直接进入市场，这不利于农民分享工业化、城镇化进程中的土地增值收益。改革开放以来，中央层面自上而下的改进和地方自下而上的探索一直在进行。从 2015 年起，在全国范围内开展了农村集体经营性建设用地试点[①]，明确规定了入市的地类和途径。

我国东部的浙江省德清县民营经济发达，集体经营性建设用地入市的需求旺盛。针对集体建设用地规模较小、区位不佳等特点，德清县开展调整入市，让那些区位不佳的村镇能分享入市收益，这对探索发达地区农村集体经营性建设用地入市有明显的借鉴意义。具体调整入市方式有三种：第一种，调换土地所有权自行入市。集体经济组织范围内未规划调整入市建新区块的，允许通过以地换地的方式，与设立调整入市建新区块的集体经济组织调换土地所有权，实现调整入市。第二种，建设用地复垦指标交易入市。集体经济组织将零星分散的集体经营性建设用地复垦后，无法以第一种方式实现调整入市，或不愿自行调整入市的，允许该集体经济组织以复垦指标交易的形式，转让给其他集体经济组织，收购指标的集体经济组织可以等面积在规划区按集体经营性建设用地入市。第三种，集体经济组织之间合作入市。集体经济组织将零星分散的集体经营性建设用地复垦后，无法以第一种方式实现调整入市的，允许该集体经

---

① 张云华. 论城乡二元土地制度的融合［J］. 发展研究，2019（6）.

济组织与其他集体经济组织合作入市，取得的收益协商分成。德清县允许和鼓励异地调整的方式入市，实行所有权按份共有、使用权共同入市、收益按份分配，促进了各集体经济组织的均衡发展。

广东南海的全域型土地整备入市和地券制度，解决“先行者”的新问题。广东南海入市试点的一项重要任务就是探索集体土地整备制度，以解决“新问题”。南海区积极探索入市的托管整备制度，将产业落后、零星分散、符合入市条件的集体经营性建设用地进行整合、清理及前期开发，实行统一规划、招商及入市，实现集体土地的规模化统筹开发利用。土地整备后，入市主体由村集体经济组织变更为区、镇（街）两级集体土地整备中心，入市收益根据双方签订的托管协议一次性或分期进行分配。土地整备解决了用地分散的问题。南海区从 2018 年 3 月开始实行“地券”制度，土地权利人自愿将其建设用地按规定复垦为耕地后形成等面积地券，可将地券入市交易，实现了建设用地从实物向指标的转化。通过地券，南海区将集体土地整备入市范围扩大到宅基地等所有类型的存量建设用地。

四川泸县把农民与社会资本合作，创新宅基地分割登记，允许转为有形经营性用地和无形地票两类方式入市，既实现“住有所居”，又能够让农民带来财产性收入。允许农户以合法的宅基地使用权独资、联合或与社会资本合作，共享居住、商住或经营，出资方获得一定年限的集体建设用地使用权。采取分割登记方式确权颁证，将农民住房分摊面积确权为宅基地使用权，满足住房权益保障；将农民经营性用房和出资方房屋分摊面积确权为一定年限的集体经营性建设用地使用权进入要素市场。退出的宅基地转化为集体经营性建设用地入市。

浙江省义乌市采取城乡新社区集聚的方式解决成片退出宅基地的问题。农民在自主自愿的基础上，退出成片的宅基地，换取集中统建的高层住宅、标准厂房或楼宇物业，实现生产生活双保障。基本做法是：将闲置废弃的宅基地、经营性建设用地和其他类型用地等进行复垦，节余的建设用地指标形成集地券。集地券把规划指标、占补指标、新增建设用指标这三类指标功能融为一体，实现了征地制度、入市和宅基地三项制度的统筹。

我们认为，以建设用地为重点的城乡二元土地制度融合是城乡融合的基础。十八届三中全会以来，党中央、国务院大力推进农村土地制度改革，一些改革试点正在探索深化，特别是农村集体经营性建设用地入市试点，利用集体建设用地建设租赁住房试点，城乡建设用地增减挂钩政策等。这些改革举措开辟了农村集体建设用地直接进入建设用地市场和城乡建设用地制度融合的重要路径。这表明我国建立城乡统一的建设用地市场已经拉开了序幕，在改革试点优化推进中，城乡建设用地制度、城乡二元土地制度正在逐步走向融合，打破了城乡二元土地制度的壁垒。开辟了农村集体经营性建设用地直接进入建设用地市场的渠道。截至2018年12月，我国33个试点县（市、区）集体经营性建设用地已入市地块1万余宗，面积9万余亩，总价款约257亿元，收取调节金28.6亿元[①]。据调查研究，农村集体经营性建设用地入市改革在同权同价、激活资产、配置资源、收益共享等多方面成效较为明显。与此同时，农村集体经营性建设用地入市试点中也存在有待完善的制度，主要是未与土地征收制度有机统筹，入市收益的税收政策尚待明确，入市土地类型只有经营性而没有公益性建设用地及宅基地等。对于农村集体建设用地入市，经营性建设用地以出让、租赁、入股等方式入市，各地因地制宜、相机抉择。可以预见的是，为了进一步推动集体建设用地入市和构建城乡统一的建设用地市场，需要进一步打破对集体土地的种种限制，充分释放农村集体土地要素活力，提高资源利用效率；要加强农村土地统筹规划，优化用地结构和布局，发挥市场在资源配置中的决定性作用；要尊重基层的首创，对实践中证明切实可行的做法，及时总结可复制可推广的经验，从而推动相关政策出台和法律法规修改。

第三节

深化农村（社区）股份合作制改革

我国农业部初步统计，我国现有集体所有的资源性资产达66.9亿亩，经营性资产3万亿元，数目庞大[②]。农村集体产权制度改革，对保护和盘活农村集体资产、壮大集体经济、增加农民财产性收入意义重大。在城乡融合中，如何保障农民集体经济组织成员权利，积极推进农村集体资产股份合作制改革，赋予农民对集体资产股份占有、收益、有偿退出及抵押、担保、继承权，赋予农民更多的财产权利，促进城乡一体化发展，是关系到广大农民切身利益的大

① 陈旭林．我国农村集体资产股份合作制改革试点扩围，农村集体产权制度改革向纵深发展[J]．科普惠农，2018（8）．

② 同上。

问题，也是深化农村产权制度改革的重要内容。农业农村部将全面实施农村集体资产清产核资，摸清承包地以外的资源性资产和经营性资产家底，搞清楚权属关系，确保实现 2019 年基本完成清产核资、2021 年基本完成股份合作制改革的目标。

一、农村集体产权制度改革成效与问题

（一）我国农村集体产权制度改革的成效

江苏、浙江在集体产权制度改革方面走在全国前列，取得了很大成效。股权设置从单一人口股逐步完善为“人口股＋家庭股”“基本股＋享受股”等多种配股形式。不少地区结合自身实际，按照“尊重历史、照顾现实”等原则，综合考虑承包地面积、家庭人口、劳动贡献等因素，设置基本股、农龄股、土地股、岗位股等多种股份形式，既保证了公正公平，又适度体现出贡献差距，最大限度地平衡和化解矛盾，切实保障每一位农民群众的集体资产收益权。股权管理从动态逐步走向固化。为避免因集体经济组织成员变动而频繁调整股权引发的矛盾，目前两省股权管理从“生增死减”的动态管理模式逐步发展至“增人不增股、减人不减股”的静态管理模式，以户为单位进行固化并出具股权证书。通过改革，成效明显。

（1）确保了集体资产的保值增值。改革摸清了集体家底、厘清了成员边界，通过折股量化确权到户、完善集体资产股份权能，把农民的集体经济组织成员权利落到了实处。两省基本构建了“归属清晰、权能完整、流转顺畅、保护严格”的农村集体产权制度，确保了农村集体资产的保值增值。截至目前，江苏省已有超过 8000 个村（居）完成改革，量化资产超过 770 亿元，累计分红近 110 亿元。浙江省有 29489 个村（居）完成改革，占总村数的 99.4%，量化资产 1151 亿元，确认股东 3527 万人，集体经济总收入 423.5 亿元，比 2015 年增加了 60 亿元。2017 年，宁波市湾底村集体资产接近 9 亿元，集体纯收入 3000 万元，人均分红 2.4 万元①。

（2）集体经济运行的机制更加健全。改革明晰了农村集体产权关系，盘活了农村集体资产，激活了农村各类要素，集体经济实力不断壮大。通过明确

① 曹文彪．城乡融合的浙江探索与实践［M］．浙江人民出版社，2017：104.

产权归属、确认成员身份、折股量化资产、固化产权到户等改革路径，有效盘活集体资产，促进集体经济发展。

（3）党在农村的执政基础更加牢固。集体产权制度改革事关农民权利保护和集体经济发展，更关乎党在农村执政基础的巩固。通过清产核资、确认成员、股权量化、按股分红，增强了农民对集体经济的知情权、参与权、表达权和监督权，群众对集体家底更清楚了，对干部更信任了，干群关系更和谐了，有效促进了农村的稳定和有效治理。江苏省和浙江省在清产核资和成员身份确认的工作中，没有发生群众上访事件。通过这项改革，农民可直接从中受益，集体资产在阳光下运行和管理，“跑冒滴漏”的现象在改革以后很难存在，党在农村基层执政基础更加牢固。

（二）我国农村集体产权制度改革存在的主要问题

当前农村集体产权制度显然是不适应农业农村发展和城乡融合的客观要求，农村改革亟待深化[①]。主要表现在：

（1）部分基层干部对改革的认识不到位。认为经济薄弱和远离城市的边远农村很少有经营性资产，公益性和资源性资产也无市场价值，没有必要搞农村集体产权的股份制改革。这种认识只看到了股份分红的功能而忽视了其在固化集体财产关系上的长远意义，导致了部分干部宣传推进措施不力。

（2）运行机制还不健全，改革后的组织治理机制仍需加强，产权交易平台建设滞后。其表现在：一是村级集体经济内部经济合作社与股份经济合作社构架合一，社员与股东身份混淆，股份经济合作社组织是开放的，股东是流动的，长期合一从根本上不利于股份制正常运行。二是村级集体资产管理运营主体与产权归属主体关系有待于进一步厘清。从完成股改的村庄来看，资产的市场化配置水平不高，经营性资产确权以后流转交易没有开展起来，根本原因在于两个主体混淆不清。

（3）目前我国农村股份合作社改革中普遍存在股权权能不完备，影响权能实现的制约因素尚未突破，确权赋权尚未到位。许多已经完成股改的村基本均采取确权确股不确股值的办法，使农民有了分红权，内部流转和继承，但是涉及抵押、担保及自由流转交易等则难以实施。

---

① 许经勇．论农村集体产权的股份制改革［J］．学习论坛，2017（3）．

（4）缺乏国家法律和支持政策。当前国家层面没有集体经济组织相关法律，支持农村集体经济发展的财政、金融、土地、项目规划、产业布局等方面政策仍比较少，与基层干部群众期盼存在一定差距。对于政府拨款、减免税费等形成的资产如何确权给农民集体、如何开支管护费用等，缺乏具体、可操作的实施办法。深化农村社区股份合作制改革的总体目标应该是：推进农村社区股份合作制改革与农村集体资产确权登记结合起来，量化农户股权，保障农民权益。通过创新机制和赋权活权，促进集体资产增值保值，提高农民财产性收入，让农民平等分享城市化、现代化的成果。总体思路是：在全面完成和巩固村级股份合作制改革基础上，进一步健全股份经济合作社的规范化运作机制和收益分配机制，允许符合条件的村社进行公司化改造，建立现代企业的法人治理结构和运行机制。在已经全面融入城市化的村社有条件地探索终止退出机制。根据以上总体目标和思路，提出深化股份合作制改革的具体路径。

二、全面深化农村集体产权制度改革的建议

（一）充分认识深化乡村股份合作制改革的意义

应该从推进新型城镇化、促进农民市民化和城乡融合全面建成小康社会的高度认识深化农村股份合作制改革的意义。改制不是简单的改名换章，而是事关农村坚持农村集体经济组织制度、创新组织形式和治理模式的重大举措。首先，深化村级股份合作制改革将从根本上维护集体经济组织成员的权利，在发展集体经济的同时让农民享受到财产性收入，这是农民市民化的物质基础。其次，随着户籍制度改革，集体经济组织成员和享受集体资产收益分配的对象将越来越难界定，通过改革，量化到农民个人的股权可以让农民进城持股，按股分红，有利于农民进城和城市化的推进。最后，有利于农民积极参与集体资产的经营管理和民主监督，改善农村党群、干群关系，成为推进农村基层民主政治建设的重要抓手。

（二）进一步明晰集体资产产权，赋权活权

（1）量化资产，确权到人（户）。量化农民在村级股份合作社集体资产的产权，根据农村产权制度改革“确权到人（户），权随人（户）走”的改革基本取向，股权采取静态管理模式，对目前采取动态或者半动态股权管理模式的

股份经济合作社要引导到向静态模式转变。对位于城郊接合部和城镇建成区股份合作社已经或者已经面临撤村建居、逐步融入城市化区域的股份经济合作社，要进一步固化股权，实行“增人不增股，减人不减股，按户管理，按股分红”。

（2）赋权活权，增进权益。根据《物权法》和《继承法》的相关规定，按份共有人对共有的不动产和动产按照其份额享有所有权，只要农民作为集体组织成员资格合法，量化的集体资产合法，获取的程序合法，农民所持有的集体资产产权就是合法的，就应该具有完整产权的属性。必须进一步拓展股权权能。可以总结推广包括股份合作社股权在内的“多权有房”抵押质押贷款融资经验，充分发挥集体资产股权的融资功能，股东可以通过股权质押、担保等多种形式，获得融资支持。在推进户籍制度改革、农民市民化、城乡社保制度接轨中，可以通过股权变现，缴纳城乡基本养老和基本医疗保险等多种途径，探索集体资产股权有偿退出的实现形式。

（3）搭建平台，搞活股权。全面建立股权登记备案制度，推进农村集体经济组织成员和股权管理信息化。目前农村集体资产股份对外流转的条件还不具备，从长远看，限制股权流转就不可能显化股权的潜在的市场价值，必须在健全股权流转监管制度的风险控制的前提下，通过政府搭建的产权交流平台，试行农村集体资产股权对外开放流转，探索股权的有效流转交易方式和变现通道，实现股权结构重组。

（三）规范运行管理，完善规章制度，强化激励机制

（1）完善股份合作社内部法人治理结构。建立社员股东代表大会、董事会、监事会以及所有权、决策权、经营权、监督权“三会四权”的组织框架，规范健全管理运行机制，在股东大会授权范围内，由董事会决定村集体资产重大投资融资决策，集体出租、抵（质）押贷款等事项，积极探索建立起科学高效的决策机制。

（2）健全激励机制。在区位条件好、经济实力强、发展比较快速的股份合作社，要推进所有权和经营管理权的分开，探索建立董事会领导下的总经理负责制，可以引入外聘职业经理人、独立董事，增强经营班子的管理能力，优化管理层结构。建立经营业绩与报酬挂钩制度，探索年薪制和风险抵押金制度。也可以通过对经营者实行基本年薪、绩效年薪和风险年薪有机结合的年薪

制考核办法，重点在股权激励。

(3) 推进政社分离。目前村级基层组织结构中存在“边界不清、政社不分”的状态，改革方向应该是政社分离。特别是经济实力比较强的村，必须创造条件推动村级组织分设、职能分离、运行分开、权责明确、规范运行。把集体资产经营管理的职能真正交给股份合作社，而把相关的村民自治、公共服务、社会管理的职能回归基层自治组织（社区），把监督职能赋予村级监督组织，加快建立健全村级党组织领导下的各类村级组织分离和独立运行的职责清晰，相互协调的农村基层新型治理机制。

(四) 区别对待，分类指导，实行差别化发展模式

(1) 实行差别化发展模式。改革的目的是加快发展。农村股份合作的改革同样如此。必须区分不同区域、不同条件、不同情况，实行村级股份合作社的差别化发展模式，有针对性地探索创新不同的农村集体经济发展的有效实现途径，以增强股份合作社的经济实力。对于已经全面融入城市化的农村股份合作社要充分发挥区位优势和村级留用地资源以及资金实力，通过参与城镇商业街区建设企业集聚项目、在融入城镇建设中加快发展集体物业经济和村级集体经济获得长期可靠的物业和经营收入。而在广大农村地区，在城乡融合中，更多地要把发展壮大村级集体经济，实现农民财产权益作为深化改革的方向。既要充分发挥村闲置资源的潜力，又要利用土地整理和村庄整治的机会，增加土地指标性收入。对于偏远落后山区半山区以及海岛等区域的农村股份合作社，要充分依托生态资源和农业特色产业和乡村文化资源，积极引入工商资本开发生态资源型特色农业、农家乐、乡村休闲观光旅游业项目，并把村社土地资源的参股作为外来投资进入的前提条件，实现合作共赢，农民得益，用足用好政府帮扶资金异地建设物业项目以获得稳定的经营性收入，真正让“绿水青山变成金山银山”。对于城市郊区集体经济比较发达的村级股份合作社，适应市场化要求，可以尝试股份合作社加快向现代企业制度转变。

(2) 稳定有序推进股份经济合作社退出机制。坚持条件，对于符合全面完成撤村建居、村庄整体拆迁安置、集体经济成员已经全部转为城镇居民、已经办理并且全部纳入城乡基本社会保险体系等条件且集体资产较少无稳定经营性收入来源，土地基本被征收的股份合作社，可以允许有序退出。严格履行终止规定程序，遵循集体资产退出处置相关要求，通过清产清算、拍卖变现以后

按照股份比例派发给社员，也可以设定过渡期稳妥有序退出。对于尚不具备条件作价变现的资源性资产，乡镇政府可以依托农村“三资”管理平台，采取托管方式妥善处理。

（五）加快政府政策跟进

（1）完善法律法规和支持政策。组织开展农村集体经济组织立法调研，深入研究农村集体经济属性、基本特征、运行机制等重大问题，为立法做好理论准备。加强对集体经济发展的税收、财政、金融、用地等多方面政策，鼓励地方探索政府拨款、减免税费等形式的资产归农村集体经济组织所有的具体办法，为发展新型集体经济营造良好的政策环境。

（2）进一步明确农村股份合作社的市场主体地位。政策法律层面，尽快制定出台农村股份合作社条例，从法律上明确农村股份合作社的市场主体地位，拓宽经营范围，放开市场准入。当务之急尽快完善股份合作社工商登记办法，建立健全符合农村集体经济组织性质与职能，保障股份合作社及股民合法权益的简便易行的登记制度，过渡期内可以考虑采取政府发放组织证明书的方式解决其身份地位问题，便于股份合作社的经营和发展。

（3）采取相关优惠政策。减免股份合作社改制过程中因名称更改、资产产权变更登记而新增税费；保障农村股份合作社的发展用地需求，确保村级发展项目留用地政策足额兑现政府，要切实解决落实用地指标和地块问题，将留用地指标按照一定标准折算成货币资产由村购置物业，也可以将用地指标置换到城镇规划区或者工业园区发展物业经济；对于需要重点扶持的集体经济薄弱村无建设用地的村，各级政府要统筹用地指标安排好异地开发物业创收项目，财政和金融机构要通过贴息和专项补助及优化利率的方式对村级股份合作社予以必要支持。

（六）推进农村产权流转交易

（1）推进集体资产股权权能流转。充分发挥市场在资源配置中的决定性作用，加快农村综合产权流转交易市场建设。组织开展深化产权制度改革问题研究，重点探索赋权活权机制，积极推进农村集体资产股权有偿退出、抵押、担保和继承等权能实现。

（2）农村各类土地产权进行全面确权登记和农村集体资产的股份合作制

改革，为全面开展农村产权交易规范运行创造条件。接下来，必须围绕建立“权属清晰、权责明确、保护严格、流转顺畅”的农村产权制度目标，积极创造条件，确定农村产权流转交易品种，按照“成熟一个进场一个，先易后难、先试后推，循序渐进”的思路要求，积极探索农村各类要素产权包括农民承包的土地产权和农民宅基地产权，农民在集体资产的股权等产权流转交易实现途径。把村级股份合作社股权纳入城乡统一的农村产权流转交易平台建设中，发挥平台的价值发现、活权保权作用，放大股权融资功能，激活农村产权要素，提高要素配置和利用效率。积极开发农村股权抵押质押等业务，为广大农民提供创业融资服务。建议创造条件，以县市区为主体，在建立城乡统一的农村产权流转交易平台的基础上，基本构建县镇村三级农村产权交易网络体系，稳步打造金融信息发布、产权交易、法律咨询、资产评估、抵押融资等为一体的为农服务综合平台。争取通过几年的努力，我国农村产权市场流转交易体系更加健全，运行机制更加规范，农民和村集体财产权益得到充分保障，市域内基本形成城乡要素资源平等交换的市场格局，真正让农民从土地以及集体资产的股份增值受益。

（七）深化相关配套改革

（1）户籍制度改革。户籍制度改革是一项系统工程，根据已经出台的我国户籍制度改革的指导意见，分类推进农业转移人口在城镇落户并让这些人口享有与当地居民同等待遇，为农民市民化创造条件。按照“三权到人（户），权随人（户）走”的要求，在进一步保障农民的土地承包权、集体经济收益分配权等权益的基础上，在尊重农民意愿的前提下，更快地促进农民自由流动和进城落户。对于当地户籍农民愿意进入其所在城镇落户的，可以通过农村宅基地使用权和住房所有权置换城镇住房，农村土地承包经营权补社会保障、农民拥有的集体资产所有权置换社区股份合作社股权，建立农民权益置换过渡通道，引导农民向卫星城和中心镇落户，融入城镇并且享受同等待遇，促进农村人口向城镇的有序转移，推进农民在城镇就业生活。把进城镇农民纳入城镇住房保障体系中，采取多种形式保障农业转移人口的基本住房需求，完善促进基本公共服务均等化的公共财政体系。

（2）深化“三农”普惠性金融改革，助力农民创业。适应农村实际、农业特点、农民需求，不断探索农村金融改革创新，打造商业金融、政策性金融、互助合作金融和民间金融“四位一体”的农村金融组织体系，推动金融资源向“三农”倾斜增进农民的金融服务权，发挥农村金融对城乡融合的支持力度。

第一，积极探索新型农村合作金融。稳妥开展农村合作社内部资金互助试点，规范发展农民资金互助合作，允许农民专业合作社开展内部信用合作，明确农村合作金融的监管职责，落实监管措施，有效防范金融风险。

第二，鼓励涉农金融创新。鼓励民间资金发起设立小额贷款公司、村镇银行、民间资本管理公司。鼓励创新涉农金融产品，引导金融机构根据农民生产生活实际创新设计金融产品，合理确定贷款期限、利率和偿还方式，推行适合农村农民的信贷模式。完善对农村各类新型经营主体的金融服务，强化农村普惠金融“最后一公里”落地，推广“安居宝”等住房按揭信贷模式，有效满足农民购房、建房、装修等消费信贷和农业生产的信贷需求，真正解决农民贷款难问题，更好地满足农民农村生产生活多元化的融资需求。

第三，产权抵押担保贷款试点。做好对农村土地承包经营权、农村集体资产股权、农民住房财产权等产权抵押担保贷款试点，鼓励开展“三农”融资担保业务，完善银行与担保公司的合作机制。这方面，浙江温州市的经验值得学习借鉴。

第四，加强农村信用社建设。充分发挥信用社服务“三农”的作用，扩大农村金融服务范围和领域。鼓励各地建立政策性农业担保机构，推进农村信用担保体系建设。

第五，发展和扩大农业保险体系。引导保险公司增加适合农村农民和各类新型农业经营主体需求多档次高保障的保险产品，扩大农业保险覆盖率，提高农业农村风险保障水平。完善农业保险大灾风险分散机制，完善政策性农业保险制度，拓展农业农村保险服务领域，提高高效生态农业保险比重。

第四章

统筹规划　引领发展

新中国成立70年来，我国城乡关系在起伏曲折中不断前进。深入研究城乡关系演变的历史逻辑，可以启示把握未来城乡关系的线索，在新时代科学完善城乡融合发展建设规划。新中国成立初期，我国城乡关系基本处于自然发展状态，伴随工业化发展进程，城乡二元分立格局逐步形成，农业农村为城市发展做出了重大贡献，城乡规划差距却日益扩大。改革开放以来，我国城乡关系趋于缓和，通过市场化制度改革，农业农村得到快速发展；进入21世纪，中央将统筹城乡发展、城乡一体化作为一项长期任务来推进，城乡规划取得长足进步和一系列成就。党的十八大以来，中央高度重视城乡关系调整，着力解决“三农”问题，城乡进入融合发展的新时代，乡村振兴战略有力推进，乡村规划需求日渐凸显。

第一节

从规划分割到规划融合

党的十九大报告指出：“我国社会的主要矛盾已经转化为人民日益增长的美好生活需要和不平衡不充分的发展之间的矛盾。”城乡发展建设之间不平衡、农业农村发展不充分，已成为当前我国社会主义现代化进程需要攻克的一道障碍。乡村振兴战略的提出，正是国家在战略层面上对解决城乡差距和“三农”问题的回应。我国城乡关系的实质是国家与农民的关系，国家战略和政策取向对城乡关系演化有重要影响，[1]应在重构国家与农民政治经济关系的

---

① 赵群毅．城乡关系的战略转型与新时期城乡一体化规划探讨［J］．城市规划学刊，2019(06)：47－52.

前提下协调好政府、市场与土地的关系，从而实现新时代城乡关系的融合发展。

一、新中国成立到十一届三中全会前的规划分割

城乡关系历来是影响我国发展和稳定全局的战略性问题，“城乡互助”的思想在新中国成立初具有临时宪法性质的《共同纲领》中已被提及。我国现行城乡规划体系一般认为是从20世纪50年代开始建立起来的。但在城乡规划建设实践中，20世纪中后叶，出于对快速实现工业化的战略追求，我国城乡关系基本状况呈现为：农业和农村有力支持工业和城市的发展，同时城乡规划建设差距逐步扩大。国家通过一系列差异化的制度设计，形成并强化了城乡分割的二元结构。新中国成立后长期实行计划经济体制，城市和乡村二元化治理模式将城乡规划分割为城市规划和村镇规划两大领域，而村镇规划则起步更晚。城乡规划体系顺应我国经济体制改革、社会治理模式、宏观发展战略、城乡建设方针以及城镇化发展进程的变化不断调整和改善，经历了一个曲折的过程。①

（一）城乡规划创建发展时期

新中国成立初期和第一个五年计划期间，我国城市规划和农村城镇化开始起步和稳定发展。基于新中国成立初期内忧外患的国家局势，党中央提出了将“中国由农业国转变为工业国”的目标。我国效仿苏联模式采取计划经济体制，因而城市规划的指导思想和规划体系也是照搬苏联。城市规划作为“国民经济计划的延伸和具体化”，规划的主要任务是落实国家计划。当时我国最根本的问题是解决人民吃饭问题并协调城乡关系实现工业化，提出了“工业导向、城市偏向”的发展战略。1952年9月，政务院召开第一次城市建设座谈会，提出城市建设要根据国家长期计划，加强规划设计工作，加强统一领导，以适应大规模经济建设的需要，初步确定城市规划在国民经济发展中的地位和作用且影响至今。1954年6月，在北京召开的第一次城市建设会议指出，城市建设的物质基础主要是工业，城市建设的速度必须由工业建设的速度来决

① 高相铎. 我国城乡空间关系转变的规划影响研究［D］. 天津：天津大学，2017.

定。在“一五”计划时期，156个国家重大项目建设带动了城市规划，150个城市编制了城市规划，工业城市伴随重点工业项目的建设而迅速兴起。而农业在保障人民吃饭问题的同时，在为国家工业化提供资金积累支持和降低成本方面做出了巨大牺牲贡献。1958年7月，建筑工程部在青岛召开第一次城市规划工作座谈会，提出“城市的发展应该是大中小城市相结合，以发展中小城市为主，要有计划地建设卫星城市”，指出要加强区域规划，以及城市逐步实现现代化。

新中国成立到“一五计划”的八年期间，我国城乡规划尚处于初级阶段，作为现代行政管理手段的城乡规划尚未形成，临时性规划导致城乡规划附属于经济计划。这一时期，工业城市建设带动了我国的工业化，而城乡规划水平却远低于同期的工业化。“城市偏向”的发展战略，促使农村经济体制和城乡关系变迁，逐步建立起农业支持工业、农村支持城市和城乡分割的二元经济体制。城市规划在当时主要被视为进行城市空间布局的物质性技术，服从于工业城市建设的总体部署；城市规划大多停留在方案层面，对城市发展计划未起到应有的指导和管理作用，反而成为落实计划的工具。城市规划作为政府职能的必要组成部分的功能尚未被认识，其自身的独立性和权威性并未得到承认。①这一时期城乡规划的法制化程度较低，严格意义上的国家法律文件很少，主要是由党政规范性文件进行指导，城乡规划的低法制化尚不能为城乡建设提供稳定的制度环境。

（二）城乡规划徘徊倒退时期

“大跃进”时期，城市建设急于求成的特征突出。随着国家向地方进一步分权，除重点城市和项目外，城市规划审批权下放到各市，打乱了已有的编制和审批程序。不少城市虽编制了总体规划，但建设仍依赖地方领导意志。②1958年，建工部提出“用城市建设的大跃进来适应工业建设的大跃进”和快速规划的工作方法，出现若干不切实际的超规模城市规划。1960年4月，在桂林召开的第二次全国城市规划工作座谈会，提出根据城市“人民公社”的

---

① 黄学贤，吴志红．建国以来我国农村的城镇化进程［J］．东方法学，2010（4）：76－85．

② 罗彦，樊德良．治理能力现代化视角下的城乡规划法治化建设挑战与思考［J］．规划师，2016（5）：46－53．

组织形式和发展前途来编制城市规划，体现“工农兵学商”五位一体原则，城市规划的指导思想逐渐脱离实际。规划指标定额被降低，城市规划编制的程序也被简化。由于城市发展超出了国家财力的负担能力，城市规划中出现的规模过大、占地过多、求新过急、标准过高“四过”现象受到批评。1960 年全国计划工作会议提出“三年不搞规划”，导致规划机构精简、规划教育停办和规划工作的停顿，各级规划机构被撤销，进而导致城市规划彻底失去对城市建设的指导，许多城市开展无规划混乱建设。1963 年 10 月，中央召开第二次城市工作会议，会议提出重新恢复城市规划工作。“文化大革命”时期，将城市规划视为扩大城市差别、工农差别，是搞修正主义，城建规划部门受到冲击。直至“文化大革命”后期，1973 年国家建委在合肥召开部分省市城市规划座谈会，讨论《关于加强城市规划工作的意见》《关于编制与审批城市规划工作的暂行规定》，城市规划工作才开始复苏。

这一时期，国家通过农产品统购统销、“人民公社”制度和户籍制度等一系列强制性制度设计，加固了城乡分割二元结构。1960 年以后，城乡之间人口自由流动基本上被严密的户籍制度和粮票等生活必需品供应制度严厉隔绝；同时，农村地区之间的人口流动也因实行单一的集体所有制而受到严厉限制，农民基本被束缚于既有土地和村庄内。城乡二元结构凸显，带有明显的政府导向色彩，从本质上看，实际是政府对城市和市民实行“统包”，对农村和农民实行“统治”①，形成了强制性的“以乡促城”的城乡关系和规划格局。由于城乡规划指导思想的大起大落，这一时期城乡规划管理体制和机构频繁发生变动。城市规划只发挥为工业建设提供保障的空间布局功能，而在“大跃进”和“人民公社化”运动期间，我国首次出现了农业和农村社区生产方式的转变。

二、十一届三中全会到党的十八大前的规划统筹

党的十一届三中全会确定了改革开放的方针，我国经济建设事业步入市场化发展轨道，推进了城乡规划法治建设的进程。1978 年，中共中央发布《关

① 赵群毅．城乡关系的战略转型与新时期城乡一体化规划探讨［J］．城市规划学刊，2009（6）：43－52.

于加强城市建设工作的意见》，拉开国家层面城市规划立法的序幕。城市和农村广泛开展了市场化改革，原有强制性城乡分割制度逐渐解除，城乡相对封闭的格局被打破，农村生产要素快速向城市流动，极大促进了城镇化的发展。通过“拨乱反正”，下放到农村的城镇干部和居民开始大批返城；高考制度的全面恢复，使一批农村学生进入城市；农村家庭联产承包责任制推行，促进了农业生产水平的提高，农村大量剩余劳动力，为城镇化建设奠定人力基础；经济体制改革全面展开，乡镇企业迅猛发展，以及粮食统购统销与户籍制度改革，为城镇化提供了基本的经济和制度基础。

（一）城乡规划恢复发展时期

1980 年 10 月，国家建委召开全国城市规划工作会议，标志着新时期城市规划工作发生重大转折，提出“市长的主要职责，是把城市规划、建设和管理好”，指出“国家有必要制定专门的法律，来保证城市规划稳定地、连续地、有效地实施”。第三次全国城市规划工作会议将城市发展方针，确定为“控制大城市规模，合理发展中等城市，积极发展小城市”。[①] 城市规划工作全面恢复，1983 年进入第一轮城市总体规划编制高潮。规划工作以城市为主体，并开始进行建制镇规划、村庄规划。城市土地制度的改革，是 20 世纪 80 年代城市规划思想的突破性进展。1980 年全国城市规划工作会议提出土地有偿使用的建议，1984 年国家允许私人房屋买卖，1989 年修改宪法允许土地使用权有偿转让。

在城乡规划法制建设方面，1984 年 1 月，国务院正式颁布《城市规划条例》，这是我国城市规划和建设管理方面的第一部行政法规，系统规定了城市土地使用、建设规划管理等内容。1990 年 4 月《城市规划法》正式施行，是 1949 年后有关城市规划与建设的首部法律，构成了我国城市规划的基本制度框架，标志着城市规划步入法制化轨道。1993 年 6 月，国务院颁布《村庄和集镇规划建设管理条例》。“一法一条例”是对当时我国城乡规划法律制度的简明概括。1996 年国务院发布《关于加强城市规划工作的通知》，明确了在新形势下“需要切实发挥城市规划对城市土地和空间资源的调控作用，促进城

---

① 国务院批转《全国城市规划工作会议纪要》. 中国网 . http：//www. china. com. cn/law/flfg/txt/2006 - 08/08/content_7058778. htm.

市经济和社会协调发展”。充分认识到城市规划是指导城市合理发展，建设与管理城市的重要依据和宏观调控手段。城市规划的功能实现了由空间管理向行政管理功能的转变，城市规划开始与其他相关规划协调发展，在《城市规划法》中第一次规定了城镇体系规划。上海、广州等城市开始编制控制性详细规划，作为城市总体规划和修建性详细规划的中间层次，对城市建设进行具体的定位、定量、定性和定环境的引导及控制，实现与社会发展新形势的有效衔接①。

（二）城乡规划统筹创新时期

进入21世纪，国务院办公厅发出《关于加强和改进城乡规划工作的通知》，进一步明确了新时期规划工作的重要地位：“城乡规划是政府指导和调控城乡建设和发展的基本手段，是关系我国社会主义现代化建设事业全局的重要工作”②。对各项规划的编制审批工作、城市总体规划修改认定和备案制度、城乡规划的实施管理、城乡规划的监督检查制度等提出指导要求。根据市场经济发展要求，开始新一轮城市总体规划修编，全面开展省域城镇体系规划编制，在规划工作中开始重视城市整体发展。

这一时期，也是国家战略主导下“以城带乡”的农村改革深化期。2002年颁布的《农村土地承包法》，用法律形式“赋予农民长期而有保障的土地使用权”。同年，党的十六大指出，中国进入“工业反哺农业，城市支持农村”的新阶段，实行“多予少取放活”的方针，并从城乡社会经济发展方面首次提出“统筹城乡发展”的概念。2004年，中央发布关于“三农”的一号文件，实行以“取消农业税、工业反哺农业”为主要内容的农业新政，将“三农”工作作为全党工作的重中之重。2005年，提出“建设社会主义新农村”，农业政策面向促进农村全面发展。2006年在全国范围内全面取消农业税，充分释放农村生产要素活力。

2007年，党的十七大提出“统筹城乡发展，推进社会主义新农村建设”的总体思路，统筹城乡发展位于“五个统筹”首位；“形成城乡经济社会发展

---

① 罗彦，樊德良．治理能力现代化视角下的城乡规划法治化建设挑战与思考［J］．规划师，2016，32（09）：46－53．

② 国务院办公厅．关于加强和改进城乡规划工作的通知［J］．小城镇建设，2000（5）：89－90．

一体化新格局”提出，标志着我国在战略层面进入推进城乡经济社会一体化发展的新阶段。十七届三中全会出台《中共中央关于推进农村改革发展的若干重大问题的决定》，提出稳定土地承包关系，鼓励土地合法流转。2008 年 1 月，《中华人民共和国城乡规划法》正式实施，城镇体系规划、城镇总体规划、乡规划和村庄规划被纳入统一的城乡规划体系，规划编制、修改及审批、监督检查和公众参与等纳入法制条文。[①]该法对城乡规划的属性定位和立法指导思想，都更加符合我国社会主义法治要求，城乡规划迈入一个全新的历史阶段。

三、党的十八大以来的规划融合

党的十八大是在我国进入全面建成小康社会决定性阶段召开的一次十分重要的大会，党的十八大报告提出，要推动城乡发展一体化，加大统筹城乡发展力度，促进城乡共同繁荣。推动城乡发展一体化，首要工作是城乡规划一体化，必须规划先行、统筹推进。坚持全域规划理念，坚持把区域发展定位、产业发展、基础设施以及村庄建设布局等作为一个完整的系统进行整体规划，编制城乡一体化总体规划，打破城乡规划分割格局。党的十九大报告首次提出实施乡村振兴战略，建立健全城乡融合发展体制机制和政策体系。这是党中央从政治、战略和全局高度重视城乡关系转变，深刻把握城乡发展规律，为解决“三农”问题作出的重要制度安排，为加快推进农业农村现代化，在新时代实现乡村振兴指明了方向。

党的十八大报告提出，加快完善城乡发展一体化体制机制，着力在城乡规划、基础设施、公共服务等方面推进一体化，促进城乡要素平等交换和公共资源均衡配置，形成“以工促农、以城带乡、工农互惠、城乡一体”的新型工农、城乡关系。2013 年中央城镇化工作会议明确提出：“城镇化是现代化的必由之路”“建立空间规划体系，推进规划体制改革”。2013 年 11 月，十八届三中全会提出了城乡一体化发展的目标，健全城乡发展一体化体制机制。

2014 年，国家发改委、国土资源部、环保部、住建部联合下发《关于开

---

① 杨斌．改革开放 40 年来城乡规划事记回顾．中国城市规划网．http：//www. planning. org. cn/news/view？ id =9275.

展市县“多规合一”试点工作的通知》，确定了28个“多规合一”市县试点单位。国务院2014年发布的《国家新型城镇化规划（2014~2020年）》，专章论述“推动城乡发展一体化”，高度重视城乡一体化的发展，指出完善体制机制是推进城乡一体化发展的关键路径，加快农业现代化进程是城乡发展一体化的重要内容，建设社会主义新农村是城乡发展一体化的重要载体。2015年11月，十八届五中全会提出要深化城乡一体化发展，进入城市反哺乡村、工业反哺农业，城市与乡村迈入整体发展时期。

2015年12月，中央城市工作会议召开，这是继1978年后首次召开最高规格的城市会议，为我国今后城市工作指明了“一尊重、五统筹”的方向：尊重城市发展规律；统筹空间、规模、产业三大结构，提高城市工作全局性；统筹规划、建设、管理三大环节，提高城市工作的系统性；统筹改革、科技、文化三大动力，提高城市发展持续性；统筹生产、生活、生态三大布局，提高城市发展的宜居性；统筹政府、社会、市民三大主体，提高各方推动城市发展的积极性。[①] 2016年2月，中共中央 国务院《关于进一步加强城市规划建设管理工作的若干意见》发布，勾画了“十三五”乃至更长时间中国城市发展的“路线图”。2017年1月，中共中央办公厅、国务院办公厅印发了《省级空间规划试点方案》，首次划定了城镇、农业、生态三类空间。按照《生态文明体制改革总体方案》，我国将建立统一衔接的空间规划体系，分为国家、省、市县三级。

2018年2月，改革开放以来第20个、21世纪以来第15个指导“三农”工作的中央一号文件《中共中央 国务院关于实施乡村振兴战略的意见》发布，对实施乡村振兴战略进行了全面部署。要求坚持因地制宜、循序渐进原则。科学把握乡村的差异性和发展走势分化特征，做好顶层设计，注重规划先行、突出重点、分类施策、典型引路。要求各地区各部门编制乡村振兴地方规划和专项规划或方案。加强各类规划的统筹管理和系统衔接，形成城乡融合、区域一体、多规合一的规划体系。[②] 2018年9月，中共中央、国务院印发了《乡村振兴战略规划（2018~2022年）》，从国家战略的高度制定了切实可行的乡村振

① 中央城市工作会议在北京举行．新华网，http：//www. xinhuanet. com//politics/2015－12/22/c_1117545528. htm.

② 中共中央 国务院关于实施乡村振兴战略的意见．http：//www. gov. cn/zhengce/2018－02/04/content_5263807. htm.

兴规划。坚持乡村振兴和新型城镇化双轮驱动，统筹城乡国土空间开发格局，优化乡村生产生活生态空间，分类推进乡村振兴。按照主体功能定位，统筹城乡发展空间，推进“多规合一”，加快形成城乡融合发展的空间格局。推进城乡统一规划，通盘考虑城镇和乡村发展，统筹谋划主要布局，形成田园乡村与现代城镇各具特色、交相辉映的城乡发展形态。[①] 实施乡村振兴战略、推动农村现代化建设，改变了农村在我国现代化进程中长期的从属地位，明确了农村在全面建成小康和实现共同富裕进程中与城市的平等关系。

2019 年 4 月，中共中央、国务院发布《关于建立健全城乡融合发展体制机制和政策体系的意见》，坚持农业农村优先发展，以协调推进乡村振兴战略和新型城镇化战略为抓手，以缩小城乡发展差距和居民生活水平差距为目标，以完善产权制度和要素市场化配置为重点，加快形成“工农互促、城乡互补、全面融合、共同繁荣”的新型工农城乡关系，加快推进农业农村现代化。[②] 2019 年 5 月，中共中央、国务院进而发布《关于建立国土空间规划体系并监督实施的若干意见》，将主体功能区规划、土地利用规划、城乡规划等空间规划融合为统一的国土空间规划，实现“多规合一”。发挥国土空间规划在国家规划体系中的基础性作用，为国家发展规划落地实施提供空间保障。坚持先规划、后实施，把每一寸土地都规划得清清楚楚，做到一张蓝图干到底。[③] 为城乡规划融合与乡村振兴，提供了强有力的政策支持和制度保障。

第二节

乡村规划的现状

从城乡分割到城乡统筹，从城乡一体化再到城乡融合，印证着新中国成立 70 年来，我国城乡关系发展转变的历程，体现着农村农业在国家建设进程中的地位不断提升。乡村规划从无到有并日趋成型，规划成就日益显著，规划问

① 中共中央 国务院印发《乡村振兴战略规划（2018～2022 年）》. http://politics.people.com.cn/n1/2018/0926/c1001-30315263.html.

② 中共中央 国务院关于建立健全城乡融合发展体制机制和政策体系的意见 . http://www.gov.cn/zhengce/2019-05/05/content_5388880.htm.

③ 中共中央 国务院关于建立国土空间规划体系并监督实施的若干意见 . http://www.gov.cn/zhengce/2019-05/23/content_5394187.htm?trs=1.

题也日益突出。乡村振兴战略与“多规合一”政策的实施，是为在新时代实现城乡平衡发展、农业农村充分发展做出的全新规划。

一、乡村规划日益完善

马克思主义城乡关系理论揭示了消除城乡二元结构、实现城乡融合发展，是城乡现代化的内在要求，是生产力高度发展的必然结果。迈进新时代，党中央高度重视城乡关系创新转变，以“城乡融合”推动城乡发展，是中国共产党坚持以马克思主义为指导，遵循生产力和生产关系的辩证关系及其发展规律，实现乡村振兴、平衡充分发展和建设社会主义现代化强国的必然选择。

（一）规划理念不断创新

1. 城乡融合理念

新时代如何破解城乡发展差距过大问题，依旧是一个重大的历史性课题。党的十九大报告提出乡村振兴战略和城乡融合发展理念，明确了乡村与城市同等重要的战略地位，树立城乡一盘棋理念，乡村不再只是城市的从属，乡村规划也不再是城市规划的附属。“三农”工作回归“三农”本身，着眼于农业、农村、农民问题的解决，不再主要服务于城市和工业发展。农村进一步成为全面深化改革的主阵地，成为解决新时代我国社会主要矛盾的主战场，改革不再主要集中于城市。[①] 用“城乡融合”来界定和推动城乡关系的发展，将彻底改变以往依靠城市带动和工业反哺、农村被动接受的传统模式，通过增强乡村振兴发展的原生动力，双向推动城乡协同改革、交融发展，突出乡村在发展规划和地位上的平等性、自主性和内生性。“城乡融合发展”体现了国家治理理念与时俱进，是对马克思主义城乡有机体关系理论的传承，既符合历史的逻辑，也符合理论的逻辑。

2. 绿色发展理念

党的十九大报告中指出：“必须坚定不移贯彻创新、协调、绿色、开放、共享的发展理念。”“必须树立和践行绿水青山就是金山银山的理念，……形

① 许彩玲，李建建．城乡融合发展的科学内涵与实现路径——基于马克思主义城乡关系理论的思考［J］．经济学家，2019（1）：96－103．

成绿色发展方式和生活方式，坚定走生产发展、生活富裕、生态良好的文明发展道路，建设美丽中国，为人民创造良好生产生活环境，为全球生态安全作出贡献。”绿色发展理念和“两山理论”的提出，与社会主义新农村和美丽乡村建设实践，创新性地开辟了中国特色社会主义生态文明建设道路，为建设美丽中国提供了方向引领和行动指南。作为世界上最大的发展中国家，中国为全球生态环境的改善做出巨大贡献，已经成为全球环境治理的参与者、引领者，为世界生态治理体系和人类命运共同体建设贡献了“中国智慧”。

3. 有机更新理念

乡村的有机更新，就是要在乡村原有基础上，有序修复生态环境，优化乡村空间秩序，挖掘历史传统、民俗文化和强化社区认同，并且科学植入现代要素与功能实现乡村生产、生活和生态的“三生融合”与协调发展。①长期以来，我国乡村为工业化和城市化发展作出了巨大贡献，却始终处于从属和边缘地位，乡村价值未得到充分体现。推进乡村有机更新，不仅有利于乡村价值再造提升，而且有助于实现高质量的乡村振兴。把村落看作一个协调统一的整体，通过推进乡村全域有机更新，既加快乡村空间布局、生态环境、基础设施、产业体系等物质形态的有机更新，又加快历史文化、乡风民俗和乡村治理体系等非物质形态的有机更新。平衡开发与保护的波动、协调历史与未来的矛盾，关系到乡村现代化规划和转型的成败。因此，乡村有机更新改造应改变传统观念，在传承历史文脉的同时，进行适应性更新，切实保证村落传统特色内涵和人文活力的振兴②。

4. 多规合一理念

将主体功能区规划、土地利用规划、城乡规划等空间规划融合为统一的国土空间规划，实现“多规合一”，强化国土空间规划对各专项规划的指导约束作用，是党中央、国务院作出的重大部署。空间总体规划分为国家、省、市、县、镇五级，一张蓝图绘到底，形成统一衔接、功能互补、相互协调的空间规划体系，切实发挥规划对统筹开发国土空间、合理利用国土资源、切实保护生态环境的基础、导向和管控作用。多规合一的主要功能定位有：一是战略引

① 黄祖辉，胡伟斌．推进乡村有机更新实现乡村价值再造［J］．浙江经济，2019（13）：11－13.

② 林祖锐等，基于有机更新理论的古村落整治规划探究——以阳泉市西郊村古驿道街为例［J］．城市建筑，2019（5）：23.

领，促进国土空间开发格局优化；二是底线管控，划定生态红线、基本农田保护红线、城市增长边界；三是开发统筹，协调生产、生活、生态空间；四是综合整治，科学安排城乡土地整治和生态环境修复；五是政策引导，制定实施差别化土地利用和生态环境政策。[①]“多规合一”工作的核心是按照城乡空间战略规划整合各类规划之间的冲突，是为解决中国独特的规划体制问题而提出的规划融合方式，集中反映了城乡转型、产业转型和社会转型的新要求。

（二）规划体系日益完善

1. 乡镇规划纳入城市总体规划之中

在2006年《县域村镇体系规划编制暂行办法》颁布之前，我国乡村规划体系的相对独立性始终未得到认可，乡村规划隶属于城市规划、服务于城镇建设的传统观念和等级思维，禁锢了新型城乡关系和乡村规划体系的建构。2015年11月住房城乡建设部出台《关于改革创新全面有效推进乡村规划工作的指导意见》，明确提出编制县（市）域乡村建设规划，建立以县（市）域乡村建设规划为依据和指导的镇、乡和村庄规划编制体系。[②]这是在总结20年来我国乡村规划编制工作经验的基础上，针对严峻的乡村衰败局面、日益拉大的城乡差距、落位不实的体系规划及“规划打架”行业乱象等，结合“多规合一”“一张图管理”的现实工作需要，提出的全新规划方法和编制体系。县域乡村建设规划应定位为城市总体规划的专项规划，深化落实城市总体规划中的乡村规划内容。同时作为乡村地区的总体规划，指导乡村发展定位、建设布局管控、公共服务和基础设施建设、村庄风貌提升以及人居环境整治等行动（见图4-1）。

自2010年以来，南京市全面推进城乡统筹规划工作，完成了郊区县总体规划、涉农镇街总体规划和镇区控制性详细规划的全覆盖，完成了一批村庄详细规划、村庄环境整治规划，乡村旅游、农业园区和生态保护规划。“三分规划、七分管理”，当务之急是建立合理的规划实施管理制度，使规划从技术文

---

① 从“多规合一”到空间规划．搜狐网．https：//www. sohu. com/a/244882963_712499.

② 住房和城乡建设部．关于改革创新、全面有效推进乡村规划工作的指导意见（建村〔2015〕187号）［Z］．2015.

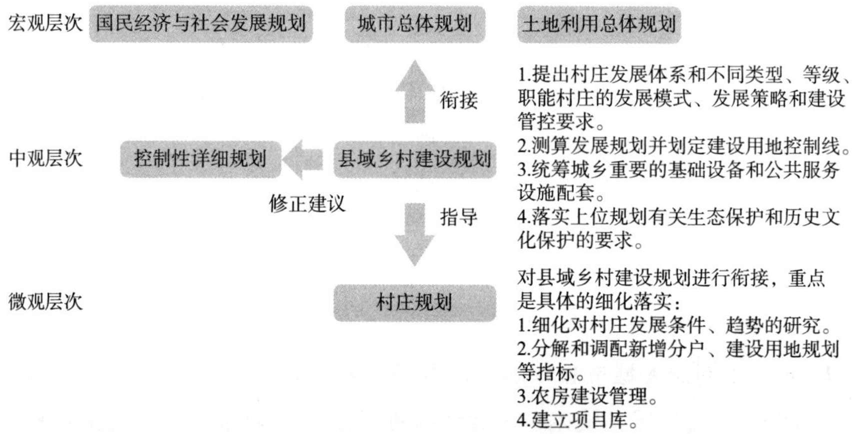

图4－1　规划工作边界关联示意图①

本向公共政策转化，真正发挥出规划对城乡建设和发展的引领作用。② 天津市根据农村与周边城镇的空间规划关系及其生态重要性，将农村地区划分为融入城市型、城镇带动型、集聚发展型和生态保育型四大类。针对不同类型的乡村，明确差异化发展方向，实现因地制宜、特色发展。③ 2016年杭州市城市总体规划修订，推动以人为核心的新型城镇化，坚持市域整体和城乡统筹规划，建多规融合的规划体制和机制，推动规划制定与实施管理体制和机制创新，形成城市紧凑、乡村疏朗、城乡一体、功能配套的组团式、网络化、生态型城镇体系，坚持实现美丽中国建设样本的目标。④

2. 村庄规划、美丽乡村规划开始起步

党的十九大提出乡村振兴战略，按照“产业兴旺、生态宜居、乡风文明、治理有效、生活富裕”的总体要求，美丽乡村建设被提升到国家战略高度。2013年农业部办公厅发布的《关于开展“美丽乡村”创建活动的意见》拉开

---

① 兰明慧．城乡统筹下县域乡村建设规划编制方法研究——以广东省惠州市惠城区为例［J］．智能城市，2019，5（18）：9－12.

② 宫卫华，王耀南．城乡统筹视野下的农村规划实施管理创新——以南京为例［J］．城市规划，2013（10）：39－46.

③ 刘爱华．大都市城乡融合发展的重点与路径——以天津市为例［A］．中国城市规划学会、杭州市人民政府．共享与品质——2018中国城市规划年会论文集（16区域规划与城市经济）［C］．中国城市规划学会、杭州市人民政府：中国城市规划学会，2018：9.

④ 杭州市城市总体规划（2001～2020年）［Z］．2016.

了美丽乡村建设的序幕。2015 年正式实施的《美丽乡村建设指南》，使美丽乡村建设“有标可依”。村庄规划是国土空间规划体系中乡村地区的详细规划，是开展国土空间开发保护活动、实施国土空间用途管制、核发乡村建设项目规划许可、进行各项建设等的法定依据。2018 年，住房城乡建设部发布《关于进一步加强村庄建设规划工作的通知》，要求各地按照《农村人居环境整治三年行动方案》要求，在县（市）域乡村建设规划指导下，科学划定村庄类型，因地制宜推进村庄建设规划编制，做到农房建设有规划可依、行政村有村庄整治安排，不搞运动式编规划。①

浙江作为全国唯一部省共建乡村振兴示范省，“一张蓝图”加快县域乡村建设规划和土地利用规划、美丽乡村建设规划等“多规合一”。实施“八八战略”，按照“绿水青山就是金山银山”的绿色发展理念，走质量兴农、绿色兴农、科技兴农的道路，坚定不移推进农业供给侧结构性改革、深化农村改革、开展农村生态文明和美丽乡村建设。

3. 乡村专项规划逐步提出和完善

面对我国城乡人口发展进入深度转型阶段局面，国务院发布了《国家人口发展规划（2016～2030 年）。人口专项规划以促进人口均衡发展为主线，鼓励按政策生育，综合施策，创造有利于发展的人口总量势能、结构红利和素质资本叠加优势，促进人口与经济社会、资源环境协调可持续发展。

2018 年 7 月，山西省实施乡村振兴战略“5 + 1”专项规划，包括产业兴旺、生态宜居、乡风文明、治理有效、生活富裕五个专项规划和体制机制创新专项规划，为山西经济社会发展转型和乡村振兴提供了有力政策保障。2019 年 1 月，科技部发布《创新驱动乡村振兴发展专项规划（2018～2022 年）》。实施乡村振兴战略的本质是推进农业农村现代化，实现农业农村现代化的关键在科技进步，创新是实现乡村振兴的战略支撑。

在乡村振兴战略新形势下，针对乡村产业发展基础相对薄弱、产业结构不合理等现状，通过科学制定产业发展专项规划，进一步探索乡村产业融合提升路径、引导乡村产业协调发展、实现“兴业富民生活美”的发展目标势在必行。乡村产业发展规划根据美好乡村第三产业发展现状与各生产要素的市场潜力、需求、发展等，对其在规划期限内进行质和量的空间统筹。

---

① 住房城乡建设部关于进一步加强村庄建设规划工作的通知（建村〔2018〕89 号）[Z]. 2018.

美丽乡村建设和农村环境整治工作的顺利开展，必须以制定农村环境治理专项规划为基础。在农村环境治理专项规划制定过程中，应把提高我国农村居民环保意识、转变经济发展理念作为首要任务，注重加强农村环保资金保障力度和健全农村环境规划布局与监管体系。在规划制定阶段完善农村环境治理和生态文明内容，为建设美丽乡村奠定坚实的基础。①

（三）城乡规划人才队伍不断扩大

党的十九大提出“乡村振兴”战略，《中共中央 国务院关于实施乡村振兴战略的意见》指出，要把人力资本开发放在首要位置，造就更多乡土人才，聚天下人才而用之。2018 年，中国城市规划学会乡村规划与建设学术委员会共同发布《共同推进乡村规划建设人才培养行动倡议》，提出实现未来乡村文化、产业、人才、组织、生态全面振兴的关键在人，需要选准配强乡村规划建设管理人才。

高等院校城乡规划相关专业和各地城乡规划和研究部门，肩负起乡村振兴理论与实践路径教育探索，及专业地域性乡村规划人才培养的重任。通过加强基层规划管理力量，探索以社会招聘、有偿服务等多种形式选聘乡村规划专业人员，建立驻镇规划师、乡村规划师等制度，更多懂农业、爱农村的规划人才正在为乡村振兴贡献力量。

（四）规划法律法规逐步完善

改革开放四十年来，我国的城乡规划法规标准体系建设实现了从无到有的飞跃，在完整性、科学性等方面也在不断提升。随着国家法治建设的推进和新型城镇化等“新常态”的出现，中央、地方各级政府以制定标准、规范为代表的城乡规划法制化建设工作也在逐步深入，各类标准的制定不断精细化、科学化，并日渐凸显出“以人为本”的特征。②

---

① 高曦，薛雄志．美丽乡村建设中的环境治理专项规划研究［J］．农业经济，2018（6）：24－26.

② 徐嘉勃，王兴平，张弨．我国城乡规划法规标准体系建设及优化策略［J］．规划师，2015，31（12）：5－11.

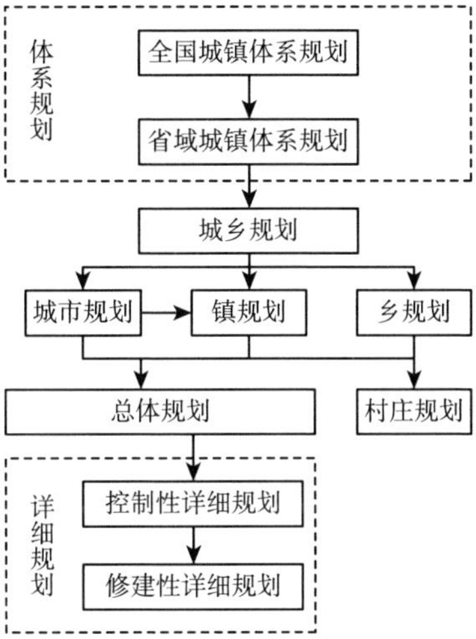

《城乡规划法》的规划体系①

1993 年，国务院发布《村庄和集镇规划建设管理条例》，对于村庄和集镇规划的实施、建设的设计及施工管理进行了规定；1995 年 6 月，颁布《建制镇规划建设管理办法》；2000 年 2 月颁布《村镇规划编制办法（试行）》；2002 年，国务院颁布《关于加强城乡规划监督管理的通知》，要求大力加强城乡规划的综合调控，严格控制建设项目建设规模和占地规模，加强城乡规划的监督管理检查；2005 年，建设部发布了《关于建立派驻城乡规划监督员制度的指导意见》。中国城乡规划监督员制度逐步建立，目的在于对城市规划的编制、审批、修改、实施的合法性进行督查。2006 年 7 月，颁布《县域村镇体系规划编制暂行办法》；2008 年《城乡规划法》实施，明确规定“经依法批准的城乡规划，是城乡建设和规划管理的依据，未经法定程序不得修改”；2012 年 12 月，颁布《城乡规划违法违纪行为处分办法》；2014 年《乡村建设规划许可实施意见》发布，从政策上实现乡村规划的监督检查。目前，我国乡村规划法规体系基本形成，为有法可依、有章可循和全国实现依法行政、依法规划、保障规划顺利实施创造了良好条件。

① 罗彦，樊德良．治理能力现代化视角下的城乡规划法治化建设挑战与思考［J］．规划师，2016，32（09）：46－53.

二、存在问题和不足

改革开放以来，在以农业现代化、工业化、城镇化及信息化为主体的现代化过程中，中国的乡村经济社会和环境发生深刻变化，出现农业生产要素高速非农化、农村建设用地日益空废化、农村水土环境严重污损化、农民社会主体过快老弱化等“乡村病”。经济发展“新常态”、新型城镇化和生态文明建设，是未来中国宏观社会经济发展的主要趋势，整个社会对乡村地域空间的需求日益多元和强化。因此，乡村规划的编制必须系统回应乡村振兴战略实施和乡村发展建设变化实际需求，解决乡村问题，适应乡村未来转型发展需要。

（一）规划滞后于城乡融合发展需求

经过改革开放40年的努力，我国经济得到快速发展，社会事业取得长足进步。客观上由于人口、产业、资金等流动更加频繁，技术手段进步迅速，城乡规划基础数据掌握难度增加；主观上由于对乡村规划重要性长期认识不到位，规划编制方法不科学，导致目前乡村规划前瞻性和可操作性仍比较低，与城乡融合发展要求相比存在较大差距。

现阶段，在我国新农村建设中，部分村庄未综合考虑村庄的建设规划以及自身的发展目标，盲目开展规划编制，导致总体规划和建设规划不相符，出现规划编制存在滞后性的问题。其主要表现为村庄在规划设计中缺乏全域布局发展规划，导致各村规划较为主观随意。部分村庄编制了村庄整体规划图，但在发展中详细规划设计不足，年限较长的规划未得到及时修编。同时，村镇规划管理缺乏对除宅基地以外的用地规划进行明确规定，导致乡村建设呈现散、乱、小的局面。在土地资源形势严峻的情况下，仍产生了大量的浪费现象，制约了农村农业的经济发展，限制了农民生活质量的提升。

（二）乡村规划未纳入全域统筹规划

直至党的十九大提出实施“乡村振兴战略”，我国始终在探索具有普适性、推广性的乡村规划体系。各地试行的城乡体系规划和出台的编制导则在主要内容、法律地位与实际作用等方面，表现出巨大差异，为规划的落实造成了政策性障碍。我国的城乡规划体系整体尚不成熟，乡村体系规划总体还处于应急式、运动式的被动地位，尚未形成一套行之有效的规划理论和方法。县域城镇体系规划有从属附会城市规划、编制简单粗糙和缺乏统筹等不足；县域村庄布点规划缺乏多规协调和政策支撑，以及法律地位不明的缺憾；县域新农村布局规划有不尊重农村客观实际、摧毁乡村文化传承之嫌；县域城乡统筹规划则多数过于笼统、不利执行①。

我国国土空间辽阔，东中西部区域经济发展水平不平衡，推进城乡融合发展的难易程度相差很大。推进城乡融合发展，科学规划乡村建设，应该走“先易后难、循序渐进、量力而行”的路径，不要求东西部“齐步走”，更不能要求各地区“大跃进”，而应该根据各地乡村客观条件，分类推进，因地施策。② 像重视城市规划一样重视乡村规划，将乡村规划纳入“多规合一”的全域统筹规划，是实现乡村振兴战略应有之意。

（三）规划编制与建设落地存在矛盾

我国新农村建设长期缺乏统一的顶层设计与规划，各级政府的主要精力放在了城市化建设上，农村的村庄建设被忽略。房屋破败，耕地无法得到真正的规划与整合，各种产业无法得到发展与壮大、无法形成规模效益、无法吸引人才和资金进入农村。虽然在此期间党和政府有一些政策出台，但总体上说，有关建设社会主义新农村的各项方针政策没有得到真正的贯彻落实。③

现阶段村庄规划以总体整治为主导方向，以项目为核心，偏重经济建设，存在一定局限性，突出表现在三个方面：一是内容体系重下轻上，缺乏传导机制。目前村镇规划与上层规划衔接不足，村级规划缺少上位规划指引，导致村庄规划难以得到落实或存在失效现象，严重影响规划的可实施性。二是规划对象重点轻面，缺少区域思维。以村为主体展开规划编制缺乏全局性、系统性，难以对相邻区域的建设进行统筹协调，造成资源重复浪费、千村一面、恶性竞争现象。三是管理机制重建设轻管控，缺少有效管理手段。现阶段村庄规划偏

① 魏书威等．改革开放以来我国乡村体系规划的演进特征与启示［J］．规划师，2019（16）：56－61．

② 宋迎昌．城乡融合发展的路径选择与政策思路——基于文献研究的视角［J］．杭州师范大学学报（社会科学版），2019（1）：131－136．

③ 张志敏．乡村振兴背景下空心村的形成与复兴路径研究——以Z省S县陈村为例［J］．中国社会科学院研究生院学报，2019（04）：98－105．

重建设规划与项目实施，机制上讲究村民参与，重点在于协调好公共投资与村民需求之间的矛盾，对于落实规划目标则缺乏具体管理手段。①

（四）城乡融合规划人才不足

长期以来，由于农村缺乏科学规划，建设无序，农村人口大量净流出，无力吸引人才到农村来进行规划建设。乡村缺少科学规划，长期缺少爱农村、懂规划的人才，导致建设随意性过大，空间布局不尽合理，乡村缺乏对人口和人才的吸引力，规划人才难以积聚。流入乡镇人员以低素质、低技能的务工人员为主，高层次人才不愿意向乡村流入，城市规划建设和经济管理等专业人才匮乏。

在规划人才培养方面，我国高校的城乡规划专业人才培养模式多停留在城市规划阶段，乡村规划人才的知识维度、能力维度、实践创新等能力还有差距。由于城乡规划师培养体系固有的特点，传统的城乡规划教育模式普遍存在“重城市轻乡村”的问题。学生们缺乏相应的乡村规划基础理论和新的规划技能，迫切需要指导乡村规划应用的理论知识和操作技能。现在大部分高校城乡规划专业学生基本来自城市，对乡村文化底蕴和生活方式了解较少，城市规划实践经验的培训教学体系偏离学生的就业方向。此外，还普遍存在实践学时不足、教师乡村规划经验不足、规划理论陈旧等问题。若就此照搬城市规划理论，容易导致学生专业教育窄、面对乡村规划时动手能力差等明显不足，无法胜任乡村规划师职业。城乡规划学生不能适应社会和政策的需求，严重影响我国乡村振兴事业的快速发展。因此，探索行之有效的城乡规划专业人才培养模式，以提高相关人才的社会适应能力，成为亟待解决的问题。②

第三节

城乡联动改革促进规划融合

以城市现代化建设为中心，以粮食安全为底线而忽视农村社会经济发展的高速城市化，造成了城乡关系的断裂。要重新链接城乡关系纽带、实现城乡关

① 李剑．面向“规建管”一体化的村庄规划编制探索［J］．城市住宅，2019（6）：55－58．

② 黄树新．乡村振兴战略背景下城乡规划专业人才培养模式研究［J/OL］．河南建材，2019（04）：286－287. https：//doi. org/10. 16053/j. cnki. hnjc. 2019. 04. 164.

系结构的最优化，既需要顶层设计的宏观科学导向，又需要城乡双向同步发展的城乡关系创新。[①] 国务院发展研究中心发布的《新时期推进城乡融合发展的总体思路和重大举措》，着眼“十四五”发展目标，为城镇化大格局下加快重塑城乡关系指明了方向。

一、进一步贯彻新理念，强化顶层设计

充分加强对城乡“多规合一”的战略考量，坚持聚焦问题强化顶层设计，增强“一个规划蓝图”的系统性和针对性。突出基础大数据的支撑作用，及时汇总更新，保障真实有效，推动数据共享。积极更新规划理念、改进工作方法，努力通过规划设计引领，解决好城乡村振兴实际问题。在规划融合的一致性上下功夫，切实抓好统筹规划，形成规划合力，保证乡村发展建设的基本方向，实现规划编制效能最大化和资源配置效率最优化。

（一）深入贯彻城乡融合、产城融合、多规融合新理念新要求

2019 年 4 月，中共中央、国务院为重塑新型城乡关系，走城乡融合发展之路，促进乡村振兴和农业农村现代化，发布了《关于建立健全城乡融合发展体制机制和政策体系的意见》。坚持农业、农村优先发展，以协调推进乡村振兴战略和新型城镇化战略为抓手，以缩小城乡发展差距和居民生活水平差距为目标，以完善产权制度和要素市场化配置为重点，坚决破除体制机制弊端，促进城乡要素自由流动、平等交换和公共资源合理配置，加快形成工农互促、城乡互补、全面融合、共同繁荣的新型工农城乡关系，加快推进农业农村现代化。

新型城镇化下的产城融合本质上是城镇人口、产业和载体三要素之间的协调均衡和相互支撑，是城市人口、生产功能区、服务功能区协调均衡、布局合理、互相支撑的融合，强调“以城育人、以人兴产、以业兴城”，是“工业化和城镇化良性互动”的逻辑结果和检验标准。[②] 产城融合的核心和目的在于

---

① 张志敏．乡村振兴背景下空心村的形成与复兴路径研究——以 Z 省 S 县陈村为例［J］．中国社会科学院研究生院学报，2019（04）：98－105．

② 许明强．产城融合应如何理解［J］．中国房地产，2019（25）：51－55．

人，人的现实需求才是产业和城市发展的基本动力，满足人民日益增长的美好生活需要。在产城融合的过程中，在产业化和城镇化过程中突出强调以人为本，关注人的生存空间和发展空间的产城融合，才能推动区域高质量和健康发展（见图4－2）。①

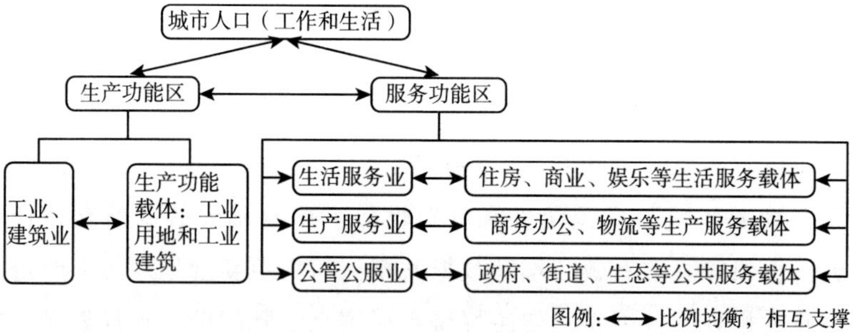

图4－2 产城融合的内涵示意图

资料来源：许明强．产城融合应如何理解［J］．中国房地产，2019（25）：51－55.

（二）利用大数据技术，更好掌握规划基础数据

随着我国相关信息技术的快速发展，大数据技术的成熟运用，我国国土空间规划呈现出新变化。国土空间的规划对于国家宏观调控和可持续发展具有重要影响，是影响规划决策正确性、准确性、科学性的重要基础。通过应用大数据信息技术，并通过相关大数据统一规划和编制宏观策略，是国家政策实施和长远规划的重要趋势，是当前大数据研究和应用的重要尝试。

随着近些年的应用发展，当前大数据信息在国土空间规划方面逐渐得到广泛和深入的应用，主要通过大数据应用健全国土空间规划体系、实现国土空间规划监管、提高居民参与度、提升规划人才专业素养。② 相关大数据信息处理技术的应用，在一定程度上影响着相关的决策机构的决策效率和质量。

（三）运用信息技术、空间技术、开门编规划等新方法

在我国土地规划中，管理后备土地资源不足、分布不均衡是制约我国土地

① 朱丽萌，雷怡琰．长江经济带产城融合发展的时空演变轨迹及影响因素分析［J］．中国井冈山干部学院学报，2019（05）：120－129.

② 吴楚宁．大数据背景下的国土空间规划策略研究［J］．智能城市，2019，5（14）：21－22.

资源合理配置与有效利用的主导因素。通过应用测绘地理信息技术，可以为土地资源的规划与管理工作提供技术指导，有利于管理人员明确土地资源空间信息与分布情况，以此制定高效、科学的土地规划管理方案。测绘地理信息技术或"3S 技术"，是遥感 RS（remote sensing）、地理信息系统 GIS（geographic information system）和全球定位系统 GPS（global positioning system）的集合，是空间技术、传感器技术、卫星定位与导航技术和计算机技术、通信技术相结合，多学科高度集成的对空间信息进行采集、处理、管理、分析、表达、传播和应用的现代信息技术的总称。

测绘地理信息技术凭借自身的技术特性，如数据获取的高效性、实时性等，可以为土地规划管理工作提供良好数据支持，便于管理人员优化土地规划管理工作，实现对数据处理过程的科学组织与高效管理。目前，测绘地理信息技术在土地规划管理领域中的不动产登记、土地规划、基本农田划定等方面得到广泛应用，对城市发展信息化、科学化意义重大，对提升城市规划发展及管理的科学合理性有重大提升作用①。经过多年的实践发展，我国土地规划管理朝向"多规融合"体系发展，数据组织与分析作为规划体系的核心内容，往往需要借助 3S 技术与大数据技术才能够得以完成。针对于此，应从空间推理与数据挖掘入手，不断发现新的规划策略与管理经验，为国家土地规划管理工作提供技术支持，促进我国土地规划管理事业的长足发展。②

规划科学是最大的效益，规划失误是最大的浪费。新时代的乡村规划，更应注重科学决策，落实"开门编规划"的要求，扩大民主参与，让规划编制过程成为听取民意、集中民智的过程，成为统一思想、达成共识的过程。"开门编规划"有利于通过"问政于民、问需于民、问计于民"，使总体规划和重点专项规划的编制工作更加统筹兼顾、重点突出，有利于进一步增强规划的操作性和针对性，有利于优化配置资源推动形成部门合力，解决一些跨部门、跨领域和影响当前、关系长远的重大问题。③坚持"开门编规划"，为乡村规划发展凝心聚力。从民众的热议中找准关切点，寻找民间智慧，规划的顶层设计会更

① 胡曦 地理信息系统在城市规划管理中的应用探究［J］．智能城市，2019，5（18）：119－120.

② 吴珊．测绘地理信息技术在土地规划管理领域的应用研究［J］．湖北农机化，2019（16）：56.

③ 翟峰．"开门编规划"很有必要［J］．四川统一战线，2010（12）：19.

好契合百姓诉求。以“上海2040”“众规武汉”等为代表的公众平台兴起，规划编制、管理工作日渐透明化，“人人参与规划”将成为城乡规划行业的常态。

二、科学编制中心村镇规划，引导人口相对集中

党的十八大以来，我国社会经济发展逐步由高速增长阶段转向高质量发展阶段。高质量发展是能够更好满足人民日益增长的美好生活需要，体现创新、协调、绿色、开放、共享新发展理念的发展模式。在此背景下，作为新型城镇化中重要载体的中心镇、中心村，其规划建设需要适应新形势，契合高质量发展要求。通过开展科学的中心镇、中心村遴选建设工作，有助于促进合理的城镇体系构建，促进乡村振兴，实现城乡全域高质量发展。

（一）追求高质量发展，明确中心村镇功能定位

中心村作为连接城镇与农村的重要节点，其合理布局成为实现城乡一体化和乡村振兴的重要途径之一。在制定标准时应以服务腹地范围和公共服务能力作为核心指标，以生态环境水平、基础设施建设水平、就业提供能力等作为基本达标的指标。中心镇应积极培育城镇特色经济和优势产业，根据自身的功能定位，培育各具特色的工业重镇、商贸集镇、旅游古镇等。应该用产业集群思想指导中心镇的经济发展，政府的首要任务是在对当地企业发展、要素供给、市场需求等状况综合分析论证的基础上，选择出某一根植性较强、关联作用较大的核心产业加以培育和扶持。①

1. 重点解决教育、医疗服务核心问题

加强重点中心村镇学前教育，推广镇幼儿园标准化建设，为镇村提供普惠性的早教服务；推进九年义务教育城乡均衡发展，鼓励城市名校集团化办学，在重点中心镇设立分校，推动优质教育服务下沉。重点中心镇应设置1所以上二级甲等医院，城市三级甲等医院在重点中心镇设置“基层分院”，壮大乡镇医生队伍。

---

① 叶生. 中心镇建设的制约因素、经验借鉴及对策——以南通为例［J］. 现代企业，2018(06)：24-25.

2. 优化公共文化体育服务设施供给

以打造新时代文明实践中心为抓手，推进重点中心村镇数字影院、公共文化站等设施载体建设，支持城市博物馆、图书馆、文化馆与重点中心镇公共文化站开展馆际合作与交流；组织开展乡村文艺培训、演出展览、科普教育等活动；选择适宜本土、面向乡村需求的文化产品向乡村美好生活圈增强供给。加强基层体育设施建设，重点中心镇基本建成公共体育中心、多功能运动场，向乡镇、农村居民开放。

3. 为发展高质量农业提供全程服务

中心村镇服务于农业生产，农业生产分工的精细化，应发展农业科技教育培训站等服务部门，使中心村镇成为为农副业提供全程服务的载体。着眼方便乡村居民、符合基层事务要求，完善镇村人才和政务服务体系，结合重点中心镇行政管理体制改革，建立“一站式”综合服务中心，统筹乡村美好生活圈内便民业务办理服务、综合执法、镇村治理等工作。①高质量发展最为关注的是：“人民群众对美好生活的追求”，把“兴产业”和“聚人口”有机结合起来，把中心镇建设发展自觉纳入县域整体发展战略，坚持走绿色发展、特色发展和可持续发展之路。

（二）促进优化整合，确立中心村镇人口规模

中心镇作为基层的关键性节点，向上连接中小城市，向下辐射其他乡镇和村庄，承载中枢和枢纽的地位。中心镇是城乡人口的双向“蓄水池”，疏散特大城市、大中城市的人口，降低城市人口压力，吸引广大农村人口，实现农民的就近城市化。而中心村的建设和发展将集中一批综合素质较高、具备一定专业技术水平的新型人才和干部。精英的大量流失已经成为阻碍农村现代化建设的主要因素，而中心村的发展必将促进农村基层组织的进一步转型，吸引大批文化教育、体育、卫生等领域的知识分子加入乡村振兴建设队伍中。

我国乡村多呈现“中心镇——一般镇—中心村—基层村”四级体系结构特征。综合考虑户籍人口、地理位置、历史文化、民族团结、产业布局、发展水平等多方面因素，坚持“撤、并、联、转、合”五措并举，科学合理推进行政村规模调整。根据城市化推进和区域控制性详细规划的要求，将撤村建居社

---

① 徐海贤，阎欣．提升重点中心镇功能建设乡村美好生活圈［J］．群众，2019（10）：32-33.

区建设与重大基础设施建设、产业布局调整等有机结合起来，统筹推进。行政村建制撤销后，居住集中的成建制建立居民区，居住分散的可直接划入就近居民区。

中心村是有一定人口规模，拥有完备现代化公共设施，以发展农业及相关产业为依托，具有较高水平的文化教育、卫生、娱乐、生活服务、安全保障功能的农村社区。中心村的确立使村域的政治、经济、社会、文化的发展纳入城乡一体化建设。中心村应以具有一定辐射范围为设置条件，在这一范围内居住的合适人口规模一般应不超过10000人，中心村最低人口规模设计应为3000人为宜。基于此人口数，在中心村内可以设置一所学校、一家超市、一家卫生院、一座图书馆和一座小型影剧院。拥有更高人口规模的中心村可以开发农副产品加工、农业观光、餐饮服务等，农民的就业结构发生新的变化，从而改变和提升贫困地区农民的生存环境。①

（三）科学规划先行，完善中心村镇空间布局

1. 坚持乡村规划先行，全面做好顶层设计

科学合理的规划是中心镇建设与发展的前提，也是中心镇拓展城镇功能的基础。重点提升重点中心镇集中居住片区的公共服务水平，完善基础设施建设，改善人居环境，满足镇村居民生产生活的基本需求，避免重复建设。根据中心村的实际，规划好行政村合并后经济发展布局，科学制定产业发展构想和村民致富方案，通过优化整合产生“1+1>2”的效果。将并村工作纳入城乡一体化发展全局中，推进城乡规划布局一体化、产业发展一体化、社会事业一体化、基础设施建设一体化（见图4-3和图4-4）。

2. 优化组合村镇生产要素，形成“中心村+”模式

通过行政村镇规模调整，统筹土地、水田、山林等发展资源，集中生产要素，优化服务功能，真正实现“山水田林湖草”有机规划。推动“中心村+农场”产业布局和乡村经济规划创新模式，培育乡镇内生绿色发展动能，逐步形成区域化布局、专业化生产、规模化经营的发展格局。在中心地理论和生活圈理念的基础上，有效引导乡村地区的要素集聚和资源合理配置，建议实施

① 张志敏．乡村振兴背景下空心村的形成与复兴路径研究——以Z省S县陈村为例［J］．中国社会科学院研究生院学报，2019（04）：98-105.

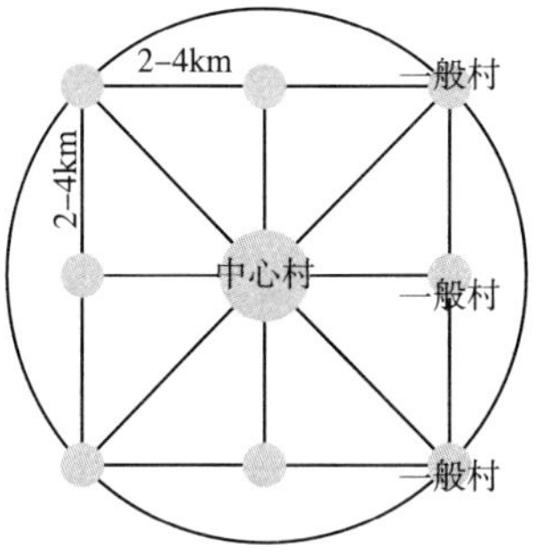

图 4－3　乡村基本服务单元模型示意图

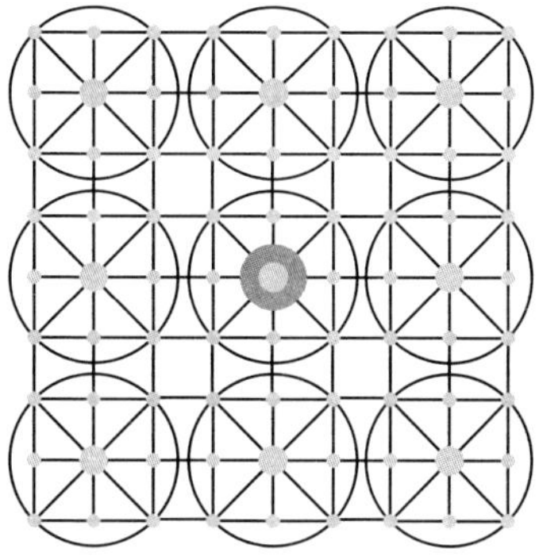

图 4－4　集中式布局模型示意图

“中心村＋美好生活圈”空间模式，构建乡村基本服务单元模型，由中心村作为核心服务点，向周边村落提供基础服务。同时集聚一定规模的人口数量，保持村庄在自然地貌、历史人文、风俗习惯等方面协调统一。①

3. 像建设城市一样建设农村②，同等重视城市与乡村规划

充分认识乡村振兴对于提升乡村地位，促进我国平衡充分发展的重要性。高标准、高规格建设的中心村镇，用现代化的小城镇理念来建设中心村镇。从乡村振兴战略角度，结合城乡融合发展理念，切实转变乡村规划理念和重视程度。农民参与乡村规划过程，规划符合农村实际，符合农民意愿。2009 年，宁波市委、市政府出台《关于深化中心镇改革加快卫星城市发展的若干意见》，明确提出要实现部分中心镇向卫星城市的历史性跨越。2010 年出台《关于进一步推进卫星城市创新发展的实施意见》，明确提出要让卫星城市试点镇率先进行行政管理体制改革和管理职能转变的试点。宁波卫星城市试点工作的开展，为全省乃至全国中心村镇建设提供了宁波经验，具有非常重要的启发意义。③

① 刘申等．基于乡村基本服务单元的乡村建设规划探索——以河南省夏邑县为例［A］．中国城市规划学会、杭州市人民政府．共享与品质　2018 中国城市规划年会论文集（18 乡村规划）［C］．中国城市规划学会、杭州市人民政府：中国城市规划学会，2018：9．

② 陈方勐．农村改革的战略问题［M］．北京：中共中央党校出版社，2012：1－45．

③ 王凯，张晓丹．宁波卫星城市和中心镇进一步推进行政管理体制改革势在必行［J］．宁波经济（三江论坛），2018（07）：23－26．

三、创新培养模式，扩大乡村规划人才队伍

“三农”工作是党的一切工作中重中之重，因为“中国要强，农业必须强；中国要美，农村必须美；中国要富，农民必须富”。实现乡村振兴、实现共同富裕，关键在创新型人才。高职院校要在服务乡村振兴战略中有所作为，必须明确高职院校在服务乡村振兴战略中的定位。充分发挥在人才、技术等方面的优势，在人才培养、科学研究、社会服务和文化传承创新等方面对标乡村振兴战略中的各项任务，努力在服务社会发展中发挥高职院校的作用。

（一）人才培养模式改革，对标乡村振兴战略需求

对于涉农院校，服务乡村振兴战略的第一要务就是培养造就一支懂农业、爱农村、爱农民的新“三农”人才队伍，培养实施乡村振兴战略所需要的掌握农作物生产、旅游、园林、管理、法律、经济等相关交叉学科知识的综合性人才。涉农高职院校要研究探索培养乡村振兴所需要的复合型人才的特有的人才培养模式，通过“学校—乡村协同育人”机制培养多规格多层次的“三农”规划人才。

以湖南农业大学“人文地理与城乡规划”专业为例，2017 年年底学校重新调整了规划人才培养方案，培养目标重点提出，要培养具备宏观中观区域规划与管理、村镇小区域尺度规划设计的理论知识和实践能力的新型规划人才，培育能在城乡规划、国土资源、城市建设、村镇建设、区域经济以及相关领域从事规划设计和地理研究的应用型人才①。

（二）上级委派安排，规模村镇配备专门规划人才

在具有一定人口规模的村镇，通过政府有计划、有针对性的安排，实施乡村规划师驻村镇制度，对口支援村镇规划建设，配备相应技术设备和空间条件。乡村可以选派业务能力精干的人员，作为规划师的助手和学徒，学习了解乡村规划的基本知识和方法，参与规划实施阶段的乡村振兴建设。

---

① 刘沛等．为“乡村振兴”培养乡村规划地域性人才的探讨［J］．新西部，2018（35）：57－58．

（三）充分大力引进，定向培养乡村规划专业人才

村镇牵头与设有城乡规划专业的高校开展校地合作，在乡村设立规划人才实践基地，在学校设立乡村规划人才奖学金。根据学生志愿，定向选拔、支持、培养一批为乡村规划建设服务的青年人才。以乡村规划实践基地为平台，开展乡村规划方案设计，通过规划科研团队或专家评审，了解村民民意，评判方案实施的可行性。通过专业实习实践、毕业设计、社会创新创业等多项环节的教学走进乡村，为乡村振兴培养独具特色的乡村规划地域性人才。[①]

（四）开展联合培养，村镇自主规划人才培育计划

选拔优秀乡村学子，报考高等院校城乡规划专业，予以经济保障支持，鼓励回乡支援规划建设，提供发展创业平台。选拔青年返乡农民工，与大专院校、市县规划院合作，举办规划专项学习培训班，培养懂知识、有技术、爱农村、懂农业的现代农村规划人才，成为新农村建设的生力军。

（五）拓宽国际视野，汇聚高级规划人才资源献力

商讨成立专门的乡村规划高等研究院，借鉴国际先进乡村规划经验，开展规划理论与学术研究。实行“顶级规划师培育＋下乡计划”，聘请国际国内知名规划设计师开展合作，进行专业授课、理论指导和实践调研、规划预制，学习和传播成熟规划理念。选派人才前往乡村治理先进国家学习交流，掌握优质规划技术方法，回国助力乡村振兴。吸引全球华裔规划工作者和热爱中国乡土文明的外国规划界友人，为中国乡村规划建设献言献策。

四、完善规划法律，强化法治保障

城乡规划是城市发展的总纲、建设的蓝图和管理的依据。科学制定城乡规划法律法规，充分维护规划法规的权威性和严肃性，直接关系到城乡发展质量品位，关系到乡村振兴、“多规合一”的实现，关系到建设美丽乡村、美丽中

---

① 黄树新．乡村振兴战略背景下城乡规划专业人才培养模式研究［J/OL］．河南建材，2019（04）：286－287［2019－10－13］．https：//doi.org/10.16053/j.cnki.hnjc.2019.04.164．

国和生态文明大计，关系到人民生活幸福感和获得感的提升。必须坚定全面依法规划意识，严字当头，实字托底，综合施测，坚决维护好城乡规划立法的权威性，充分发挥城乡规划的战略引领和刚性管控作用。

（一）提升城乡规划法规的立法效率和立法水平

根据乡村振兴战略实施要求，基于城乡规划融合的背景，强化规划法律法规战略性和基础性的研究，突出城乡特色，为更好地提升立法水平奠定基础。严格遵循城乡融合和绿色发展理念，研究城乡规划的核心问题，制定新时代发展背景下的具有长远性、纲领性和全局性的战略规划。站在技术、法规和城乡规划编制的基础上，完善城乡规划技术管理标准体系。构建以数据、信息、测绘为基础的技术平台，为城乡规划提供策略依据。

（二）疏通公众参与立法通道，规划法规彰显民意

根据城乡规划的实际情况，以突出地域特色和保护历史文化与生态文明为立法原则，进行多方面的调查研究，提升规划立法可操作性。“开门编规划”，促进规划法律法规制定体现时效性、开放性和兼容性。保障乡村规划有力实施，农民利益得到切实保障。针对宅基地内、外的建设活动的管理力度要强化，提升土地资源的利用率，提升村镇规划立法的科学性和合理性。① 要提高中心镇规划编制透明度，通过论证会或其他方式征求专家和公众的意见，进一步扩大社会大众的知情权、参与权和监督权，切实提高规划编制的科学化、民主化水平。要加强中心镇规划实施监管，建立规划监督管理工作责任追究制度，对规划进行事前、事中、事后全过程监管。②

（三）强化规划权威性严肃性，一张蓝图干到底

建议研究制定专门的《乡村规划法》等法律法规。相关部门根据乡村实际发展，制定因地制宜、科学完善的村镇规划法规，提升其法律权威性，规避随意规划，未经法定程序批准，不得随意调整更改各类规划。要提升规划管理的权威性，就要在制度上实现法制化。建立完善的村镇规划审批制度，严格限

---

① 刘巧云．关于我国城乡规划法规体系建设简议［J］．法制博览，2019（2）：261.

② 王李兵．新型城镇化背景下的江苏中心镇建设［J］．社科纵横，2019，34（08）：39－41.

制不遵守规划法规的建设行为，树立相关部门的权威性和严肃性。整合衔接上下级法规、新旧法规及分层级界定法规标准的效力层级，保证各项法规标准在合适的范围内发挥作用的。通过“法律法规＋标准规范＋规划指引＋法定规划”模式，形成规划管控的最佳政策组合。

第五章

乡村善治　实现和谐

在中国，乡村问题从来都是一个极其重要的问题，历朝历代始终把解决乡村问题摆在治国理政的突出位置。新中国成立至今，乡村治理走过了70年历程，不同时期乡村治理的历史背景、价值导向、目标任务、制度安排、政策要求、治理绩效各不相同，呈现出明显的阶段性特征，但各个阶段又前后相继，总体上不断演进，曲折中不断发展，反映了乡村变迁的基本历史轨迹。在中国特色社会主义新时代，乡村治理革命获得了新的强大动能。中共十九大提出了“健全自治、法治、德治相结合的乡村治理体系”的战略性任务。新时代背景下，需要深刻理解城乡融合的时代内涵，着力打造城乡一体化的社会治理新格局。

第一节

乡村治理从一元管理到多元治理

新中国成立以后，不同历史时期，我国对乡村社会实行不同的治理模式。70年来，中国乡村治理始终朝着乡村治理现代化积极探索、开拓进取。系统梳理中国乡村治理70年的历史演进，深入剖析中国乡村治理的逻辑理路，有助于理解乡村现代化的历史与逻辑。这既是理解乡村治理的学理基础，又是指导新时代乡村治理实践的要求。

一、新中国成立以来乡村治理的历史演进

（一）新中国成立到十一届三中全会前的“政社合一”模式

新中国成立之初，面临的首要任务是稳固新生政权，在全国范围内顺利完成土地改革以实现社会稳定。乡（村）治理模式的第一个阶段是从1950年冬

到1952年年底。1950年年底，政务院颁布的《乡（村）人民代表会议组织通则》和《乡（村）人民政府组织通则》规定："乡级政权与行政村作为农村基层行政区划同时存在，其规模由一村或数村构成，户数在一百到五百户之间不等，人口在五百到三千人之间，这是一种'小乡制'的模式。"[①] 乡村人大会议中听取人民群众的意见和建议，审议本乡的经济社会发展规划，将群众关注的社会问题向政府反映。乡、行政村的政府由正副乡（村）长和多名文员组成，经由同级人民代表大会选举产生，通过定期召开的乡正副委员会领导乡村工作，会议召开一般每十天或者半个月举行一次，其具体的工作职责主要包括领导乡政府各部门的工作开展并检查实施情况、审议乡人民政府会议通过的各项决议、执行上级政府分决议和命令。1953年11月，国家决定实行粮食统购统销，政务院第194次政务会通过了《关于实行粮食的计划收购和计划供应的命令》，把分散的小农经济纳入国家计划轨道，以促进农民走上互助合作的社会主义道路。统购统销切断了私营工商企业与农村的联系，加速了二元结构的形成。但其起到的积极意义是应该充分肯定的，因为它保证了整个国家工业化起步时所必需的粮油供应，这对于市场、物价和全国人民生活的稳定都是功不可没的。同时改善了农业发展的困境，农业化合作之初的调查也显示，拥护合作化的农民占到90%以上，因为农民认识到，走合作化的社会主义道路是中国农业的根本出路，也是中国农民的根本出路。农业的合作化摘掉了农民几千年的"小农帽子"，使农村成为一个团体社会。实现了国家与小农社会的对接，这样不仅使农村资源得以最大限度的使用，而且使国家权力更为快速地进入乡村社会，政治、经济与社会很快结为一体，这个时期的"政社合一"的治理模式成为必要选择。与此同时，传统乡村社会的神权、族权和绅权经过一系列群众政治运动的推动被彻底打倒。乡村基层政权建制方面，1954年《宪法》颁布之前实行的是乡与行政村共同作为农村基层一级行政区划，人民代表大会和人民政府作为乡、行政村的基层证券机构，值得注意的是，乡与行政村在此时只是在规模上存在差异。在县以下一般设置区，区域作为县下设的一级基层政权组织或作为县的派出机构，领导乡（行政村）政府开展工作。1954年颁布的《中华人民共和国宪法》规定："乡、民族乡是农村基层行政区

---

① 陈万凯．农村基层政权的历史沿革和现状研究．http：//www.zgxcfx.com/Article/87211.html.

划，乡政权是农村基层政权，是国家政权的有机组成部分。”① 农业合作化运动，是“乡（村）政权”模式的第二阶段，最终建立起“政社合一”的人民公社。在 1958 年 8 月的中央政治局会议上通过了《关于在农村建立人民公社的问题的决议》，决议指出：“由于人民公社实现了工农商学兵的结合，超出了单一的经济组织的范畴，而成为经济、文化、政治、军事的统一体，乡一级政权当然就没有单独存在的必要，必须同公社合而为一。”② 自此全国各地开始撤乡建社，人民公社取代乡政权成为农村基层行政建制，我国乡村治理模式进入人民公社时期。

人民公社体制是一个全能主义治理结构，集经济、政治、文化和社会管理实务为一体，突出特点有三个：其一，“一大二公”；其二，“政社合一”；其三，党的一元化领导。人民公社应当实行统一领导、分级管理的制度，公社的管理机构由人民公社、生产大队、生产队的层级组织组合而成，以生产队为基础形成“公社—生产大队—生产队”三级治理组织体系。人民公社实行的是政社合一体制，人民公社集经济组织与基层政权组织于一身，管理着农村各项经济工作、社会工作；生产大队则作为公社的执行组织，进行管辖区域的经济核算工作，分片管理工、农、商、学、兵，由公社统一负责；生产队作为生产大队的基本组成单位，具体负责组织生产队的农民进行集体劳动和集体分配事宜，为社员提供集体政治活动和经济生活的基本政治平台。在机构设置方面，公社、生产大队、生产队的社员代表大会分别作为公社、生产大队、生产队的权力机关，公社、生产大队和生产队的管理委员也会分别作为公社、生产大队、生产队的管理机关。根据人民公社条例，由各级社员代表大会选举产生各管理委员会的成员，按照民主原则管理公社。

作为国家基层政权组织的人民公社推行“政社合一”模式，将政权与社会相结合，统一于党的领导之下，实现了党对乡村社会的直接控制，出现了乡村社会党政合一的趋势，确保党在乡村社会的绝对领导地位，强化党对乡村社会的经济、政治、文化的直接控制和全面渗透。③ 这个时期的乡村治理明显是服从于现代国家建设的需要，从一定意义上来说乡村治理体现的是一种国家治

---

① 祁勇，赵德兴．中国乡村治理模式研究［M］．山东人民出版社，2014：38.

② 孙伟宣．共和国风云四十年（1949～1989）［M］．中国政法大学出版社，1989：331.

③ 祁勇，赵德兴．中国乡村治理模式研究［M］山东人民出版社，2014：39－40.

理，国家主导着乡村社会的发展。而且由于新中国成立初期的特殊国情决定这个时期很难实现民主化、公共化的乡村治理，从国家现代化的战略选择来说，这个时期最重要的是把民众组织和动员起来，有效地从农村持续提取足够多的资源，这是历史的要求也是历史的选择。

（二）十一届三中全会到党的十八大前的“乡政村治”模式

20世纪80年代以来，中国已经建立了完整的国民经济体系，农村经济占国民经济的比重越来越小，国家越来越不依赖于从农村抽取资源来进行现代化建设。随着家庭承包经营为主的农村土地改革的实施，农民从国家性的地方政治经济共同体中迅速回归到家庭组织中，这个转变使得农民一夜之间又似乎回归到传统，国家政治也回归到乡村现实中。但是这个时期的传统文化权力网络已不复存在，国家的抽身也使得农民公共品供给、农民组织生产等方面出现了大量问题。十一届三中全会的胜利召开，标志着中国正式进入改革开放的时代，农村地区面临政治、经济的全面改革。原有的人民公社体制下基层组织运行无序，引发诸多政治、经济、社会问题。1982年《中华人民共和国宪法》，重新规定了基层行政体制。宪法规定：“乡、民族乡、镇是我国最基层的行政区域，设立人民代表大会和人民政府。按照居住地成立的居民委员会是农村基层群众自治组织。”[①] 1983年10月12日，中共中央、国务院下发了《关于政社分开、建立乡政府的通知》，进一步明确指出在建立乡政府的同时，设立村民委员会作为基层群众性自治组织。1985年5月，全国政社分开、建立乡政府的工作全部完成，1985年年底，全国建立村民委员会的工作也基本顺利完成。自此，“乡政村治”成为一种新的乡村治理模式。同时，1987年11月第六届全国人民代表大会常务委员会第23次会议又通过了《村民委员会组织法（试行）》，并于1988年6月1日开始试行，于是在全国农村基层普遍地建立了村民委员会。从而用“乡政村治”的新的政治模式代替了人民公社“公社、大队、生产队”三级管理的模式，“乡政村治”的治理架构最终确立。具体而言，“乡政”指的是乡一级政权（包括镇政权），是国家依法设在农村最基层一级的政权组织；“村治”指的是村民委员会，是农村基层的群众性自治组

① 中华人民共和国宪法（1982）http://www.chinalawedu.com/falvfagui/fg21752/10928.shtml?_t=1561160146.

织。乡镇政权和村民委员会的结合，形成了当前中国特色的农村基层的一种新的政治格局或政治模式，这种治理模式并不是由国家主导的，乡与村是一种指导与被指导的关系。在村民自治的实行初期，农民的热情较高，在整个20世纪80年代农村经济有了很大的发展，农民收入有了相当的提高，农民负担不重，乡村干部也为了获取民心而轻徭薄赋，无为而治，乡村治理状况较为平稳，农村社会一片祥和景象。国家以经济上的分田到户、政治上的村民自治等，力图给予农民充分的自主权，以激励农民的积极性、创造性，实现乡村的自主性发展。

"乡政村治"模式是中国基层政治运行过程中的典型治理模式，基层乡镇政府作为农村的基层政权组织，在组织设置方面与县级政府组织保持一致，乡镇政府的主要领导干部由同级人民代表大会选举产生；乡镇以下的村庄不再设一级政权组织，由村委会和村民小组作为基层群众自治组织实行村民自治，进行自我管理、自我教育、自我服务，乡镇政府对村委会的工作进行指导，而不是领导与被领导的关系。乡政村治作为一种新的乡村治理模式，在国家统一领导下，引导农民群众积极参与民主政治生活，有利于农村社会的稳定、民主的发展、国家政权的长治久安。20世纪90年代以来，随着乡村社会的发展，"乡政村治"这一模式在运行过程中面临不利局面。乡镇政府机构臃肿、人浮于事、效率低下，干部与群众之间关系紧张，群体性冲突事件屡见不鲜；村民自治沦为金钱竞选游戏，农民参与政治生活的热情不高、态度冷漠，村民参政议政能力不高。

跨入21世纪，中国乡村治理进入一个新的发展阶段，乡政村治治理体系下出现了协商民主的实践形式，基层管理者和民众探索出多种协商形式，如村民会议、居民会议、民主恳谈会、民主听证会、社区论坛等，它们之中有的来源于基层群众自治制度，有的则得益于基层治理主体和参与主体的创造。① 基层民众参与协商、共同讨论，积极参与到政治生活中，为乡政村治注入了活力。2004年，中共中央十六大报告明确指出："城乡二元结构"是我国长期存在的基本体制矛盾，不可能短期内彻底改变。但中国这个农业大国在近现代史的工业化征程上，开始出现了一个可能性的拐点。即：虽然通过工农业产品价格"剪刀差"和变相压低农产品价格的隐形提取农业剩余的方法仍然在延续，

① 祁勇，赵德兴．中国乡村治理模式研究［M］．山东人民出版社，2014：40－41.

但是长期以来需要通过收取农业税而采取的显性的提取农业剩余以支持工业发展的办法已经过时了。国家面临着治理转型的可能性，即国家有了足够的财政能力和经济发展实力去破除旧有的汲取型国家体制，以建立真正能够惠及全民的新型制度。国家治理转型是21世纪的中国政府即将面临的新挑战。

于是，以税费改革为肇端的新一轮国家惠农政策改革实践，正在努力开启一个“以工业反哺农业，以城市反哺乡村”的国家战略转型新时代：中央政府从2000年就开始在安徽省全面推行农村税费改革试点。农村税费改革试点的主要内容是：取消乡五项统筹和农村教育集资等专门面向农民的收费和集资；取消屠宰税和除烟叶特产税以外的农业特产税；取消统一规定的劳动积累工和义务工；改革村提留征收使用办法；调整农业税和农业特产税政策。简单而言，税费改革可以总结为“三个取消和一个调整”。2004年开始实行粮食直补等政策，农业税税率持续几年下降，2006年开始全面取消农业税。中央财政转而对县乡村地方财政给予转移支付以弥补其经费之不足，自此两千多年的农业税在中国宣告历史终结。农业税取消后，国家逐步加大对农村农业建设的投入力度。2005年10月，党的十六届五中全会通过《十一五规划纲要建议》，提出要按照“生产发展、生活宽裕、乡风文明、村容整洁、管理民主”的要求，扎实推进社会主义新农村建设。在新农村建设的指引下，大量的惠农资金、惠农政策、惠农项目不断涌向农村，如何使用资金、如何依托项目建设美丽乡村，成为乡村社会面临的首要任务。因为各种惠农资金、惠农政策项目等均是经过“县—乡镇”体制进入农村，村委会负责执行，所以发现和利用村民自治的价值，成为新农村建设的重要手段。在新农村建设的政策导引下，地方政府引导农村结合自身实际，激活了农民的主体性参与，探索出多层次、多样化的自治实现形式。虽然探索仅限少数地方，但这些有益的探索也获得了中央的认可。

（三）中共十八大以来的“三治合一”治理模式

中共十八大以来，随着中国的发展与现代化进程进入新时代，中国的基层乡村治理与自治亦开启了新的历史征程。2014年中央一号文件提出“探索村民自治有效实现形式”重要命题；2015年、2016年连续两年中央一号文件提出“在有实际需要的地方，扩大以村民小组为基本单元的村民自治试点”。在中央文件的引导下，各地农村结合实际开始探索村民自治的有效实现形式。从“新农村建设”到“村民自治有效实现形式探索”，村民自治始终是乡村治理体系的核心体现。在深化自治的过程中，乡村治理回归自治本位，强调自治的有效实现，注重条件与形式。从全国范围来看，深化自治的创新探索也仅限于部分地区，大多数农村仍然“存在社会失序、村治变形、公共产品供给不足、基层干部与民争利等突出问题，农村基层党组织功能弱化，农民群众的自治权利得不到保障，乡村治理体系的现代化水平不高”。[①] 党的十八大报告明确提出，“要健全基层党组织领导的充满活力的基层群众自治机制”。党的十八届三中全会基于完善和发展中国特色社会主义制度、推进国家治理体系和治理能力现代化的全面深化改革总目标的时代要求，强调要创新社会治理体制，改进社会治理方式，实现政府治理和社会自我调节、居民自治良性互动。十八届四中全会从建设中国特色社会主义法治体系，建设社会主义法治国家的全面依法治国总目标的战略考量出发，把推进法治社会建设摆上重大战略议程，对推进多层次多领域依法治理、推进基层治理法治化提出了具体要求。党的十八届五中全会通过的《关于制定国民经济和社会发展第十三个五年规划的建议》，强调要加快建设法治社会，推进社会治理精细化，构建全民共建共享的社会治理格局，实现政府治理和社会调节、居民自治良性互动。十二届全国人大二次会议审议通过的国家发展第十三个五年规划纲要，则提出了全面推进法治社会建设的战略性任务。

党的十九大在深刻总结中华人民共和国成立以来乡村治理与自治实践经验的基础上，面向新时代中国国家治理与法治现代化的宏伟愿景，基于实施乡村振兴战略的现实与长远的考量，强调要“加强农村基层基础工作，健全自治、法治、德治相结合的乡村治理体系”。2019 年《中共中央 国务院关于建立健全城乡融合发展体制机制和政策体系的意见》再次提出建立健全党组织领导的自治、法治、德治相结合的乡村治理体系，发挥群众参与治理主体作用，增强乡村治理能力的要求。

二、新中国建立以来农村社会治理演变的逻辑

（一）治理模式从高度集权向分权转变

在改革开放之前，将人民公社体制作为最主要的治理模式，在这种传统的

① 朱新山．中国乡村治理体系现代化研究［J］．毛泽东邓小平理论研究，2018（4）：16－23.

治理模式下，各级党委或党支部是当时唯一的权力机构。这种传统的一元治理模式，存在高度集权等方面的弊端，大大阻碍了乡村治理能力现代化的自主性、创造性地提高。十一届三中全会召开之后，改革开放开始大范围在全国内推行，人民的思想在此基础上也有了质的飞跃，全国范围内开始将家庭联产承包责任制放在重点抓的地位，生产大队不见了踪影，对于一些政社合为一体的人民公社存在的缺陷，人们开始自我检讨，提出“政社分开”的理念。而且，在农村的家庭联产承包责任制执行的过程中，之前人民公社体制早已被这个社会所淘汰。1980 年，四川省广汉县向阳人民公社成立了广汉县向阳人民政府，成为全国范围内首个取下“人民公社”牌子的地方。它标志着以村民自治为主的基层政治体制，开始取代已有 20 多年历史的“政社合一”体制，乡村政权的重建也由此拉开序幕。此外，1983 年，国务院指出：“现阶段农村要想打破从前的政社合一体制，首先就要让政社真正分离开来，成立乡政府，并且要求各地形成规模开始进行这方面的改革。”[①] 之后，人民公社体制逐渐退出历史舞台。随后，“乡政村治”开始被最终确定为新的乡村治理模式。党和政府开始了大规模的分权措施，权力开始逐渐向地方、企业、社会分化，不再集中于一处，实现从传统的高度集权治理模式到现代化的分权治理模式的转变。党和政府作决断更加的民主化、合理化，乡村治理能力现代化的自主性、创造性得到明显的提升。

（二）从单一管制主体转向多元化治理转变

改革开放前期，乡村治理主体的单一化，是乡村治理能力方面的一个主要的表现特征，主要体现为“党的单一化领导”治理下的政府专权和管制现象。随着治理的深入，国家还是需要将基层行政力量作为巩固与农民间关系的主要方式，以达到其调动基层政府和农民积极性的目的。因此，在治理过程中开始出现一些失衡的现象。在乡村治理过程中，乡镇政府与农村之间变成上下级关系，作为国家权力的基层机关，如果乡镇政府不再对村委会加以领导，乡镇的很多工作只能搁置下来。所以村委会的工作职责、目标和工资都取决于乡镇政府，而且村一级的经济也由乡镇统一负责。可是在实际情况中，很多村委委员不情愿被乡镇府领导，尤其是乡镇政府在管理乡村时所引发的很多问题，在一

① 《中共中央 国务院关于实行政社分开建立乡政府的通知》，https：//baike. baidu. com/.

定程度上使乡、村两级的关系更加紧张。为了让这些问题得以有效处理，国家有了更多举措。随后，以党政分开作为突破口的政治经济体制改革开始改变这种传统的单一制管制主体的现状。政府与党慢慢分离开来，同时，随着社会的进一步发展，政府开始成为相对独立的乡村治理主体，参与到乡村治理过程中。但这时还是以政府管制为主，即政府通过运用公共权力，在乡村治理过程中对其中的公民和组织进行行为方面的调控与限制。20 世纪 80 年代，企业也开始在乡村治理的过程中扮演一定的角色，发挥着一定的作用。90 年代，各类民间组织开始在政府的许可之下陆续出现，并与工会、青年团、妇联等原有的团体组织一起加入乡村公共管理的过程中来，并在其中发挥着愈来愈重要的作用。此后，乡村治理从之前的只有政府作为单一权威的管制主体，逐渐形成由各级党组织、各级政府、各类企事业单位和各种民间组织、团体、机构和个人充分自主性，共同参与到治理过程中的现代化的多元的治理主体。从此，乡村治理主体间更加互动化、合作化，我国的乡村治理的能力现代化也进入一个新的阶段。

（三）由传统的治理方式转向现代化的治理方式

十一届三中全会召开之后，乡村民众自发地创造出来的家庭联产承包责任制，中国改革开放的序幕由此拉开。家庭联产承包责任制的实行，体现了乡村民众伟大的创造精神，它不仅极大地解放了乡村民众，促进了农业生产的发展，而且为乡村民众在其他领域的创新提供了重要的条件。同时加速了村民经营商品化和乡村市场发育的进程，促进了村民由单一的种植业向多样化发展，其商品化程度也不断提高，进而推动农村市场经济的发展，我国乡村经济得以快速发展。随着乡村经济的高速发展，乡村社会组织、乡村文化、生活方式以及村民整体素质等方面都开始了全面发展的变迁过程，乡村治理方式也开始发生重大的转变。主要表现为：国家的乡村治理方式也与时俱进，呈现出多样化的特点，由过去单一的治理方式，转变为多手段的综合治理；村民的传统的守旧价值观念转变成新型的现代化商品意识和市场观念。国家乡村治理方式一改传统的方式，也开始与现代科学技术相联系，利用网络信息等大数据以及自媒体的新颖方式来公布乡村治理信息，带动民众的参与，积极提高乡村的治理水平。同时，乡村治理方式的价值理念也有了更新，公平正义、以人为本成为治理过程中的主要理念；乡村政治方面更加民主。国家的乡村治理的实现目标由社会管理向社会治理转变，其中乡镇政府的作用由全能向有限转变，由管制向服务转变，由权力向责任转变，乡村的治理方式逐渐民主化、系统化、良性化，推动治理过程中的协调化、统筹化，乡村治理能力现代化的步伐也因此逐渐加快。

（四）由传统的人治转向现代化的依法治理

我国历来以“人治”传统著称，是一个在政治文化传统中缺乏法治内容的国家，数千年来，“人治”一直处于比较重要的地位，特别是在传统的乡村治理中，“人治”贯穿于治理过程中的方方面面。从“人治”走向“法治”，也是国家历经十年“文化大革命”之后，总结出的惨痛教训。在改革开放之后，国家对于法治开始日益重视，一改之前传统的“人治”。党和政府逐渐增强“法制”与“依法治国”的意识，并加以巩固与加强。党的十一届三中全会曾指出，“必须加强社会主义法制”。从此之后，“法制”与“依法治国”理论逐渐丰富。同时，随着社会的进一步发展，“法治”与“以法治国”的新理论开始出现，并受到众多学者的研究与支持。1979 年，《中央关于坚决保证刑法、刑事诉讼法切实实施的指示》予以发布，其中第一次运用了“法治”的理念。党的十五大报告中第一次明确地提出“建设社会主义法治国家”的目标，并紧接着，又将这一目标书写进国家的《宪法》中。至此，“法治”开始成为国家政治发展的长远目标。之后，党的十六大召开，国家在前期的基础上，将“法治”的目标进一步具体化，提出“加强法治政府建设”的目标。总体而言，随着改革开放的逐渐深入，国家的社会主义法律体系也逐渐建立，并日益走向成熟。乡村治理能力由传统的“人治”转向现代化的依法治理，国家在公共政策制定与执行的过程中更加透明化、法治化，乡村治理能力现代化也进一步的提升。

（五）由传统的管制政府职能转向现代化的服务政府职能

政府管理既可以称作一种管制，又可以说是一种服务。早期，作为权力中心的政府，主要集中于管制职能的发挥，对国家的社会、经济、政治、文化等多种方面加以管理，从而推动国家的持续发展。由此可见，作为乡村治理的主要主体之一的乡镇政府，早期在管理乡村各方面事务的过程中，在推动乡村治理能力现代化的进程中，也是以管制职能的发挥为主要的治理手段。改革开放以来，国家进一步加强对政府管理体制的改革，政府职能发生较大的转变，即管制职能逐渐转变为服务职能。1998 年，在《国务院机构改革方案》中，第一次将“公共服务”界定为国家的基本职能。随后，2005 年，在《政府工作报告》中，又明确把“建设服务型政府”确定成政府的目标，并且在此基础上又进一步提出相关的措施。此外，党的十六大和十七大之后，国家政府又更深层次地明确了服务型政府的基本内容，并建立了相关的公共政策体系。随后，在党的十六届六中全会中，又在服务型政府的建设方面，进行了较为系统、全面的论述。至此，政府职能由传统的管制职能转变为现代的服务职能。在此背景下，乡镇政府在推进乡村治理能力现代化的过程中，职能发生转变，开始对自身的职能有了更为清楚的认知与定位，明确哪些是必须由自己负责的，哪些是可以交给乡村社会力量来完成的，形成了乡村社会组织与政府共治的新治理结构。乡镇政府在治理过程中更加体现人民当家作主的主体地位，政策决断时更加民主化、合理化，乡村治理能力现代化的进程得以进一步的推动。

三、新中国建立以来乡村社会治理的实践经验

（一）利用政治体制优势，自上而下由政府推动

纵观中国乡村治理变迁历程，国家作用的发挥对中国乡村治理实践进路有着至关重要的影响。新中国成立以后，农村实行了“三级所有、队为基础”的人民公社权力体系，国家通过各种手段占据了大部分社会领域。随着合作化、集体化运动，国家与乡村社会的关系发生了巨大变化，国家在制度上进一步巩固了对乡村社会的强力整合与控制。这一时期村庄的组织基本上是由国家“嵌入”的，农民直接处于国家政权的严密控制之中，这种控制表现出较强的政治“全能主义”倾向，这一政治全能主义使乡村的社会生活军事化、经济生活行政化、精神生活一统化，国家的政权建设达到了前所未有的程度。可以说，人民公社制度完成了政治的一体化，将中国乡村社会的广大民众纳入无所不包的政治体系之中，国家增强了对农民的动员和控制能力。20 世纪 80 年代以来，中国已经建立了完整的国民经济体系，农村经济占国民经济的比重越来越小，国家越来越不依赖于从农村抽取资源来进行现代化建设。随着以家庭承包经营为主的农村土地改革的实施，农民从国家性的地方政治经济共同体中迅

速回归到家庭组织中，这个转变使农民一夜之间又似乎回归到传统，国家政治也回归到乡村现实中。改革开放以来中国乡村治理改革实践进程中的国家作用主要表现为国家高位推动。这一国家作用的发挥主要源于中国特色的政治体制优势，这一优势集中体现在国家对社会的整合作用，在尊重民意的基础上可以形成推动政策举措落地的强大动力。中国乡村治理诸多改革实践探索，正是通过国家高位推动，在较短时间内得以精准实施，有效规避了“社会撕裂”，进而最大限度地维护了农民群众的根本利益。当然，国家高位推动作用的发挥有其前置条件，即政策科学，任何一项涉及民生的重大决策必须要保障其科学性和规范性，如此才可以保证政策惠民，而保障政策科学性就要畅通民意上升渠道。改革开放以来，中国乡村治理改革重大举措主要是底层民意上升到国家意志的结果，最大限度地保证了决策的科学性。

（二）坚持农民群众主体地位，尊重农民群众首创精神

农民是农村改革发展的主体。新中国成立后，不仅国家的经济基础特别薄弱，而且面临严峻的国际形势，内忧外患使国家需要加快发展。而发展首先需要把农民组织起来，集中资源以服务于国家建设大局。1953 年 11 月，国家决定实行粮食统购统销，政务院第 194 次政务会通过了《关于实行粮食的计划收购和计划供应的命令》，把分散的小农经济纳入国家计划轨道，以促农民走上互助合作的社会主义道路。农业的合作化摘掉了农民几千年的小农帽子，使农村成为一个团体社会。实现了国家与小农社会的对接，这样不仅使农村资源得以最大限度的使用，而且使国家权力更为快速地进入乡村社会，政治、经济与社会并很快结为一体，这个时期的“政社合一”的治理模式成为必要选择。十一届三中全会召开后，我国农村经济体制改革率先起步，推动农村政治体制改革发生巨大变化，国家治理方式的变革使农民的生产积极性被调动起来。改革开放以来的中国乡村治理改革创新进程，无不是以广大农民群众的需求为基本导向，始终坚持倾听吸纳民意，坚持农民主体地位，尊重基层群众创新，建构了国家与农民的双向良性互动格局。中国乡村治理改革创新始终是为了维护好、发展好农民群众的根本利益。改革开放以来，中国乡村治理改革的一系列创举，凝聚着农民群众的智慧，蕴含着国家力量。时至今日，坚持农民主体地位、发挥农民主体作用、尊重农民首创精神是中国乡村治理改革创新坚守的基本原则。

（三）遵循渐进性改革路线，服务于现代国家整体的目标

基层治理体系自身的完善，有效地维系着基层社会的基本秩序，保证了国家的稳定与发展。乡村治理是国家治理的一部分，并一直服务于现代国家建设的目标，由此各个时期的治理模式都有其合理的位置。1949 年后国家以农村来支撑工业化为主导的现代国民经济体系，而改革开放后的发展也得益于农村前面三十多年的积累与贡献。改革开放后，国家就逐渐放松对农村资源的提取，并逐渐尝试探寻农村走向现代化的路径。因为农村无论在人口还是土地面积上都占据了主导，而没有农村的发展中国的现代化也很难完全实现，如何实现农村的快速发展就成为新时代的任务。面对农村出现的各种问题，国家不断尝试用现代化的治理技术去解决，希望引导农村走出传统，走到现代国家发展轨道上。尤其是在村民自治、一事一议等民主发展进路趋于失效时，国家开始主动去支持农村发展。于是 2006 年取消了引发各种治理危机的农业税并实行粮食直补，使乡村社会又再次恢复平静，同时它标志着我国的现代化建设进入了工业反哺农业、城市支持农村的新阶段。中国乡村治理在改革、发展与稳定三角平衡关系中前进。改革是为了实现更好发展，发展有利于维护农村社会稳定，农村社会稳定是推动农村改革与发展的基础，也是维护农民权益的根本保障。改革开放以来的中国乡村治理改革实践始终坚持试点先行，循序渐进，不搞突击改革和运动式改革，最大限度地确保改革成效，维护农村社会稳定，推动农村发展，在改革、稳定与发展三角平衡格局中构筑了有效的风险控制机制，真正维护了农民群众的根本利益。

第二节

中国乡村治理的现状与困境

乡村治理是社会治理的基础和关键，是国家治理体系和治理能力现代化的重要组成部分。1949 年以来 70 年的乡村治理，在治理目标、治理主体、治理客体、治理方式等方面不断探索，逐渐构成完整的体系，取得很大成绩。但随着国家乡村改革的推进，乡村社会结构发生了很大的变化，同时也给乡村治理带来了治理消极、治理资源匮乏等难题。中国城乡融合发展也还面临城镇吸引力引致乡村“空心化”、城市化与农民工市民化脱节以及自发

秩序总体表现不足等问题，需要打造适应城乡融合发展时代背景的社会治理体系。

一、乡村治理能力不断提高

（一）乡村治理制度不断完善

制度化治理是相对于以人的权威为基础的管理而言的，乡村制度化管理是在乡村经济社会发展的过程中，通过设计和制定适合乡村发展的制度规范约束治理主体的行为，以达到使乡村社会治理行为的规范、合法、客观的目的的活动，促使乡村社会的开放、稳定和有序发展。中国传统乡村社会，人们之间的人际关系相对简单和纯粹。人们的交往空间也受到极大的限制，整个乡村社会处于较为封闭的环境。这就造成了中国农民的“熟人社会”。“熟人社会”注定了个人权威以及各种习俗、惯例等非正式制度形式在社会管理中居于主导地位，以正式制度形式为权威的制度化治理方式便无从谈起了。随着国家社会经济的发展，我国进入工业化发展的中期，根据世界经济发展史的经验，工业开始反哺农业。2006 年起，我国取消了存在两千多年的农业税，同时增加各项各种补贴。国家不再从农村汲取资源，这就为乡村治理带来新的契机。从农村治理制度的再次安排看，基本上是“县政、乡派、村治”的治理结构。县政是指县成为国家在农村的基层政权，独立承担法律责任，直接对本县政务和人民负责；县以下的乡成为县的派出机构，接受县政府的委派，专事县政府委托的任务；村民委员会只是协助政府的工作，其主要任务是搞好村民自治，从而使村委会真正成为群众自治组织。农村社会市场化的步伐加快，乡村社会的自主性加大。农业税的取消，不仅增加了农民的收入，而且深刻地改变着农民的思想观念和合作自主能力。农民的生产积极性得到了极大的提高，村委和村民小组的自治功能开始逐步提高。这样就形成了三级治理力量：一是政府，通过各种制度和政策引导农民的生产和生活，从宏观上调控乡村社会和经济；二是村委、村民小组，发挥集体的优势；三是个人，按照市场化原则安排生产和生活。“制度变迁的成本与收益之比对于促进或推迟制度变迁起着关键作用，只有在预期收益大于成本的情况下，行为主体才会去推动直至最终实现制度的变迁。”① “县政、乡派、村治”治理结构安排的最大优点就是做到了国家制度的安排与社会制度安排的均衡。我国地域辽阔，自古有“三里不同乡，五里不同俗”的说法，国家的正式制度安排必须与地方的习惯、传统、文化等非正式制度相协调才能真正发挥作用。只有国家安排的正式制度与社会安排的非正式制度之间形成良性互动，才会形成治理和善治。正式制度与非正式制度的和谐共存共处意味着村民们将在自身风俗民情的基础上自觉遵守国家意志，意味着国家意志将被自然地悄悄融入村民们的日常生活和行为中，并以其所体现的价值和所要求的制度模式改变他们的行为和观念，从而使正式制度的实施成本降低到最低点以实现其绩效的最大化。② 历史上，我国农村治理制度都是在国家主导下完成的，国家是制度的主要供给者。而“国家的存在是经济增长的关键，然而国家又是认为经济衰退的根源。”③ 这一悖论，要求治理必然是国家、社会、公民共同去发挥作用。另外，不论是国家的制度安排还是社会本身的力量，在制度和体制安排完善的情况下，都会对农民的利益进行维护而改进乡村社会的治理。制度化建设是乡村治理由自我探索到有效纳入国家治理体系的必然过程。乡村治理制度化建设是保障乡村治理稳定性，降低乡村治理成本，有效防范乡村治理风险的内在要求，也是完善乡村治理体系，提升乡村治理能力的客观需要。伴随着乡村治理自我探索的进一步深化，国家主导下的乡村治理制度化建设也同步展开，以此规避乡村治理碎片化问题和防范乡村治理实践的异化风险，进而增强内生性制度的权威性，提高制度效率，避免制度“失灵”。

（二）治理结构科学化水平不断提高

乡村治理结构是指治理主体对乡村关系调处、乡村权力运作的一种模式，这种模式或者说这种治理格局在一定时期内具有稳定性，治理结构中较为核心

---

① ［美］道格拉斯·C. 诺思．经济史中的结构与变迁（译者的话）［M］．陈郁，罗华平，译．上海：上海三联书店，上海人民出版社，1991：7.

② 王培刚．新农村发展模式新探：政府主导型发展迈向制度和谐型发展［J］．调研世界，2007，(11).

③ ［美］道格拉斯·C. 诺思．经济史中的结构与变迁（译者的话）［M］．陈郁，罗华平，译．上海：上海三联书店，上海人民出版社，1991：20.

的是主体对乡村社会资源的配置，配置方式在一定程度上决定了乡村治理的成效。随着人民公社的解体，在我国农村社会，已形成乡政村治的基层治理格局。乡镇政府由原来的三级所有体制时期农村行政结构中的最上级，变为政府权力延伸到乡村社会的最后一段。从我国的制度安排来看，乡镇人大是基层国家权力机关，乡镇政府则是基层的行政机关，乡镇政府产生于乡镇人大，并对乡镇人大负责并报告工作。也就是说，乡镇政府的权力来源除了上级政府的授权以外，主要来源于乡镇人大。而乡镇党委，是党设在乡镇的农村组织，是乡镇各种组织的领导核心，即乡镇人大和乡镇政府在乡镇党委的领导下工作。村党支部领导村委会、村集体经济组织和共青团、妇代会、民兵等群众组织，支持和保证这些组织依照国家法律法规及各自章程充分行使职权。村委会是村民自治的载体，是村民自我管理、自我教育、自我服务的基层群众性自治组织，实行民主选举、民主决策、民主管理、民主监督。在乡政村治的治理机制中，乡镇组织是国家权力在农村的基础和末梢，村级组织是农村社区自治的组织平台，通过乡镇党政组织为载体的乡政权力运行把国家权力与农村社区自治权力连接在一起。乡镇权力体系主要由乡镇党委、乡镇人民代表大会和乡镇人民政府等三驾马车构成。农村基层的权力结构及其运行机制的大量个案研究表明，乡政权力是一个以乡政党委为核心，以乡镇党委书记为当家人，党政高度一体化和政治、经济、行政与社会权力高度集中的“金字塔”式的权力结构。处于乡政权力“金字塔”顶端的是乡镇党委书记；第二梯级的是党委副书记，党委副书记通常兼任行政一把手；第三梯级的是党委委员以及行政副职；第四梯级是各站、所、办的负责人，处于权力结构边缘的是乡镇人大主席团、妇联、团委等机构的负责人。而在农村社区中，村委会是农民民主选举、民主决策、民主管理、民主监督的制度保障，党在农村中的组织——村党支部则要支持和保障村民依法开展自治实践。进入后税费时代以后，国家采取了放权、让利的方式，确实调动了各级公共权力机构的积极性，乡村治理结构也发生了新的变化。农村基层党组织的发挥领导核心作用，为建设社会主义新农村提供坚强的政治和组织保障，不断健全村党组织领导的充满活力的村民自治机制，让农民群众真正享有知情权、参与权、管理权、监督权，要培育农村新型社会化服务组织，鼓励、引导和支持农村发展各种新型的社会化服务组织，为农民发展生产经营和维护合法权益提供有效服务。

（三）治理机制不断健全

党的十九大报告中提出乡村振兴战略，并提出“产业兴旺、生态宜居、乡风文明、治理有效、生活富裕”的总体要求。2019年中央一号文件提出，要完善乡村治理机制，保持农村社会和谐稳定，增强乡村治理能力。我们国家的制度创新，从来就是国家层面的顶层设计，和基层干部制度创新的有机结合。健全自治、法治、德治相结合的乡村治理体系是中央根据我国农村社会治理的基本制度安排和特点做出的重大决策部署，自治、法治、德治相结合是一个整体，尽管其着力点和作用不同，但并非各自为政，而是相辅相成、互为补充，共同服务于强化乡村治理的总目标。自治为基，在基层社会治理中具有基础性作用，有利于解决社会治理的主体和组织形式等问题，鼓励把群众能够自己办的事交给群众，把社会组织能办的事交给社会组织，把市场能做的事交给市场，打造人人有责、人人尽责的基层社会治理共同体。法治为本，在基层社会治理中具有保障作用，法治是治国理政的基本方式，基层是依法治国的根基，法治社会最终落脚也在基层。加强法治建设有利于解决社会治理的法律依据和法治手段问题，更好地运用法治思维和法治方式谋划思路、构筑底线、定分止争，营造办事依法、遇事找法、解决问题用法、化解矛盾靠法的良好氛围，让法治成为人民群众“身边的法治”“家常的法治”“管用的法治”，全面提升治理水平。德治为先，在基层社会治理中具有先导作用，有利于解决既治心又治本的问题，强化道德教化，以道德充实和滋养农民群众的心灵，厚植基层社会治理的道德底蕴，最大限度地减少矛盾纠纷的产生，增加乡村社会的和谐因素。自治为法治和德治建设奠定组织基础，法治为自治和德治建设构建制度保障，德治为自治和法治建设提供价值支撑。健全自治、法治、德治相结合的乡村治理体系，要在加强自治、法治和德治的同时，在“结合”上做文章，构建三者相互支撑、融合互动的治理体系。

二、存在的问题和不足

（一）基层党组织堡垒作用发挥不够，农村权力结构复杂化

农村党组织是最基层的党组织，在党的整个组织建设中处于最基础的地位。农村党组织在长期的建设发展中取得了显著成绩，但随着农村社会不断发

展变化，农村党组织建设也遇到了一些新情况、新问题。农村党员队伍总体年龄偏大，年轻的优秀党员发展不足，造成农村党组织的后备力量空虚，党员年龄结构出现了青黄不接的现象；村党组织在发展公益事业、提供服务等方面没有财力支撑，在依法管理村务方面缺乏管控能力；有些村党组织成员缺少应有的领导水平和能力，缺乏带领群众发展经济的知识和本领。目前，我国农村权力结构正处于一个复杂化的时期。中国共产党在农村的基层组织包括乡镇党委和农村党支部以及共青团、妇联、工会等党群组织系统。而乡镇人民政府又是农村基层的政权组织，村民委员会则是“准行政机关”。村民代表大会制度名义上是农村最高的权力机关和监督机关，但实际上还没有真正发挥作用。此外，民间还有以血缘、地缘关系为基础，自发产生和形成了大量的宗族组织和各种民间协会和组织，这种内发性的秩序维护机制仍具有强大的生命力。对于一个地域十分狭小又相对封闭的农村来说，像这样庞大的而又复杂的各种组织系统同时并存。乡村各权力主体对村级组织领导权和话语权的争夺，使村级组织成为村庄内权力互动的中心点。村民自治制度实质上就是农村权力领域的民主化制度创新，即打破村庄场域内原有的权力格局，导入一种自下而上的民主权利。而在权力格局打破和重塑的过程中，各权力主体在作用于共同对象——村庄公共事务时，因尚未形成各自独立的、合理的、规范的、成熟的权力运作途径，使权威基础和效用目标皆不同的多重权力在单一的渠道内输送，从而导致了不同利益主体和组织形态之间的冲突。

（二）人口流动加大，农村治理难度加大

当前，农村经济社会结构正在经历深刻转型。一是农民持续流动。一方面是大量人口向城镇迁移，村庄“空心化”、农民老龄化程度加剧。青壮年劳动力外出务工，出现家庭分离，村庄“空心化”“三留守”问题严重。另一方面，在工业较发达的区域，外来人口大量流入农村，也给居住地农村治理带来了严峻的挑战。由于外来务工人员绝大多数都没有取得当地户籍，导致其与本地户籍人口之间在就业、医疗、子女教育等公共服务权益方面存在显著差异。同时，在村庄公共事务参与、村居民自治等政治权利表达渠道和相关的制度保障方面也基本上被边缘化。二是农民出现分化。原来同质化的农民群体产生了明显的职业分化、收入分化、利益分化，带来农民意愿诉求多元化和行为方式多样化。处于不同阶层和群体的农民有着各自不同的利益诉求，也往往采取不

同的利益表达方式，给农村社会发展和乡村治理带来新的挑战。不同的农村由于资源的不平衡，分布的不统一，起点的不同，在经济总量、人均产值、产业结构、就业结构、居民的收进和消费水平、生活质量、治理水平和方式等方面表现出较强的区域差异，治理难度加大。

（三）社会组织发展相对滞后，村民公共参与有限

当前农村社会组织发展速度较快，但合法登记数量仍然偏少。目前农村社会组织是按非营利民间组织方式组建和运作，而现行的民间组织管理体制是一个非常复杂的分级、分口双重管理体制，导致许多农村社会组织登记难、注册难。尽管近年来宁波农村服务组织的数量保持了较快增长，但相当一部分农村社会组织自我生存与发展能力不强，筹资能力弱、渠道少，普遍面临经费匮乏的问题。调查发现，在农村社会组织中，政治类、经济类组织所占比例较大，而学术类、文艺类社会组织缺乏。社会治理效率的提高、治理效果的改善，通常需要公众的积极参与，发挥民众的智慧和力量。部分地区群众乡村治理参与度低。一些乡村社会治理中人民群众的参与率相对较低，这也导致乡村社会治理的实现难度不断增加。在一些自然村中，很多村民缺乏参与民主管理和民主生活的积极性，社会治理的责任往往由村民委员会内少数人承担。通过对实际状况的分析可以看出，人民群众在乡村社会治理上的参与率不足会导致乡村社会治理目标的达成难度增加，在无法群策群力的情况下，乡村社会治理也无法与乡村发展实际、社会变迁和发展态势保持同步。

（四）乡村内生发展乏力，社会认同不断削弱

在现代化、市场化的大背景下，乡村社会普遍面临着内生发展乏力的困境。随着现代城市的快速发展，乡村社会处于结构性的弱势地位。加之城市与乡村之间的差距拉大，驱动着乡村居民不断向城市迁移流动，从而进一步影响着乡村社会的自身发展。面对现代性的挑战，目前的乡村社会治理体制并不能有效地组织和动员乡村社会的内生发展资源，也难以动员其他可资利用的发展资源。乡村治理主要依靠乡镇政府和村基层组织接受国家的惠农政策和项目，而在培育乡村自身发展动力上，却显得力不从心，在组织和协调内生发展实践中，也未显示出足够的有效性。伴随着传统农业社会向现代工业社会的转型，那些根植并存活于乡土社会的生活观念和价值体系迅速瓦解。在市场经济大潮

的推动下，传统时代与集体化时期的价值观念与文化信仰被迅速地解构、新的颇具正能量的价值体系尚未被有效地建构起来，文化认同的缺失使当下的乡村处于某种不和谐的状态中。市场经济发展激发了农户个体发展经济、改善生活的积极性，同时瓦解了一些传统的经济和社会合作机制，强化了农民个体意识，弱化了农民对村庄生产生活共同体的意识。由于乡村社会的变迁与分化，农民外出从事不同职业，文化与价值观的多样化、乡村社会内出现阶层差异等，使乡村社会的共识基础在削弱，乡村在公共事务治理方面要达成共识或一致目标的难度加大。

第三节

城乡融合治理的路径选择与建议

党的十九大提出“建立健全城乡融合发展体制机制和政策体系”，将以往“城乡统筹”改成了“城乡融合”这一新的表述。从“统筹”到“融合”，这是对城乡定位、城乡关系、城乡发展的再认识和再部署，对城乡社会治理提出了新的更高要求。治理现代化提出以来，在顶层设计引领下，各地不断探索创新社会治理方式方法，城乡社会治理体系总体呈现智能化、立体化和网格化趋向，共建共治共享的社会治理格局基本形成。但总的来看，中国城乡融合发展也还面临城镇吸引力引致乡村“空心化”、城市化与农民工市民化脱节以及自发秩序总体表现不足等问题，需要打造适应城乡融合发展时代背景的社会治理体系。

一、强化顶层设计，推动城乡融合治理

农村治理是国家治理的“末梢神经”，然而，城乡规则的巨大差异使城市和农村社会治理差别较大，出现城乡分割的治理现象。城乡一体化战略目标的提出与实施使农民的传统思维方式和价值观念受到冲击与挑战，新型的村民人际关系得以塑造，农村社会结构发生了变化，必须引入新的治理结构，推进城乡治理一体化。进入新常态，新型工业化、信息化、城镇化、农业现代化持续推进，农村经济社会深刻变革，农村改革涉及的利益关系更加复杂、目标更加多元、影响因素更加多样、任务也更加艰巨。要重点突破城乡之间在福利制

度、用工制度、教育制度以及土地使用制度等方面的二元结构，扫清城乡之间的制度障碍，真正实现城市与乡村融合的社会治理体系新格局。

建议把治理布局融入发展规划，推动城乡社会治理体系整体性发展。将社会问题较多的“城中村”、城乡接合部村等纳入发展规划进行整体改造，彻底解决社会治理顽疾；对部分改造或暂时不改造的地方，推进治理要素聚集，尤其是引导群众参与到政策制定、监督、评估决策中，增强可治理性。治理方式融合，多元主体共同致力于城乡融合治理。注重村居委会、社会组织、市场主体、乡贤精英等的融合治理，拓展自治宽度和减少政府治理成本。转变思想观念，突破二元分治的观念束缚，对行政资源进行合理配置，对社会资源进行有效引导，推动一体化治理平台建设。融入大数据战略行动，构建城乡共享的社会治理大数据平台。以聚合共享为目标，加强数据资源的采集和应用。通过社会治理数据全采集、数据全联通和多网融合执法，建立覆盖城乡的数据系统，着力提升治理能力和水平。推动社会治理数据源的优势互补，形成开放竞争的发展格局。加大社会治理方面大数据人才的培养和引入力度，加大政府对社会治理大数据的领导，制定数据“准入”和“交易”规则，建构大数据为主的多维合一治理机制。通过网格化“微服务”、信息化“微平台”、社会化“微治理”、多元化“微调解”，弥补城乡社会治理的时空短板。①

二、强化党组织的政治引领功能，创新治理组织体系

中共中央印发的文件明确提出，村党组织书记应当通过法定程序担任村民委员会主任。要积极推进、实现村党组织书记、村民委员会主任“一肩挑”的覆盖。选好配强党支部书记，通过派驻第一书记、驻村工作队和壮大集体经济等措施，强化村党支部的战斗堡垒作用。同时不断强化党内监督，完善相关党内监督体制机制，避免实行一肩挑后出现“家长制”“一言堂”等现象。建立严格的岗位目标管理责任制，健全“一肩挑”村书记（主任）述职和报告工作制度，加大由镇党委、政府考核奖惩的力度。进一步规范和完善民主决策、民主管理制度，凡是事关村民切身利益的重大事项，必须经村“两委”

① 丁胜．城乡融合背景下社会治理体系建设的新时代意蕴．http：//www. cssn. cn/dq/gz/201902/t20190225_4835953. shtml.

班子联席会议共同议定，并经党员议事会、村民代表议事会讨论通过后执行，防止个人说了算。通过顶层设计加强村务监督委员会的作用，全面推行村务、财务公开制度，使村“两委”的工作真正置于广大党员和群众的监督之下。

城乡融合发展社会治理组织体系上的创新，首先，要注重中央政府、地方政府、民众、企业等社会主体的多元参与，结合市场手段、法律手段等多种手段向全能型政府迈进；其次，中央政府应起到宏观统筹作用，指导新时代城乡融合的发展方向，给出正确的价值观，建立健全相关法律法规；最后，地方政府作为实施主体应因地制宜，充分发挥主观能动性，灵活解决当地的问题，体现因地制宜、灵活发展的重要性。政府还应该利用市场力量，鼓励企业等社会主体参与新时代城乡融合发展社会治理的进程。正确处理好依法治理、基层自治、市民村民德治与社会共治的关系，综合运用法律规范、道德约束、舆论引导等多种方式和手段，加强和完善以党组织为核心、农村村民自治为基础、村民广泛参与、各类社会组织互动合作等多元主体协同参与的城乡社会治理组织结构体系，充分发挥社会舆论的监督作用（监督）。随着经济的发展，包括新闻舆论监督在内的群众民主监督，是扩大群众有序政治参与的手段，也是依法治国基本方略的必然要求，更是构建城乡融合发展社会治理生态的主要保障。

三、因地制宜分类指导，强化社区参与及服务功能

乡村社会自古以自治、德治、法制、宗治、人治等为治理模式，几千年形成特有的乡村民主治理的多样性。任何一个村庄都不可能简单使用某一种治理方式实现有效治理，而应该是多种治理方式的结合。创新农村治理必须树立系统性思维，做好整体谋划和顶层设计。各地在探索农村治理过程中积累了宝贵的基层经验，这些来自基层的鲜活经验经过总结、归纳，已成为推进乡村有效治理的“利器”，并不断在制度架构和运行模式上走向完善。顶层设计是把地方各种各样的探索创新，总结、上升、提炼到更加普遍性的一个手段或者载体。建议重点规划，统筹实施“163”乡村发展计划。“1”是10%的城郊农村，支持农民抱团进城，用“农地转非减半”政策即可。即：农民的村庄整体进城，实施“土地农转非减半”政策；即政府无偿取得一半（无须征地补偿）土地搞公共事业，另一半土地留给农民村社集体（村社集体成为城市的土地供应商、开发商）；“6”是60%“空心村”，建中大型集体农场，培育新

型农业经营主体经营现代农业，“空心村”原有的建设用地向（中心村镇）特色小镇和田园综合体“漂移”（所有者不变）；“3”是30%中心村，是人口产业集聚区，是发展田园综合体、特色小镇、养老、休闲的地方。

社区参与是社会力量介入城乡融合发展社会治理的基础，在现代社会治理中，社区参与作为主要的治理手段，我国也不例外。早在《中国农村扶贫开发纲要（2001～2010年）》中就强调，在实施整村推进扶贫时，要进行参与式的村级扶贫规划。而自党的十八大以来精准扶贫过程中，更是强调精准识别贫困户需要村民参与，各级干部要实地走访贫困户，听取贫困户的意见。不过也应看到，在当前城乡融合发展过程中，许多地区特别是贫困地区，农村社区呈现出“空心化”和无组织化的特征，社区参与困难重重，所以更应广泛推动社区的参与。组建以城乡区域化党委为核心的新型社区，实行“组织共建、资源共享、干部共管、事务共商、难题共解、发展共促”，[①] 从而实现城乡区域内共同体的协同治理与发展。通过引导城乡区域内共同体抱团合作，统筹整合城乡区域资源实行难题共解互帮互助；通过搭建城乡区域化公共服务平台，让群众在家门口就能享受到便捷完善的服务；通过城乡区域内共同体整顿转化，促进基层干部和基层组织自治能力的提高，实现城乡社会的协同治理。

四、培育和发挥社会组织作用，加强社会治理人才培养

目前，农村社会组织呈现多样化发展，但在数量上偏少，在规模上偏小，且发展不均衡，还存在着社会组织缺乏主体的“空转”现象，社会组织活力不足难题，导致社会组织作用未能充分发挥。建议加大政策支持，降低准入门槛，完善社会组织直接登记制度，优化发展环境，培育社会组织生长土壤。探索建立农村社会组织发展基金会或发展专项基金，引导慈善资金、社会捐赠资金等有效流入公益性社会组织；同时，通过减免税收，扩大税收优惠的种类和范围，鼓励企业、个人对公益性社会组织捐赠。此外，根据地方财政收入水平，有计划地划拨专项资金，支持农村社会组织发展运营。激发内生活力，提升社会组织服务效能。重点发展以下四种类型农村经济和社会组织：一是经济

① 雷明．新型城镇化、城乡融合发展与治理体系优化，http：//www.rmlt.com.cn/2018/0930/529461.shtml.

型组织，即与农村经济活动有关或直接为农村经济提供服务和支持的组织；二是民办非企业组织，如民办学校、幼儿园、敬老院和医院等，鼓励农村社会组织通过提供多样化、多层次的公共服务；三是自治型社会组织，主要指实行“自我管理、自我教育、自我服务”的基层群众性自治组织；四是传统型社会组织，主要是指包括基于血缘亲缘的组织、基于邻里关系的组织、以互助为目的组织、生活娱乐类组织等。推动城市社会组织下沉，通过政府购买社会组织服务等方式，为“三农”服务。

党在探索国家治理现代化的实践中，提出选派“第一书记”驻村制度，尝试通过借助资源注入等外部力量实现对广大经济文化落后乡村社会的有效整合与治理，进而形成了“第一书记”嵌入式的乡村社会治理方式。要明确“第一书记”嵌入式治理的主体职责、建立健全“第一书记”嵌入式治理体制机制、推动“第一书记”嵌入式治理信息化进程，优化“第一书记”嵌入式治理路径。城乡融合发展社会治理需要一批专门人才，社会工作人才队伍就是其中的主力。社会工作以专业化方式提供社会服务，在服务弱势人群、预防和化解社会矛盾、协调家庭和社会关系等方面发挥着独特的作用。加快建立和完善与新型城镇化下城乡融合发展需要相适应的社会工作人才培养、使用、评价、激励保障的制度体系，以人才培养和岗位开发为基础，以中高级社会工作人才为重点，培养造就一支职业化、专业化的人才队伍。志愿者队伍也是重要的依靠力量，是政府履行社会管理职责的有益补充。各级政府应加紧建立健全社会服务志愿者法规、政策、制度体系，加快志愿服务平台建设，畅通志愿者参与社会服务的渠道，营造人人愿为、人人能为、时时可为的社会服务志愿者发展环境。积极推动建立专业社会工作者与志愿者联动机制，构建社会工作者引领志愿者、志愿者协助社会工作者的服务格局。①

五、激活内生动力，优化社会治理机制

在实施振兴乡村战略的大背景下，激活乡村内生动力，就是要给农民全面的平等权利。特别是组织起来的权利，集体所有制和其他所有制的平等权利，

① 雷明．新型城镇化、城乡融合发展与治理体系优化．http：//www. rmlt. com. cn/2018/0930/529461. shtml.

集体经济、合作经济与其他经济的平等权利，农民合作金融与其他金融的平等权利、农民财产权和其他财产权的平等权利。激活农村闲置资源，实现农村资源利用最大化。加强对农村集体的资金、资产、资源管理，积极推进农村集体产权制度改革，摸清农村资源闲置情况，规范村级管理行为。以农村闲置的庭院、房屋、土地、宅基地、校园校舍等资源为依托，根据城市居民休闲娱乐、旅游度假、养生养老等需求，发展旅游体验导向型共享经济，就地解决农村"空心化"问题，构建城乡资源的双向流动格局，建立新型的主客关系和城乡关系。适度流转林地、耕地等土地，实现规模经营，提高土地利用率、劳动生产率、农机使用率，推动农业结构优化，激发农业农村发展活力。通过社会资源分配与使用的重置，不断发展农村社会生产力，提高农村居民物质资源可支配水平，增强农村居民经济自由信心。

在城乡融合发展过程中，社会治理已不仅仅是政府部门对社会的管理，还应包括正确处理政府部门之间、政府与社会之间、政府与市场之间、政府与群众之间及群众与群众之间的关系。建立城乡治理联动机制，按照"最多跑一次"理念，探索建设县级社会治理综合服务中心，努力实现社会治理领域"最多跑一地"，以此为基础，带动形成县、乡、村三级上下联动、左右协调的县域社会治理基本格局，破解乡村治理难点、痛点、堵点。建立横纵向科学决策机制。纵向决策结构由从国务院到各个社会治理领导小组和社会治理办组成，实行中央统筹、省（自治区、直辖市）负总责、市抓协调、县抓主体、乡村落实的社会治理工作机制。横向决策结构包括发改委、财政部、民政部、住房城乡建设部、人力资源社会保障部等不同部门。在资金分配机制上，应确保财政社会治理资金分配的效率性和公平性，中央的财政社会治理资金分配情况应与各地的社会治理成效和资金利用情况挂钩，保证资金使用效率和程序的公正公开。建立健全源头治理、动态协调、应急处置相互衔接、相互支撑的社会治安综合治理机制。创新立体化社会治安防控体系，改进治理方式，促进多部门城乡管理职能整合，鼓励社会力量积极参与社会治安综合治理。

六、完善治理规则体系，推进"三治合一"

新时代人民的思想观念越来越多元，相应地，价值认同愈加分散。城乡融合发展社会治理需要运用多种规则体系。现代社会纷繁复杂，社会治理规则体系也不是单一、同质的，而是由不同类别、不同层级、不同效力社会规范构成的集合体，除国家法律法规外，市民公约、乡规民约、行业规章、团体章程等多种形式的社会规范，对其效力所及的组织和成员个人具有重要的规范、指引和约束作用。因此，在城乡融合发展社会治理创新中应更加重视运用其他社会规范，引导和支持不同方面的群众通过制定完善的市民公约、乡规民约、行业规章、团体规章，进行自我约束、自我管理，规范成员行为，发挥多种社会规范的积极作用。

在治理方法上，应实现自治优先、道德约束、法治保障。践行和强化村民自治，建立健全村民议事会、村民理事会、村民监事会等自治载体，凸显村民在乡村治理中的主体地位，动员以村民为主的多元主体参与民主协商与决策，强化村务公开，切实提高村民自治的能力、动力和水平。德治是健全乡村社会治理体系的重要支撑。乡村是人情社会、熟人社会，而人情与道德、习俗等相连，善加利用引导便可形成与法治相辅相成的德治。新时代，塑造乡村德治秩序，要培育弘扬社会主义核心价值观，形成新的社会道德标准，并把核心价值观写入村规民约，有效整合社会价值，让村民用自己的价值规范进行自我约束。推动乡村文化振兴，深入挖掘优秀传统农耕文化蕴含的思想观念、人文精神、道德规范，弘扬主旋律和社会正气，培育文明乡风、良好家风、淳朴民风，改善农民精神风貌。强化法治教育，加强村规民约等制度建设，以现代法治意识及制度规约来促进村庄良好文化的形成与保持。一是加大普法宣传力度，引导广大干部群众自觉守法用法；二是促进基层政府和基层干部依法行政；三是加快完善乡村法律服务体系。

第六章

引智聚力　振兴乡村

自改革开放以来，随着国家经济体制改革的不断推进，城镇化步伐的加速，我国经济实现了飞跃性的发展。但是，城市与乡村之间的差距仍然非常明显，城乡之间的交流互动仍然有待增进，与此同时，中国广大乡村所蕴藏的经济活力，仍有待激发。本章将论述现阶段我国人才政策的现状，及其对中国乡村如何在经济、文化等层面突破发展“瓶颈”的重要作用。

第一节

从土地束缚到人才返乡

大致而言，从1949年新中国成立至今，我国的城乡人口流动政策，尤其是户籍制度经历了从政策形成到严格管控，到政策松动，短暂紧缩，再到现如今的规范流动这几个阶段[①]。政府对于城乡之间的统筹融合发展多有关注，在政策上也在不断重申对乡村地区的重视，在人口制度方面，开始强调“公平流动”，注重农村地区对人才的吸纳，以期形成更加合理、和谐的人口、人才战略布局。

一、新中国成立到十一届三中全会前的户籍束缚政策

当代中国的户籍制度萌发于20世纪50年代初，由于当时全国局势初定，各方仍然存在不少国民党遗留人员、特务、旧乡绅等，这些人政治态度未明，

① 对于这一阶段划分的论述参见王小章，冯婷．从身份壁垒到市场性门槛：农民工政策40年［J］．浙江社会科学，2018（1）．

也对地方上构成不小的政治隐患，随时可能因此造成治安问题。由此，人民政府1950年在各地展开初步的户口调查工作。不过，在此后进行的政治运动和经济建设的过程中，如何维持城市相对合理的人口数量，不至于使城镇工商业人口过于短缺或过剩，是一个维持社会全面稳定，保证工农业生产有序进行必须解决的问题。随着计划经济体制的逐步建立，为了更好地调配全国资源，发展我国落后的工业体系，国家又进一步实行了统购统销政策。这一政策要求以高强度的积累政策，以农业全面深入的集体化来支持国家工业化战略的举措。这一举措又催生出严格的城乡人口管理体制。

1958年1月，政府颁布《中华人民共和国户籍登记条例》（以下简称《条例》），该《条例》以法律形式规范了全国户口登记制度，也规定了我国人口迁移的基本制度。只不过，此项规定制定于倾举国之力优先发展重工业的"大跃进"时代，在"既不能让城市劳动力盲目增加，也不能让农村劳动力盲目外流"① 的指导原则下，为了缓解当时的城乡冲突，国家出台了一项严格的限制人口自由流动的政策，并最终形成了城乡二元户籍管理体制。②

二元户籍制度体系的建立和运行以后，确实起到稳定基层社会治安的作用，并且有助于政府了解乡村和城市的人口状况，方便其有计划地调节城乡的人口。总体而言，当时的人口调配政策的出发点还是以城市为中心，乡村地区更多的是充当劳动力"蓄水池"的角色。当城市工业人口不足时，政府便从乡村调拨大量农民承担临时的体力活，当城市人口过剩时，便会精简大批吃商品粮的人口，让他们到乡村里去支援农业，以此减轻城市的粮食压力。

然而，此种户口制度却引发了此后较为突出的城乡矛盾。早在"一五"计划实施期间，国家便有意识地将城市人口推向农村。1954年，约有2200万人口流向乡村，到1956年这一数字达到3000万人。③ 但是这一措施并未促进农业产量的提升，反而造成了乡村地区统购压力的增加及农民收入的减少。此外，过于严格地限制城市人口容量以及政策上明显地偏向城市，再加上农村处境的日益变糟，大量农民不顾政策的限制，形成"盲流"纷纷逃离农村，进入城镇"讨生活"，大量城市"黑户"的出现反而增加了地方政府对辖区内社

① 罗瑞卿．关于户口登记条例草案的说明［N］．人民日报，1958－1－10．

② 王海光．城乡二元户籍制度的形成［J］．炎黄春秋，2011（12）．

③ 人口统计年鉴［M］．社会科学文献出版社，1986：409．

会治理的难度。此外，城市人口的大量流出，政府对城镇小商贩的限制也造成城镇原有社会经济系统的萎缩，导致城镇本身就业机会的削减，对于城镇本身的经济发展有害无利。最后，这一政策导向也导致城镇与乡村地区人才分布的严重畸形。由于国家在政策上明显偏重城镇地区，遇到粮食短缺的特殊时期采取优先保证城市粮食供应，甚至不惜抽调农村粮食以满足城市需要的政策，使大批有能之士往往将城市作为安身立命的首选之地，而不愿意到乡村去忍受贫困。广大乡村地区则因此缺少有文化、有知识的青年为农业做贡献。这就导致城镇地区人才过剩，广大乡村人才严重不足的畸形现象。

由于城市人口容量的缩小，政府又不可能完全依靠计划经济体制提供足够的城市就业机会，大量城镇学生面临毕业后难以就业的难题。1957 年中国遭遇了前所未有的中小学生、升学就业压力，中央开始提倡知识青年上山下乡政策。1957 年 4 月 8 日，《人民日报》发表了《关于中小学生毕业参加农业生产问题》的社论，明确表示农业是未来安排中小学毕业生的主要方向。为了巩固限制城镇乡村地区的人口流动的政策，1958 年，国家颁布《中华人民共和国户口登记条例》正式建立城乡二元户籍管理制度，将农民这一身份作为户口标签予以固定。一直到 1978 年十一届三中全会的召开，改革开放基本国策的确立以及农业经济体制改革的政策出台，对于经济发展的渴求，使城乡之间的人口流动成为经济发展的必要前提。这也促使政策上对人口流动和严格的城市人口准入机制有所松绑，成为中国农民进城务工 20 世纪 90 年代潮流的起始点。

二、十一届三中全会到党的十八大前的农民进城

自 20 世纪 80 年代以来，农村人口流动制度松绑以后，劳动力大规模地向城市转移，全国上下逐渐形成一股农民工进城的务工潮。而形成这一股潮流的原因则与上述自 50 年代以来的城乡二元的户籍制度密切相关。在此二元分割的制度之下，中国农村的劳动力出现了严重过剩的情况，因而也就形成了大批需要转移的农村劳动力。旧有的城乡间泾渭分明的二元户籍制度已经无法适应城市发展，乃至国家经济发展的需求，并且从长期来看，当时限制人口自由流动的行政体制严重滞约着时代变化的需求。

事实上，农业剩余劳动力普遍存在于中国的广大农村，并在一定生产技术

状况下，超过农业的实际需要，这些剩余的劳动力被认为是隐性失业人口。这部分劳动力若转移出去，既不会使农业劳动停止，也不会让农业生产的总产量减少，更不会因为他们重新投入农业劳动而增加农业的产量。过剩的劳动将会带来农村劳动力边际效益的下降，边际生产率接近于零或负数。[①] 另外，在城乡二元结构的体系下，城乡间的经济差距持续拉大。据统计，1978～2004 年，中国的城乡收入比从 2.57∶1 扩大到 3.21∶1，城乡消费支出比从 2.68∶1 扩大到 3.29∶1，城乡消费水平比由 2.9∶1 扩大到 3.47∶1。[②] 再加上农村中大量剩余劳动力的存在，种种因素促成农民群体涌入城市寻找更好的劳动机会。

仅 2007 年，中国农民工的人数应达到 2.77 亿，并且这一数字呈现持续上升的趋势。[③] 在这些进城务工的劳动者中，又出现了劳动型转移、资本型转移和劳资结合型转移三种类型的务工人员群体。其中劳动转移型，是 20 世纪 90 年代务工潮的主流。劳动型转移也叫体力型转移，是指仅提供劳动的农村劳动力的转移。从以前农村劳动力转移或流动就业的实际情况看，由于受到资本和土地短缺的制约，劳动积累是转移或流动就业的必由之路。劳动型转移就业的农民，一般来说，是农民对转移就业成本的考虑。农民就业选择的首要目标是成本最小化，其次是考虑收益最大化。由于我国农业的现实困境，大多数农民都存在资本存量不足、经济比较困难的问题，只有以自己的体力为主要手段，去实现转移目标利益的需要。除此之外，资本型转移，是指那些以提供资本为主的就业，即凭借自己的资本的优势而转移就业的农村劳动力；劳资结合型转移。主要是指那些在劳动转移或流动中既提供劳动又提供资本就业的农民。这两种转移类型，则多出现于 2000 年以后。[④]

不仅如此，这一阶段的农村劳动力转移也有着明显的性别、年龄特征。首先，转移的农村劳动力多以青壮年为主，且男性多于女性。从统计结果来看，男性农民工占 65.9%，女性占 34.1%；分年龄段看，农民工以青壮年为主，16～20 岁占 6.3%，21～30 岁占 32.7%，31～40 岁占 22.7%，41～50 岁占

① 宋惠敏，刘蕾，孙红军．城乡一体化中农村科技人才发展研究［M］．河北科学技术出版社，2013：8.

② 刘传江，程建林，董延芳．中国第二代农民工研究［M］．山东人民出版社，2009：3.

③ 刘传江，程建林，董延芳．中国第二代农民工研究［M］．山东人民出版社，2009：26.

④ 上述分类，均来自宋惠敏，刘蕾，孙红军著．城乡一体化中农村科技人才发展研究［M］．河北科学技术出版社，2013：11－13.

24.0%，50 岁以上的农民工占 14.3%。调查资料显示，40 岁以上农民工所占比重逐年上升，由 2008 年的 30.0% 上升到 2011 年的 38.3%，三年中农民工平均年龄也由 34 岁上升到 36 岁。其次，农民工举家迁移的情况也逐渐增加。尤其是那些在城市发展较好的农民工，往往在其站稳脚跟后将家庭成员接至城市共同生活。据统计，2008 年举家外出的农民工人数为 2859 万人，次年这一数字上升为 2966 万人，2010 年进一步增至 3071 人，2011 年达到 3279 万人。[①]

截至 2018 年年末，我国城镇人口数量已经超过乡村，调查显示，城镇人口总数为 8.3137 亿，而乡村人口为 5.6401 亿。[②] 不仅如此，乡村人口的增长幅度在近些年来增长幅度较为平缓，如图 6－1 所示，1979～2009 年，乡村地区的农业从业人员十年增长率从 1989 年的 1.32 减至 1999 年的 1.15，再到 2009 年的 1.1。可见在此期间，乡村地区人口增速不断减缓，在此期间大量的农村人口进入城市并在城市定居应当是这一现象出现的主要原因。

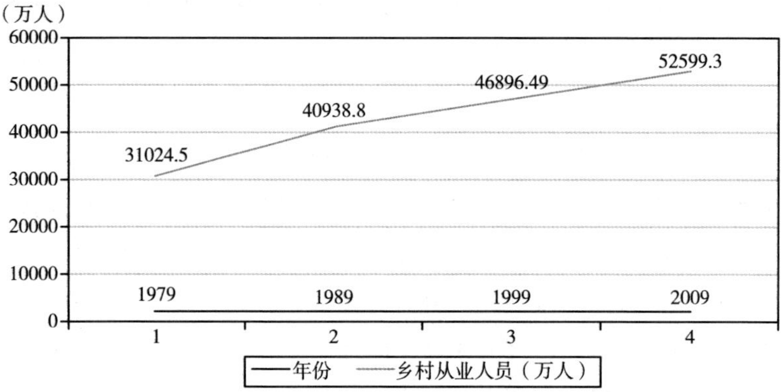

图 6－1　1979～2009 年乡村从业人员增长

资料来源：国家统计局网 http：//data. stats. gov. cn/easyquery. htm？ cn = C01&zb = A0301&sj = 2018.

三、党的十八大以来的人才返乡

20 世纪 90 年代的农民工进城务工热潮到如今降温趋势已经非常明显，这

---

① 中华人民共和国国家统计局 .2011 年我国农民工调查监测报告［M］. 2012－4－27.

② 参见国家统计局网站，http：//data. stats. gov. cn/easyquery. htm？ cn = C01&zb = A0301&sj = 2018.

一趋势在2000年年末便出现逆流倾向。事实上，跨地区、大规模的民工潮，到20世纪末达到增长速度的极值，虽然彼时农村劳动力转移的数量持续增加，但是增长幅度却逐渐降低，如图6-2所示。

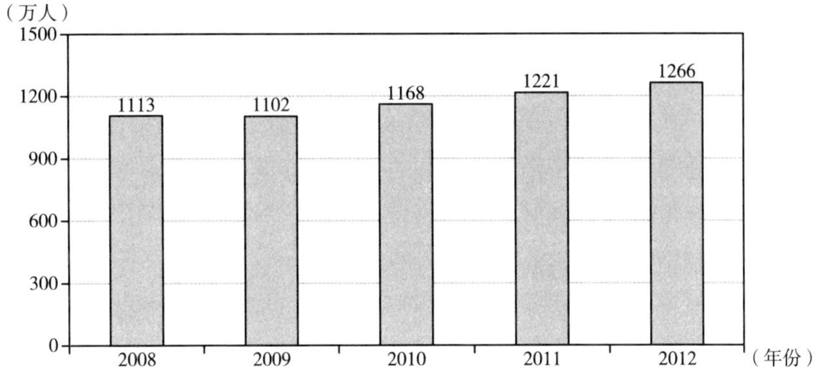

图6-2 2008~2012年城镇新增就业人数

资料来源：《2012年国民经济和社会发展统计公报》。

由图6-2可知，虽然2008~2012年，我国城镇新增就业人数总体呈上升趋势，但在2009年有过小幅回落。2008年新增城镇就业人数为1113万人，但到2009年时却不升反降，新增就业人数仅为1102万人，降幅为0.99%。从总体上看，城镇新增就业人数的涨幅呈现变缓趋势。例如，2010年城镇新增就业人数为1168万人，较之2009年增加66万人；而到2011年增加53万人，2012年则继续下降至45万人。由此可见，自2008年以来，我国城镇地区的新增就业人口的增长趋势已经缓慢降温。①

与此同时，随着农村经济状况的发展，部分地区甚至出现了“非转农”，即非农业户口主动要求转为农业户口的特殊现象。例如，广东汕头便出现失地农民更愿意留住土地，而不是成为城市居民；经济发达的江浙一带，农民收入甚至超过部分城市居民收入，而乡村优美舒适的居住环境反而能够吸引住农民在当地安居；还有一些地方政府出台优惠政策，吸引外出务工的农民返回农村兴办乡村企业，如安徽省实行“引凤还巢”政策后吸引近5000名农民工返回乡村创办企业。事实上，近年来，不少人由于种种原因出现想要回归乡村、定

① 中华人民共和国国家统计局．中华人民共和国2012年国民经济和社会发展统计公报［M］．2013-2-22.

居乡村的意愿。这些意愿又可以大致分为三类：第一类主要是受到国家或地方政府惠农政策的吸引，看到土地流转所存在的诱人利益，故而情愿留在乡村，要求获得农村户口；第二类则是部分农村生源的大中专毕业生因就业问题得不到解决，想要回到农村发展；[①] 第三类是一部分城市居民想要回归乡村生活者，这部分人群是我国城市化进程的受益者，他们在享受城市带来的较高薪资和完善的社保体系的同时，对城市的居住环境有所不满，希望能够回归乡村安宁的田园生活。这部分人往往在经济和文化层面握有一定的资源。无论如何，上述现象的出现也表明，中国的广大乡村的吸引力远没有被当代人所认知和利用，因而拥有巨大的开发潜力。

在人们的常识中，户籍制度上的壁垒会阻碍劳动力流动；反之，改革户籍制度，则能够促进地区间劳动力的流动，从而满足城市快速扩张的需要，加速我国城镇化进程。然而，人们的常识或许能够与宏观层面的人口流动情况一致，但是在微观层面，人口的在城市之间的流动以及对政策的时效性反应，往往是有所滞后，甚至与政策颁布的初衷相悖。有学者根据全国123个城市人口流动情况的研究表明，不同人口量级的城市，在户籍改革滞后对劳动力所产生的吸引力是不同的：200万以上人口的大城市的户籍改革措施对人口流入有正面效应，尤其是买房落户政策的作用最为显著；而200万以下人口的城市改革政策，反而导致人口的外流。[②] 此外，不同户籍政策对人口流动所产生的影响不同，所起的作用亦不尽相同。例如，有学者研究表明户口的一元化和迁移落户条件的放宽口，并未出现人口向城市的大规模流动。[③]

第二节

人才返乡现状与问题

我国政府对于人才返乡的工作给予了足够的重视，2018年12月20日，中央农村工作会议在北京召开，会上，国务院总理李克强在谈及2019年的“三农”工作时，专门指出要加快培育农村发展新动能，支持各类人才返乡下乡

① 吴玥弢，仲伟周．我国城市化进程中人口“逆向”流动研究［J］．河南社会科学，2018（3）．

② 杨晓军．户籍制度改革对大城市劳动力流入的影响——以中国的123个大城市为例［J］．城市问题，2017（1）．

③ 陆益龙．户口还起作用吗——户籍制度与社会分层和流动［J］．中国社会科学，2008（1）．

创业创新，拓展农村就业空间和农民增收渠道。[①] 那么，在政府的提倡下，现阶段我国乡村地区人口流动，尤其是人才状况如何，本节将从近些年我国农村地区人才的吸引政策、现实效果以及存在的问题与不足出发，进行讨论。

一、人才返乡初具规模

自各地开始重视农村人才资源开始，乡村地区的返乡潮已经初具规模。据统计，仅 2017 年第四季度，我国返乡农民工总人数已超过 700 万，其中有 10.9% 的人员选择创业。[②] 当年返乡下乡的双创人员累计达 740 万，一半以上的返乡下乡创业人员运用网络等现代手段，82% 以上创办的是产业融合项目。[③] 可见各乡村地区的人才政策落实已经取得初步成就。

（一）电商带动乡村经济发展，增加人才需求

数据显示，2017 年全国农村实现网络零售额 12448.8 亿元，同比增长 39.1%。截至 2017 年年底，农村网点达 985.6 万家，同比增长 20.7%，带动就业人数 2800 万。但在农村网络电商崛起的同时，仍然面临不少的问题，尤其是人才短板，导致农民缺乏相关的经营技巧，缺乏品牌，缺少市场竞争力，对产品质量的把控体系也有待完善，因而在产品获益方面还比较有限。有些农村则急需相关的电商人才，给予培训，需要结合农业科技、政策法规、农村金融等富有针对性的内容，帮助农民了解电商发展现状，帮助他们掌握物流、采购、支付等关键环节的应用技术”。[④]

发展农村电商，是要全民共享信息化成果，体现了对城乡关系的全局考量。事实上，农村的“空心化”近年来一直比较严重，并且受到舆论关注，与“空心化”相伴而生的，是人们对乡村地区信息不畅导致经济迟滞的担忧。不能让农村成为隔绝在信息时代之外的一座座“孤岛”，为此，农村电商正尝试使用互联网和商业文明将其连接起来，引进信息、技术，注入服务、资金，

---

① 中央农村工作会议在京召开［N］.《人民日报》，2018－12－30.

② 农村创业主体明显增加，融资、用地等问题仍存［M］. 经济日报，2018－1－20.

③ 王浩 . 农村人才引进来还要留得住（三农杂谈）［N］. 人民日报，2018－7－15：10.

④ 张洋 . 农村电商发展亟须补短板［N］. 人民日报，2018－11－16：18.

吸引人才返乡创业。[①] 更重要的是，乡村振兴离不开人才支撑，比“引进来”更重要的是“留得住”，确保优惠政策落地，提供精准服务，建立用才、育才、借才的长效机制，让更多人才扎根农村。不乏有大学生回乡创业，但是在创业过程中总会遇到种种困难。如曾有返乡大学生发展生猪养殖，但是在起步阶段由于缺乏经验，损失惨重，此时多亏农业部门提供技术指导、金融部门提供贷款，才使其渡过难关。[②]

在互联网行业的带动下，各地在推动“工业品下乡、农产品进程”这一双向流动模式的同时，也要求农村地区具有一定的人才体系，以保障农村电商的运营。例如，贵州省铜仁市政府推出“雁归工程”，与当地电商企业的人才需求对接，引入人才返乡创业计划。该工程要求在2014～2017年每年新增创业就业人员3.5万以上。同时，电商企业也在县级服务店进行定期的业务培训，为当地就业人员创建交流平台。[③]

（二）各省政府推进人才引进工作，为农村地区引入人才创造良好政策环境

从2005年中共中央办公厅、国务院办公厅印发《关于引导和鼓励高校毕业生面向基层就业的意见》开始，引导高校毕业生到农村基层任职政策逐渐成型。2006年，中组部等部委联合发出《关于组织开展高校毕业生到农村基层从事支教、支农、支医和扶贫工作的通知》，随后，经中央同意，中央组织部等决定自2008年起，用五年时间选聘10万名高校毕业生到村任职，这一政策又被称为“大学生村官计划”。2009年4月中组部在《关于建立选聘高校毕业生到村任职工作长效机制的意见》中表示，“选聘高校毕业生到村任职，是党中央作出的一项重大战略决策，对于改善农村基层干部队伍结构、培养新农村建设骨干力量和党政干部后备人才，推进新形势下农村改革发展，夯实党在农村的执政基础具有重大意义”。不管在哪一种意义上，这项工作都是迫切需要的。1995年，江苏省徐州丰县从应届大学毕业生中招聘工作人员到农村任职。此后，全国各地纷纷效仿。安徽省从2001年起，分三批从机关选派了

① 乔金亮．农村电商当有深耕意识［N］．人民日报，2017－5－2：5．

② 王浩．农村人才引进来还要留得住（三农杂谈）［N］．《人民日报》2018－7－15：10．

③ 井然哲．“互联网＋扶贫”解读．出自汪向东，高红冰主编．电商消贫贫困地区发展的中国新模式［M］．商务印书馆出版社，2016：7．

12000名优秀年轻干部到农村任职。2005年6月，中央办公厅、国务院办公厅下发《关于引导和鼓励高校毕业生面向基层就业的意见》，把大学生村官纳入国家项目计划，指出力争3~5年内达到一村至少一名高校毕业生的目标。2008年3月，中组部、教育部、财政部、人力资源和社会保障部联合发文，对高校毕业生到村任职工作作出了具体部署。胡锦涛亲自批准实施这项计划，先后7次作出重要批示，强调"此时具有长远战略意义"。按照中央的部署和要求，中央组织部牵头抓总，扎实推进大学生村官工作。2008年以来，先后会同中宣部、教育部、公安部、民政部、财政部、人力资源和社会保障部、中国人民银行、国家林业局、国务院扶贫办、共青团中央、全国妇联等部门，围绕大学生村官的选聘、待遇保障、培养选拔、教育管理、创业扶持、有序流动等方面出台了14个文件，为构建"下得去、待得住、干得好、流得动"的长效机制提供了政策支撑。2008~2011年的4年间，全国累计有200多万名高校毕业生报名应聘大学生村官。2011年全国选聘4万多名大学生村官，报名的就有35万人。4年来，全国共选聘大学生村官30万名，目前在岗212万名，覆盖全国行政村总数1/3以上，其中本科生达到66.1%，党员比例达到57%，学生干部26%，教育部和中央部门所属院校毕业生达到16%。北京市2011年有20名"海归"应聘村官，他们分别来自美国、英国、法国、俄罗斯、澳大利亚、日本、韩国等国家。①

2012年，浙江省加强大学生村官队伍建设，出台《关于进一步加强大学生村官工作的实施意见》，当年新选聘大学生村官1748名，在岗人数达到1.35万，2588人担任村"两委干部"，有1200多人创办各类项目900多个。②2015年，该省拥有农村实用人才105万人，在其制定的"十三五"人才发展规划中又规定2020年农村实用人才总量达到112万人，占全部人才总量的8%。③ 无论如何，作为一项国家层面的乡村人才政策，大学生村官进入乡村在人数上已经形成规模，也为农村地区带去了新鲜的血液。

国家加大对农村地区科教文卫、基础设施等事业的支持，有助于乡村地区增加人才吸引力。此处仅以乡镇文化教育设施为例予以说明。如表6-1统计，

---

① 陈方勐．农村改革的战略问题［M］．中共中央党校出版社，2012：238.
② 姚志文，姚先国主编．浙江人才发展蓝皮书2012［M］．浙江大学出版社，2013：4.
③ 浙江人才发展研究院．浙江人才发展蓝皮书2016~2017［M］．浙江大学出版社，2017：7.

从全国的总体情况来，目前我国96.5%的乡镇设有幼儿园，98%的乡镇设有小学。乡镇图书馆、文化站的覆盖面也接近100%。

表6－1　　乡镇文化教育设施　　单位：%

	全国	东部地区	中部地区	西部地区	东北地区
有幼儿园、托儿所的乡镇	96.5	98.7	98.3	94	96.9
有小学的乡镇	98	98.7	99.5	97.3	95.2
有图书馆、文化站的乡镇	96.8	96.2	98	96.6	95.2
有剧场、影剧院的乡镇	11.9	18.5	14.4	7.9	5.9
有体育场馆的乡镇	16.6	20.5	19.4	13.5	12.1
有公园及休闲健身广场的乡镇	70.6	83.2	73.9	59.4	84
有幼儿园、托儿所的村	32.3	29.6	36.5	33	25.8
有体育健身场所的村	59.2	72.2	55.5	46	62.8
有农民业余文化组织的村	41.3	44.4	40.8	36.7	47.1

资料来源：国家统计局网站第三次农业普查数据，http：//www.stats.gov.cn/tjsj/pcsj/.

二、存在的问题和不足

从宏观政策的层面来看，城市的发展和稳定仍然是政府政策制定的首要出发点。虽然政府意识到农村存在“人才荒”的问题，也有一些地区成功地吸引到人才来安家落户，但是从全局来看人才返乡的趋势，只能算得上涓涓细流，而受过高等教育的人才持续流向城市仍然是时代的主流，城市仍然是当下人才制度的受益方。此外，在现存的返乡政策，尤其是乡村一级的人才应用和管理制度，仍存在不少问题，限制乡村人才作用的发挥。

（一）人才返乡的规模偏小，层次较低

2014年7月24日，国务院印发《关于进一步推进户籍制度改革的意见》，指出到2020年，基本建立与全面建成小康社会相适应，有效支撑社会管理和公共服务，依法保障公民权利，以人为本、科学高效、规范有序的新型户籍制度，努力实现1亿左右农业转移人口和其他常住人口在城镇落户。2016年3月5日，指出“要加快农业转移人口市民化。深化户籍制度改革，放宽城镇落

户条件，建立健全‘人地钱’挂钩政策。扩大新型城镇化综合试点范围。居住证具有很高的含金量，要加快覆盖未落户的城镇常住人口，使他们依法享有居住地义务教育、就业、医疗等基本公共服务。发展中西部地区中小城市和小城镇，容纳更多的农民工就近就业创业，让他们挣钱顾家两不误。”2017 年 3 月 5 日第十二届全国人民代表大会第五次会议召开，政府工作报告指出，2017 年要扎实推进新型城镇化，深化户籍制度改革，2017 年实现进城落户 1300 万人以上，加快居住证制度全覆盖。

在这场城市“抢人大战”中，农村地区始终处于弱势。首先，乡村地区总体上仍然处于人力资源枯竭，尤其是人才流失的不利处境。2006 年，我国进行了第二次农业普查，此次普查的结果显示，乡村的农业经营人员仍然以低学历人员为主。如图 6－3 所示，2006 年在 3.4 亿被调查的乡村人口中，初中以下学历占到总人数的 95.6%，大学及以上学历仅占到 2.2%。

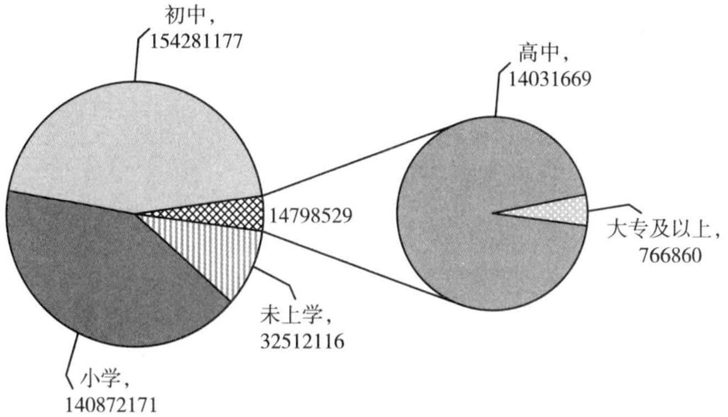

图 6－3　第二次农业普查农业生产经营人员受教育程度构成

资料来源：国家统计局网站有关第二次农业普查资料表 1－1－27. http：//www. stats. gov. cn/tjsj/pcsj/.

并且，对比 1996 年和 2016 年的数据，2006 年第二次农业普查进行之时，尚且是乡村从业者接受高等教育比例最高的年份。如图 6－2 所示，1996 年进行第一次农业普查时，我国农村尚有超过 87.5 万农业从业人员接受过高等教育，占 1.5% 的比例。到第二次普查时，虽然受过高等教育人数降至 76.6 万人，但由于农村人口基数的下降，这一比例反而有所上升至 2.2%。但这一情况到 2016 年反而变得更加严峻，农业从业人员受高等教育的比例降至最低点，仅为1.2%。这也说明近几年农村人才的流失情况反而更加严重。

表6-2　农业从业人员受教育程度比例调查　单位:%

年份	未上过学	小学	初中	高中或中专	大专及以上
1996	14	42	38	5.7	1.5
2006	9.4	41	45	4	2.2
2016	6.4	37	48.4	7.1	1.2

资料来源：国家统计局三次农业普查统计报告. http://www.stats.gov.cn/tjsj/pcsj/.

在我国农村就业人口中，大专以上文化仅占2%左右，与乡村振兴的人才需求形成极大反差。乡村振兴，人才为先。没有足够的高素质人才支撑，乡村的产业、文化、生态以及基层治理等诸多方面的发展都难以得到提升，也难以强化可持续的自我发展机制。乡村发展人才不足问题是多方因素长期综合作用的结果，市场机制在其中起主要作用。乡村产业吸纳人才有限、村居环境配套条件不足是关键原因，导致人才下乡面临障碍。同时，农村地区精英持续流失，文化道德建设的薄弱格局有待根本扭转，一些农村地区道德滑坡问题亟待解决。[①]

（二）政策扶持不足，作用发挥有限

就目前而言，构成规模的并且得到系统性支持的乡村人才政策，当属"大学生村官"的选拔和任用。只不过，现阶段大学生村官工作还存在许多问题，导致来到农村的这些高校毕业生没能发挥出他们最大的作用。出现此种问题，主要有以下几点原因：

一是大学生村官自身的问题。相当多数的大学生参加到村任职计划并不是为新农村建设服务，而是为了通过经历基层锻炼之后有机会进入党政机关。因为中组部的文件明确规定："择优选拔乡镇和其他党政机关公务员。各级党政机关要注重从具有基层工作经历的优秀大学生村官，中招考公务员，并明确录用比例；乡镇机关补充公务员，要逐步提高从大学'村官'中考录的比例。选调生主要从具有2年以上基层工作经历的大学生'村官'及其他到基层工作的高校毕业生中招考。从大学生'村官'中招考公务员和选调生，要坚持

① 陈方勐. 大力支持引发人才返乡助力乡村振兴城乡协力建设新时代社会注意新农村. 此文系未刊稿，特此感谢作者准予引用。

竞争择优、好中选优。”

二是一些地方领导机关的指导思想和工作安排有问题。大学生到村任职，绝大多数任的是村民委员会主任助理，真的是作为基层干部来安排的。而事实上，村民委员会的工作通常是根据乡镇党委政府的指示来做的，乡镇党委下达任务，村干部才有事情做，否则就无事可做。因而在相当多数的情况下，大学生村官由于不了解况、缺乏主动精神和适应农村的能力而无事可做、无聊地混日子。农村基层乡村干部大小也是官场，大学生村官在这里接受的只能是官场的再教育。有的地方实施大学生村官计划，在很大程度上只是有关部门的政绩工程而已，因为按照计划大学生村干部在农村也只有 3 年时间。领导机关并没有指望大学生村干部做什么，对他们想什么、能够做什么，也没有去深入了解。

三是对大学生村官的进口和出路都缺乏合理设计，使这一计划有难以为继之虞。由于进来是以官本位背景的制度设计为引导，而出路中进入官场的机会并不多，甚至获得财政供养的机会也不多。在组织部门的政策文件中，大学生村官任职期满后有留任村干部、考录公务员、自主创业、另行择业、继续学习“五条”路。所以，一些地方的大学生村干部认为组织上骗了他们、害得他们浪费了几年时间，有的人甚至走上了上访的道路。据 2007 年 12 月 20 日发表在“北京市农村工作委员会”网站上作者署名“怀柔区委”的《怀柔区大学生村官工作现状调查》一文反映，在怀柔已经出现了“部分镇乡‘村官’，助理整体出现情绪低落、思想迷茫的情况”，大学生村官“岗位职责不清，工作任务不明”，“有些村的‘村官’无所事事，甚至脱岗”，有的村干部给他们派的活是沏茶倒水、打扫卫生、打字复印等，把他们当成了“全能”干部、“打杂”干部。怀柔区 356 名担任村党支部书记助理或村民委员会主任助理的在岗大学生村官，最正面的只是参加了区委宣传部、文明办、外事办等单位组织的英语演讲比赛、知识竞赛、登山比赛等活动，其中 50 多人受到了区里的奖励。看得出来，大学生村官所参加的这些工作和活动，基本上是“面子”上的应景性、应急性的工作，而不是有利于“留得住”“用得好”大学生的事业。另据报道，安徽省安庆市曾对大学生村官进行问卷调查，发出问卷 108 份，收回有效问卷 99 份，有 73.7% 的大学生村官倾向于“参加公务员考试”，12% 的倾向于“自主创业”，4.1% 的倾向于“担任村干部”，4.1% 倾向于“另行择业”，2% 的倾向于“继续学习深造”。

中国大学生村官发展报告课题组在2010年的调查表明：51%选择考取公务员，16%选择在农村创业，14%选择继续深造，打算进入人才市场找工作的为3%，5%选择考研，还有11%没有考虑清楚。从两份调查结果可以发现，大学生村官打算报考公务员的比例最高，创业的比例也不少，选择考研和留在农村的比例很少。虽然中组部明确了大学生村官任职期满后的5条出路，但从调查中发现，任职期满后的去处仍然成为大学生村官的首要顾虑。所以中新社太原2012年9月1日相关报道的标题是《尴尬的大学生村官》，报道称有4名大学生村官当选了中共十八大代表，但据一项网络调查数据显示，八成大学生村官认为自己境遇尴尬。在他们看来，考录公务员、自主创业、另行择业、继续深造是光明的前途，留任村干部只是一个跳板。只有不到一成的人认为，留在农村有前景。①

（三）配套不够，人才环境有待改善

国家对农村地区科教文卫、基础设施等事业的支持是显而易见的，只不过，国家对乡村地区基建支援存在的问题，也是比较明显的。此处仅以乡镇文化教育设施为例予以说明。如表6－1所示，从全国的总体情况来，目前我国96.5%的乡镇设有幼儿园，98%的乡镇设有小学。乡镇图书馆、文化站的覆盖面也接近100%。

但是，从区域的分布来看，东部中部地区最高，西部和东北地区略微滞后。尤其是学前儿童的照顾和教养方面，西部地区最低，为94%。小学的覆盖面东北地区相对最低。村一级的幼儿园托儿所覆盖面在全国来说仅达到32.3%，也就是说，有将近70%的在村儿童仍然处于家庭自主照顾的状况。这也就可以解释此前出现农村留守儿童遭遇意外或人为伤害频发的现象，主要是因为农村地区学前教育资源的紧缺所造成的。再者，农村地区教育资源的紧缺也导致这些地方的学龄儿童的辍学率一直高居不下。据统计，1991年农村儿童的辍学率一度达到19.5%。虽然经过国家的大力调整，到2009年此比例下降到6.04%，2011年继续降至0.88%，但在初中教育方面，2011年与2009年相比，农村学生的辍学率反而提高了1.6倍。②

---

① 陈方勐．农村改革的战略问题［M］．中共中央党校出版社，2012：239－240.

② 李强．大国空村农村留守儿童、妇女与老人［M］．中国经济出版社，2015：57.

此外，在第三次农业普查数据中显示乡镇、村的交通设施仍然有待完善。其中有火车站的乡镇仅占全国的8.6%，有高速路入口的乡镇仅占21.5%，村内主要道路为水泥路面的占80.9%，其余主要为柏油路面和沙石路面；而乡村的现代通讯设备，如互联网、有线电视的安装的比例分别为89.9%和82.8%，电子商务配送站点的分布则仅有25.1%，因此，在交通设施方面，乡村地区仍然无法与城市匹敌，具有完善的空间。不仅如此，乡村的医疗和社会保障体系也是需要改进的地方，尤其是村一级的卫生机构，具有卫生室的村的比例约为81.9%，具有职业资格的驻村医师的村的比例仅占54.9%。最后，生活能源的数据显示，全国58.6%以上的农村主要以电力作为能源，仍然有44.2%的农户采用传统的柴草作为能量来源。[①] 因此，从总体上看，中国乡村地区的生活设施、生活水平仍然与城市地区存在相当的差距，因而在人才的长期吸引方面仍然有待提高。

突破人才"瓶颈"的关键在于破解其中的困局。乡村产业的投资效益总体不高，吸引容纳人才的余地有限，再加上乡村地区的人居环境、配套服务与城市生活差距明显，导致人才长期向城市单向流动。随着信息化、工业化、现代化进一步推动城市化加快发展，破解乡村人才流失困局的难度会更大。这意味着，完全靠市场调节来解决乡村人才匮乏问题并不现实。破解困局需要国家层面统筹协调，发挥各级党委政府的独特优势，有效弥补市场调节的功能不足。[②]

第三节

"用好""用活"返乡人才的对策[③]

在资源单向流向城市的城乡二元体制下，一些看上去有效的举措也只能起到治标的作用，很难从根本上解决农村人才问题。只有在城乡融合，进一步强

① 国家统计局．第三次全国农业普查（全国和省级主要指标汇总数据）［M］．相关数据见网址：http：//www.stats.gov.cn/tjsj/pcsj/.

② 陈方勐．大力支持引发人才返乡助力乡村振兴城乡协力建设新时代社会注意新农村．未刊稿。

③ 此节内容来自陈方勐所著《农村改革的战略问题》一书及《大力支持引发人才返乡助力乡村振兴城乡协力建设新时代社会注意新农村》一文，略有删改，特此感谢原著作者准予引用。参见陈方勐．农村改革的战略问题［M］．中共中央党校出版社，2012：228－247.

化乡村振兴的人才支撑的情况下，加快推进农村发展的条件下实施新农村人才战略，才能解决农村人才问题。

一、实施“报效乡梓——工商企业家下乡计划”

进入21世纪“资本下乡”开始较多地出现在媒体的报道之中。我们认为，这是一种好现象，是党中央作出的我国进入“城市反哺农村”新阶段这一判断的佐证。尤其是，在2008年国际金融危机冲击中国、外需下降导致我国许多城市出现失业现象的新形势下，资本下乡，城市企业家到农村创业发展，是把就业机会送到农村去；在许多农民工在城市失业返乡的条件下，城市工商资本追随农民工从城市来到农村简直就是雪中送炭。

（一）引导工商企业家下乡

引导城市工商企业家到农村去，不应当只是应对金融危机下的权宜之计，而必须成为全面建成小康社会新阶段常态化的政府行为。毫无疑问，无论是中心镇建设，还是中心村建设，靠农村现有人才和人力资源，几乎是不可能的，而必须以遏制农村人才单向流入城市的趋势、统筹配置城乡人才资源为前提。而在各种人才资源中，对于农村经济社会发展来说，企业家无疑是农村最需要的。第一，企业家是最善于发现商机的人，是最善于找到把农村经济社会发展资源整合出经济社会效益的切入点的人，而现阶段农村中最缺乏的也就是企业家。事实上，由于农村缺乏经营人才，以至于遍地是钱却没有人去捡。有了企业家，特别是优秀的企业家，中心村建设也好，新农村建设也好，才能实质性地启动，也才能为农村引进其他方面的人才奠定基础。第二，在现阶段农村农业发展中出现了诸多利好，引导企业家到农村创业发展可谓恰逢其时。中共十七届三中全会推进农村改革发展的新政策刚刚开始发酵，加强农村制度建设、积极发展现代农业、加快发展农村公共事业，特别是支持农村土地流转等政策，为城里人下乡创业提供了极为有利的条件。同时，国家正在不断增加政府对农村农业的投入，加快农村基础设施建设和社会事业发展，加大力度扶持粮食生产、强化现代农业物质支撑和服务体系、加强农产品市场体系建设、推进基层农业公共服务机构建设等，其中有很多项目也需要城市工商资本的支持，不仅为城市工商资本下乡提供了越来越好的条件，而且其本身也就是机遇，需要城市企业家积极参与。可以说，“农村是一个广阔天地，在那里是可以大有作为的”。第三，在多数城市出现产能过剩的新形势下，许多企业家手持资金却无从出手，而一旦有一部分资本下乡，就会引发更多企业家到农村去，形成城市支持农村的大趋势。因此，第一重要的事情就是千方百计从城市引进企业家。本地农民中固然也可能培养出企业家，特别是进城务工的农民工中也有已经成长为企业家的，但如果没有或分量还不够，那么乡村建设的领导者就要立即想办法从城市招来为乡村建设打牢经济基础的企业家。

事实上，从目前来看，全国范围内已经形成了一股企业家下乡热潮，并且被称为是一场新的“上山下乡”运动。一些大型企业看中了乡村中丰厚的文化生态旅游资源，纷纷将资本转移到“山上”和“乡下”。例如，2017 年河南建业、天明集团涉足该省著名风景旅游区云台山、神农山的深度开发；航空业巨头海航集团、房地产业龙头万科等也分别参与贵州黄果树国家公园及长白山余脉大青山的开发。一部分企业则参与到农业产业行业，如联想集团涉及水产养殖、网易的丁磊则参与生猪养殖业；还有一些房地产商则开创地产与农业结合的“特色小镇”的开发建设。如恒大、碧桂园等房企业，都在着手创建自己的特色小镇。大量城市资本的入驻乡村，其原因当然有企业转型的考量，城市市场已经趋于成熟，而中国广阔的乡村仍然是有待开发的处女地，也为这些企业提供了进一步壮大自我的契机。

除了企业发展壮大的需求外，这些企业的老总不少是出生农村，与中国的乡村有着难以割舍的情缘，这也为企业家下乡创造了情感条件。如碧桂园的创立者杨国强，便对自己的务农经历记忆犹新，并时常以农民自居。2018 年 6 月 15 日，杨国强更是成立了碧桂园农业控股有限公司。事实上，早在 2010 年，碧桂园就通过帮扶广东省清远市英德市西牛镇树山村发展绿色产业，发展苗木种植业，为碧桂园房产项目提供园林绿植。既为碧桂园找到了优质可靠的苗木供应商，降低成本，又带动了树山村的产业发展，村民的产业致富。成立农业公司以后，碧桂园更是要将农业以全产业链模式，形成种养销“一条龙”的方式降低农业成本，提高效率。公司成立当天，碧桂园与袁隆平达成合作，共同开展对第三代杂交水稻技术的研究和推广。

从碧桂园的例子中我们可以看到，城市企业资本进入农村，尤其是在商业场上获得成功的企业家，往往具备相当的眼光，像杨国强这样有过务农经历，并且对农村有着一定感情的企业家，不仅可以给乡村地区带去资金、技术，同时还可以调动大量的社会资源，为中国农业的产业化进程注入新的活力，走出一条符合中国农村需求的道路。不过，虽然工厂企业家下乡好处多多，但是我们也应该看到潜在的可能存在的问题。为避免日后的纠纷，我们也必须为乡村建设引进城市资本，进行政策引导和规范。

第一，政府要鼓励工商资本下乡，为其提供多方面便利和优惠政策，但绝不能允许污染企业下乡，这一点必须作为不可逾越的底线加以确立，并且建立严格严厉的监督制度加以保证。第二，资本下乡所经营的项目除了养老产业以外，应当主要是农业项目和服务业项目。第三，为了防止城市工商资本侵犯农民利益，一定要让农民组织起来，以集体的力量对工商资本形成制约。

二、实施“叶落归根——银发人才计划”

提出“叶落归根——银发人才计划”的设想，源自于邓小平对江苏乡镇企业引进人才的经验的肯定。1983 年 3 月 2 日，邓小平在《视察江苏等地回北京后的谈话》中说，江苏乡镇企业异军突起，“主要是两条。一条是依靠了上海的技术力量……江苏吸收了不少上海的退休老工人。这些老工人有本事，请来工作所费不多，只是给点工资，解决点房子，就很乐意干，在生产上发挥了很好的作用。”① 此设想的提出主要有以下考虑：

从现在到 2035 年，是中国向现代化国家转型的关键时期，也是乡村振兴的关键阶段。人口老龄化是这期间国家面临的重大历史挑战。预计从现在到 2035 年，65 岁以上的老龄人口将从 2016 年的 1.5 亿人增加到 4 亿人，占总人口比重超过 1/4，其中 80 岁以上高龄老年人口超过 5000 万人。② 这也是全球性趋势。到 2035 年，全球老龄依赖比将上升到 26。③ 人口快速老龄化带来诸多严峻挑战，包括在岗劳动人口比重大幅减少、社保支出压力过大等，经济、财政、社会、文化等问题深度交织，对形势的严峻性需有充分估计。日本老龄化带来的诸多严重问题就是前车之鉴。从国际看，日本已经深陷人口老龄化困局，其他发达国家也面临越来越大挑战和压力。从国内看，人口老龄化带来的

① 邓小平文选第 3 卷［M］. 人民出版社，1993：25.

② 根据国家社科基金相关研究报告整理。

③ 即每 26 个 65 岁以上老人对应 100 个 25～64 岁适龄工作者，根据联合国预测数据。

挑战和压力正在快速浮现，城市空巢老人数量攀升是典型问题。人口老龄化趋势隐含着潜在的发展失衡困局，突出表现为财富消耗压力不断上升。有效应对人口老龄化挑战是新时代的历史使命，需要从城乡协调推进现代化的大局出发，优化布局，充分发挥老年人才资源价值，转向创造更多社会财富。

实施“叶落归根——银发人才计划”是促进城乡融合，破解乡村振兴的人才“瓶颈”困局和人口老龄化的发展失衡困局的必要之举。首先，告老还乡在我国有深厚历史传承，银发人才返乡居住，同时助推乡村振兴，并非为利而来，而是回应乡愁呼唤，叶落归根。同时，城市银发人才又具有专业知识和长期经验，联系社会各界，比青年人才有更强的优势。因而，银发人才返乡不但可以有效缓解乡村人才匮乏问题，更可以从根本上提升乡村人才布局的层次，又不加大乡村经济的工资成本压力。城市人口老龄化导致财政和家庭压力攀升，城市老年群体自身也面临诸多挑战，包括孤独、失能等，影响生活质量。同时，城市生活多为久坐少动，也加速老年人身体机能退化，医疗护理费用随之攀升。银发人才返乡居住，深入参与乡村振兴发展，必然会产生多方面的积极效应，除了发挥作用，创造价值，做到老有所为、老有所尊外，还可以在乡村环境里接触自然，参与邻里活动，经常活动，老有所乐，从而整体改善身心健康，相应减少城市的负担和压力。此为双赢之举。最后，实施“银发人才计划”可以有效对冲特大城市的人口压力，鼓励城市退休人群尤其是特大城市的退休知识分子返乡助力乡村振兴，能够对冲特大城市的人口过度集聚和农村地区乡贤不足问题，一举两得。

当然，要实现“银发”人才下乡计划，还需要各项条件的支撑，尤其是国家政策的支持，对此，我们提出以下几点建议和设想：

（一）健全支持银发人才返乡的体制

事实上，各地已经有很多银发人才返乡服务的事例。有开国将军甘祖昌及其夫人龚全珍同志扎根农村服务乡亲，也有杨善州等退休公务员在家乡开山垦荒，更有诸多退休知识分子回乡通过义务授课、发展产业、改善村容、争取外部支持等各种方式回馈乡里。

无论是从文化习俗看，还是从现实案例看，公务员、教师、技术人员等各类城市银发人才返乡的内在动力具有普遍性，但总体上还没有形成银发人才返乡的普遍局面，说明存在体制障碍和不足。首先，银发人才愿意返乡，但无法在乡村落脚。由于户口已经迁出，银发人才在农村没有宅基地，不能购买宅基地，租住农民房屋又生活不适应。其次，退休人员尤其是高龄人员对医疗条件有一定要求，包括突发疾病救治、日常医护，在农村面临医疗就诊、费用报销、日常照护等不便。在突发疾病时，农村地区交通不便、医疗救治能力弱，使很多退休人员心存顾忌。再次，银发人才久居他乡，与家乡村民的理念、思路难免存在差异，需要理解、融合过程。如果没有当地政府提供必要服务支持，帮助化解当地村民猜忌怀疑，会打击银发人才返乡积极性。最后，银发人才要老有所为，关键在于自身专长与当地需求匹配，这样容易建立互信并融入当地，但目前缺乏相应信息服务平台。

健全体制机制，需要切实围绕返乡银发人才面临的现实问题：一是衣食住行和社区融入问题；二是能岗匹配问题，使银发人才发挥特长，促进当地社区发展；三是政策协调问题，使返乡银发人才医疗等政策与之有机衔接。

总体看，体制问题与我国过去数十年以城市为中心的发展模式有关，下一步需要围绕乡村振兴战略，以优化人才配置为切入，从国家层面统筹推进城乡协同，在新时代加强建设社会主义新农村建设。

（二）通过国家工程支持银发人才返乡

银发人才返乡具有高度的历史意义和现实意义，功在当代，利在千秋，但还不能仅靠市场调节来解决问题，需要发挥各级党委政府的必要作用。在国家层面，为促进银发人才返乡助力乡村振兴，宜通过“归根工程”加强顶层的统筹协调。关键包括：一是统筹协调机制。可考虑成立专题领导小组，由责任部门承办日常事务，加强跨部门协调和全国城乡统筹，理顺政策机制，完善服务保障体制，出台指导意见，完善配套法规，保障必要投入，推进舆论宣传，推广经验做法。二是分级落实机制。建立省、市、县、乡、村五级落实机制，明确地方各级组织的责任和义务，建立配套的落实检查制度。逐步推进相关工作标准化、程序化。三是信息服务平台。建立国家层面的银发人才供需信息服务平台，返乡结合下乡，促进银发人才资源在全国范围内优化配置，充分发挥价值。四是自觉自愿参与。各类银发人才以自觉自愿为前提，发挥各自专长，返乡居住参与乡村振兴建设。推动各级政府根据银发人才特点，完善服务，筑巢引凤；积极主动联络银发人才，招才引智，争取其返乡长住。

（三）支持银发人才带动乡村全面发展

乡村振兴需要按照产业兴旺、生态宜居、乡风文明、治理有效、生活富裕的总要求，统筹推进经济、政治、文化、社会、生态又明“五位一体”协调发展。充分发挥银发人才作用，不仅要在农村产业经济实现价值，也要在农村基层党建、社会治理、文化发展、生态建设等方面发挥优势，贡献才智，率先垂范。

完善村级组织的治理机制，使银发人才作为新乡贤参与其中依托专业特长和工作经验，提供顾问咨询，做好示范表率。一是组织开展积极健康的文化娱乐活动；二是结合当地发展提供专业培训，加强村民职业能力建设；三是围绕美化村居环境出谋划策，积极参与具体工作；四是重视农村儿童教育培养，提供辅导，结对帮困；五是参与基层党建，完善基层综合治理，营造风清气正的乡风民俗。以银发人才为纽带，从“软件”层面推进城乡深度一体化。

（四）协调基层党委政府提供服务保障

银发人才返乡助力乡村振兴战略，目标在乡村，需要基层党委政府提供服务，为此，需要以招才引智为导向，立足乡村、依托县镇、省市协调，面向城市各类人才集中的机构单位，吸引银发人才返乡常住，助力乡村发展。以银发人才供需对接为导向，依托统一信息平台加强服务，围绕银发人才的居住医护、交通出行，融入社区等需求，创新体制机制，扎实解决实际问题。在乡镇或乡村完善相应居住、诊疗护理服务点，针对住房问题，依托乡村学校，利用空余场地或者校舍集中建设改造适合银发专家人才居住的住房，提高利用效率。也可通过长期租赁或流动居住等方式，或者个人出资、政府配套投资等模式，按专家公寓配备基本设施，鼓励银发人才集中居住，抱团互助，鼓励村民提供家政服务。结合医疗等相关政策改革，保障银发人才就医门诊服务，在配药、报销等关键环节提供便利。对银发返乡人才应每年组织体检，身体状况不适合在乡村居住的应帮助返城接受护理。

三、实施“反哺家乡——大学生返乡计划”

大学生村官计划有利于新农村建设、有利于培养党政干部后备人才、有利于缓解城市就业压力、有利于年轻一代大学生锻炼成长，这四个方面的意义都是一种战略意义，只要在实践基础上设计好制度，这样的战略意义应当是能够实现的，为此提出几点建议：

（一）组织大学生村官深入研究农村

之所以许多大学生村官的“思想迷茫”，甚至“只有不到一成的人认为，留在农村有前景”，实际上大学生们的“思想迷茫”是那些领导机关“思想迷茫”的反应。大学生们满怀激情、争先恐后来当村官，虽然可能有各种各样的想法，但至少有一点是一致的：他们是想要干一番事业的。现在，许多人基本上只是可有可无的闲人，要是他们情绪不低落，思想不迷茫就奇怪了。但问题显然并不在于大学生村官本身。从上述北京市怀柔区委的调查来看，一个明显的问题是，大学生村官到村里究竟应该干什么，新的大学生村官不知道，老的村官不知道，而上级领导机关也不知道。村官计划实施中最大的问题是不实：不符合农村的实际、也不符合大学生村官的实际。这一点是至关重要的，领导机关必须帮助大学生村官找到与他们的愿望和激情对接的“接口”。而我们认为，解决这一问题并不难。既然我们“不知道”，那么我们第一步的工作就应当是“知道”起来：让大学生村官深入农村调查研究，真正了解农村的实际情况，了解农民需要什么，研究新农村建设究竟应该怎么建。因此，负责实施村官计划的领导机关可以把安排大学生村官进村工作的第一年全部用于调查研究。并且一年时间不够就两年，关键是要真正了解实际情况。例如，让大学生村官到村里每一个农户家里，和每一个在家务农和外出务工的村民深入交谈、交朋友，像毛泽东曾经要求的那样，“跑到你那熟悉的或不熟悉的乡村中间去，夏天晒着酷热的太阳，冬天冒着严寒的风雪，挽着农民的手，问他们痛苦些什么，问他们要些什么”[①]，对“村情”作一次彻底、深入、全面的调查，撰写调查日记，作出社会学、经济学的分析研究，并在与村民和村干部深入研讨、在请教有关方面专家的基础上，提出与县乡经济社会发展规划相衔接的村级经济社会发展短期和中长期规划。同时《关于进一步加强大学生村官工作的意见》（以下简称《意见》）也明确提出了这样的要求：“大学生村官到村任职第一年，一般担任村党组织书记助理或村委会主任助理，重点了解熟悉农村

① 毛泽东文集第1卷［M］. 人民出版社，1993：39.

工作，整理一套涉农政策，走访一遍余村农户、完善一套村情档案、形成一份调研报告、提出一条发展建议、学习一门实用技术，努力实现角色转变。”然后，从第二年开始选择关系到群众最关心、最直接、最现实的利益问题事项，有计划、有步骤地逐步加以落实。尤其是，农村经济社会发展资源有什么、可以做什么，这样的问题搞得非常清楚之后，发展的条件就可能成为机遇。只要实实在在地为农民服务，大学生村官就一定会有做不完的事情，他们会受到农民最真诚的欢迎，思想将不再迷茫，情绪也会越来越高，而大学生村官计划也会越来越具有活力。

（二）组织大学生村官为农民合作社建设提供服务

《意见》也已经要求大学生村官“领办农民专业合作社”，但对如何“领办”没有明确要求。大力发展农民专业合作社，不仅是市场经济条件下提升农业产业发展水平，促进先进农业科技推广，增强农民市场竞争能力，培养农民民主意识、合作意识，提高农民组织化程度，增加农民收入的重要手段，也是推进社会主义新农村建设，实现“生产发展、生活宽裕、乡风文明、村容整洁、管理民主”目标的有效载体，是我们解决“三农”问题、推动新农村建设、构建农村和谐社会切入点的重要抓手。从现阶段广大农村地区农民专业合作社建设的实际情况，缺少合格的优秀的合作社经营管理人才是一个极大的问题，对此，政府有责任帮助农民打破人才缺乏的制约，让大学生村干部承担这一责任。建议由国家农业部有关部门负责组织协调，把所有大学生村干部分配到各地办得比较好的农民专业合作社去免费为农民服务，也就是去农民合作社中去“留学”，在帮助农民专业合作社工作的同时学习掌握专业合作社的管理方法。也可以派一部分人到日本、韩国等去学习农民合作社的组织管理经验。半年或一年之后，把这些大学生作为“能人”输送到那些迫切需要而没有合作社或者合作社办得不好的农村地区去，协助农民组织建立合作社。这样做不仅可以让大学生到村任职计划有一个切实的抓手，也可能为大学生村官提供一条出路。当许多大学生村官“陷入”到这些合作社之中以后，就有可能使其成为长期的职业选择。

（三）尽可能实行大学生村官本土化，让本地人才发挥作用

浙江省慈溪市从 2001 年实行大学生村官计划，连续多年选拔大学生担任

村干部，许多中国科技大学、浙江大学等名校毕业生当村干部，极大地改善了农村干部队伍素质和年龄结构，给农村带来新知识、新文化、新技能，十分有利于加强基层组织建设。由于种种原因，包括慈溪市是一个富裕发达的县级市，村干部待遇比较高，尤其是慈溪市选拔大学生村干部主要是选拔原籍为慈溪市本地的大学生，所以此项工作形成了良性循环，报名竞聘村干部的大学毕业生越来越多，素质也越来越高。在《2011年慈溪市公开选聘高校毕业生到村任职公告》中，选聘对象和条件仍然规定为“本市生源或常住户口”高校本科及以上学历毕业生。在《2012年宁波市选聘高校毕业生到村任职公》中，关于选聘对象和条件也有类似规定：“选聘对象原则上为选聘县（市）区、开发区当地生源或常住户口的全日制普通高校本科及以上学历毕业生”“其中参加择优选聘的，须为全国211、985重点院校全日制本科及以上学历毕业生，在浙全日制普通高校本科及以上学历省级优秀毕业生、系（院）以上优秀学生干部，或者全国全日制普通高校硕士研究生及以上学历毕业生，中共党员（包括预备党员），选聘地生源优先。海曙区、江东区、江北区、镇海区、北仑区、大榭开发区、宁波国家高新区、东钱湖旅游度假区生源或常住户口人员，符合以上择优选聘条件的，可跨区报考除鄞州区以外的其他县（市）区择优选聘职位”“参加公开选聘的，须为全日制普通高校本科及以上学历毕业生，中共党员（包括预备党员）的比例要达到计划数的80%以上。海曙区、江东区、江北区、北仑区、大榭开发区、宁波国家高新区生源或常住户口人员，可跨区报考奉化市、鄞州区、东钱湖旅游度假区公开选聘职位”。宁波市和慈溪市的做法，其实是有其值得重视的文化含义的。本地的大学生到村任职以后，对本地的情况熟悉，很容易融入当地农村社会，有许多人本来就是从本地农村考出去的，回原籍工作，为家乡建设发展服务，更容易发挥作用，对故乡的感情也会成为他们努力工作的动力，而且回到家乡工作对他们来说基本上也是不再有别的退路，扎根农村工作的概率就会大大增加。如果是外地大学生，虽然也可以融入当地农村社会，但相对来说难度较大。尤其是在宁波这种方言十分独特的地方，通常农村居民教育程度都不是很高，大多数人讲当地方言，外来大学生即使学习能力很强也不容易很快学会。如果语言和思维方式以及生活方式差异较大，即使是大学生在这里工作也会很孤单，会受到排斥。因此，从整个大学生到村任职计划来说，也应当尽可能实行本土化策略。

（四）可将大学生村官主要定位为政府履行农村基本公共服务职能的工作人员

在现阶段，大学生村官工作做得比较好的地方主要是引导他们在农村创业发展，我们十分赞同这样的做法。但从长远看，既然他们是“大学生村官”，其主要职责应当不是直接参与农业农村的经济建设，到农村创业发展的应当是另外的大学生们。随着新农村建设重要性的不断提升，随着中央和省级财政对农村转移支付的能力和力度不断增强，健全农村基本公共服务越来越成国家共服务方面的政策、资金等投入就会取得应有的成效，基本公共服务工作也就能够形成良性循环，大学生村官发挥作用的机会也就越来越多。而只要现阶段农村最为短缺的较高质量的公共服务能够真正为广大农民所分享，农民对新农村建设的热情就会越来越高涨，新农村建设就有望形成良性发展的趋势。

第七章

设施互通　资源共享

基础设施互通、资源共享是推进城乡融合发展的基础性条件。城乡基础设施融合发展，重点在农村。农村基础设施是为农村生产的发展、农民生活的改善提供公共产品和公共服务的各种设施的总称，农村基础设施是历史的范畴，在不同的时期会有不同的内容。1949 年以来农村基础设施经历从要素分立到要素统筹、再到要素融合的阶段，当前城乡基础设施互通、资源共享格局正在加速形成之中，当然，与广大群众需求相比还有差距，应当抓住有利时机，重点推进“一二三四五工程”，全面加强基础设施建设，不断提升城乡公共服务能力。

第一节

从要素分立到要素融合

1949 年以来，与社会主义建设与改革相适应，农村基础设施经历从要素分立到要素融合的阶段，推进城乡基础设施互通、资源共享是必然的选择与要求。

一、新中国成立到十一届三中全会前的要素分立

1949 年以来，特别是社会主义改造完成以后，开始了大规模的以工业化为中心的经济建设；为了确保工业化建设所需的原始积累，我国实施了一系列优先发展工业的倾斜政策，如国家从 1953 年开始对农产品实行统购统销政策，人为地实行工农业产品不等价交换，并且正是由于工农业产品的不等价交换（即“剪刀差”），实现了将农业剩余向工业和城镇的大规模转移。与此同时，

通过学习苏联，建立起高度集中的计划经济管理体制，强化资源控制和行政管理，通过严格的户籍制度，把农村和城市割裂开来，从而形成了城乡不同的独立发展局面，使要素资源配置处于分立状态，基础设施处于创建起步阶段。其主要特征有以下几点。

（一）要素资源配置向城市倾斜，广大农村没有受到足够重视

1949年以来，国家十分重视对工业和城市的投入，广大农村投入相对较少，相反，通过特殊“剪刀差”政策，为工业和城市筹集大量资金。据资料统计，1952～1978年的26年间，国家通过工农业产品不等价交换形式从农业中转移资金3917亿元，以税收等形式转移资金935亿元，两项合计4850多亿元，扣除同期国家财政支农资金，农业净流出资金为3120亿元。[①] 由于农村失血过多，再加上国家、区域、城市规划中并没有将农村考虑进去，致使农村的道路、通讯、医疗、卫生、教育、文化等公共基础设施普遍较差，配套设施非常不全。不仅影响到农村经济的发展，而且也影响到农民收入的提高和农民生活的改善。

（二）兴修水利设施，发展灌溉

在当时农村各类基础设施中，水利受到较大的重视。早在1950年10月遵照毛主席根治淮河的指示，政务院专门作出《关于治理淮河的决定》，强调指出“关于治理淮河的方针，应蓄泄兼筹，以达根治之目的。”[②] 社会主义改造完成以后，及时提出，“全国水利事业的发展，应当以修建中小型水利工程为主，同时修建必要的可能的大型水利工程。小型水利工程（打井、挖塘、筑堤、打旱井、开渠、筑圩、修水库、兴修蓄水排水的沟洫畦田台田系统等），小河的治理，都由地方和农业合作社负责，有计划地尽可能大量地进行。”[③] 同时，在总体经费十分紧张的情况下，安排大型水利工程建设，加大对水利基

---

① 王积业，王建．我国二元经济结构矛盾与工业化战略选择［M］．北京：中国计划出版社，1996：33.

② 中共中央文献研究室编．建国以来重要文献选编（第一册）．北京：中央文献出版社，1992：426.

③ 中共中央文献研究室编．建国以来重要文献选编（第十册）．北京：中央文献出版社，1994：640.

础设施建设的投入。20 世纪 50 年代建成荆江分洪工程、官厅水库、新安江水库、三门峡水库等重大水利工程；60 年代建成江都水利枢纽工程、红旗渠等。进入 70 年代，1970 年 12 月 26 日，党中央决定兴建万里长江第一坝——葛洲坝水利枢纽，对加快水电建设和兴建三峡水利枢纽奠定了基础。完成黄河三门峡水利枢纽工程的改建工程，以及刘家峡、盐锅峡、青铜峡等水库和水电站的建设。这些重大水利项目相继建成，在保障生产与生活方面发挥着极其重要的作用。

（三）大力发展教育、文化、体育、医疗卫生事业

旧中国，我国农村教育十分落后，文盲众多，1949 年以来党和国家高度重视发展农村教育，为此，我国“一五”计划明确提出，“五年内，国家将发展农村中的文化教育事业和保健事业，以提高农民的文化生活水平，增进农民的健康。……卫生、医疗事业的发展是首先加强工业区、基本建设区、林区的卫生、医疗工作，并逐步地加强农村卫生、医疗工作。”[①] 社会主义改造完成以后，及时提出从 1956 年开始，要扫除文盲，发展农村文化教育事业，发展农村广播网、发展农村的电话网和邮政网、发展农村交通运输。我国“三五”计划明确提出，“发展社会主义新文化，使文化教育工作同农业生产、建设的发展相适应，同农业现代化的进度相适应。应当逐步发展农村的小学教育，发展农村的夜校、冬学、识字班，有计划地设立业余文化学校，争取在 1970 年以前，基本上扫除青年和壮年中的文盲。……文化部门要多供应内容健康的、适合农村需要的报纸、图书、杂志、画片等，要积极发展农村的电影放映事业。……应当结合农业生产、农民生活习惯，继续开展以除四害、讲卫生、消灭危害人民健康最严重的疾病为中心的群众性爱国卫生运动。应当广泛地开展农村体育活动。”[②] 为了更好地解决教育与生产脱节的问题，1965 年，中央同意的教育部党组《关于农村半农半读教育会议的报告》提出，“大力普及小学教育，扩大试办农业中学，积极试办半农半读中等技术学校，用革命的办法解

---

① 中共中央文献研究室编．建国以来重要文献选编（第六册）．北京：中央文献出版社 1993 年：542 - 544.

② 中共中央文献研究室编．建国以来重要文献选编（第十八册）．北京：中央文献出版社，1998：498 - 499.

决师资问题，努力促进农村教育革命更健康更深入地发展。”[①] 为了妥善解决农村医疗保障供需矛盾，从1969年起，全国上下出现了大办农村合作医疗的热潮，各县、人民公社普遍成立了合作医疗管理委员会，生产大队成立了合作医疗管理小组。各县都建立了医院，公社建立了卫生院。据1977年年底的统计，全国有85%的生产大队实行了合作医疗，人口覆盖率达80%以上。全国“赤脚医生”达150多万人，生产队的卫生员、接生员共有390多万。生产大队建立了医疗保健室（站）。农民们头痛脑热可以在农村就地解决，急慢性病可以到公社卫生院就医，疑难病可以到县医院住院治疗。

（四）要素资源配采用计划手段，资金来源单一

长期以来，与基础薄弱、计划经济相适应，我国农村基础设施建设的资金一般主要是依靠自有资金、财政资金和银行贷款。1962年8月，《中共中央 国务院关于农业生产资金问题的通知》明确提出：“农业资金必须贯彻‘自力更生为主，国家支援为辅’的原则。今后生产队需要的生产费用，应当在收入分配中打够留足，应当先使用生产队自己的资金，后使用国家的资金……农业资金的安排，必须同国家农业生产资料的供应紧密结合。无论无偿投资、长期无息贷款和短期贷款，都必须遵守这样的原则，即：确有物资，物资适用，群众欢迎。凡是符合这三个条件，生产队没有钱购买的，财政和银行应当积极支持。不符合这三个条件的，给了钱，不仅会浪费资金，群众也不满意。”[②] 相比之下，农村许多地方基础设施投入依靠自有资金为主，财政资金、银行贷款相对较少，由于总体上投入不足，直接影响我国农村基础设施健康的发展。

二、十一届三中全会到十八大前的要素统筹

1978年12月，党的十一届三中全会的召开，标志着中国社会主义建设进入了一个新的阶段。在党的十一届三中全会精神指引下，我国进入全面改革开放时代，从计划经济为主市场调节为辅，到建立公有制基础上的商品经济，再

---

① 中共中央文献研究室编．建国以来重要文献选编（第二十册）．北京：中央文献出版社，1998：317.

② 中共中央文献研究室编．建国以来重要文献选编（第十五册）．北京：中央文献出版社，1992：555－556.

到建立社会主义市场经济，改革目标日益明确，改革步伐日益加大；随着经济的发展，综合国力的提高，以工补农的条件逐步成熟；由于中国特殊国情，农业、农村、农民“三农”问题日益受到党和政府的高度关注和重视，相继通过多个文件，指导着农村改革不断走向深入，要素资源配置处于统筹状态，基础设施处于全面建设阶段。

（一）要素资源配置从城市，更多地向农村倾斜，实现城乡统筹兼顾

鉴于1949年以来我国农村发展的经历教训，立足于中国国情，提出并实施城乡统筹发展战略。

1979年9月，《中共中央关于加快农业发展若干问题的决定》提出：“有计划地发展小城镇建设和加强城市对农村的支援。这是加快实现农业现代化，实现四个现代化，逐步缩小城乡差别、工农差别的必由之路。……我们一定要十分注意加强小城镇的建设，逐步用现代工业交通业、现代商业服务业、现代教育科学文化卫生事业把它们武装起来，作为改变全国农村面貌的前进基地。”[①] 在基本建设方面，要求“今后三五年内，国家对农业的投资在整个基本建设投资中所占的比重，逐步提高到百分之十八左右；……继续坚决地、大力地、因地制宜地搞好农、林、牧、副、渔各业生产、储运、加工所需的农业基本建设。[②] 1993年8月，经国务院第七次常务会议审议通过《九十年代中国农业发展纲要》明确强调在指导思想上，要“不断加强农业基础，加大农业投入，改善农业基础设施，确保农业再上新台阶，满足国民经济持续、快速、健康发展的需要。按照建立社会主义市场经济体制的要求，深化农村改革，加强农村市场、交通、运输、仓储、信息、咨询等基础设施和各种社会化服务体系的建设。”[③]重申要继续支持乡镇企业发展和小城镇建设，实现“以工建农”。通过乡镇企业的发展，增加对农业的投入，加强农业基础设施建设。

1998年10月，党的十五届三中全会通过的《中共中央关于农业和农村工

① 中共中央文献研究室编．三中全会以来重要文献选编（上）．北京：中央文献出版社，2011：173.

② 中共中央文献研究室编．三中全会以来重要文献选编（上）．北京：中央文献出版社，2011：162－163.

③ 中共中央文献研究室编．十四大以来重要文献选编（上）．北京：中央文献出版社，2011：400.

作若干重大问题的决定》全面总结改革开放以来农村改革基本经验，强调指出，“必须从全局出发，高度重视农业，使农村改革和城市改革相互配合、协调发展。坚持以农业为基础，从政策、科技、投入等方面大力支持农业。首先启动农村改革，以农村的改革和发展推动城市，又以城市的改革和发展支持农村，这是中国改革的成功之路。”① “要制定和完善促进小城镇健康发展的政策措施，进一步改革小城镇户籍管理制度。小城镇要合理布局，科学规划，重视基础设施建设，注意节约用地和保护环境。”②

进入 21 世纪新阶段，中央文件明确提出，要按照统筹城乡经济社会发展的要求，尽快扭转城乡居民收入差距不断扩大的趋势。2006 年 12 月，《中共中央、国务院关于积极发展现代农业扎实推进社会主义新农村建设的若干意见》明确提出，要“统筹城乡经济社会发展，实行工业反哺农业、城市支持农村和多予少取放活的方针，巩固、完善、加强支农惠农政策，切实加大农业投入，积极推进现代农业建设。”③ 为了更好地建设现代农业，必须下决心增加投入，加强基础设施建设，加快改变农村生产生活条件落后的局面。2007 年 12 月，《中共中央 国务院关于切实加强农业基础建设进一步促进农业发展农民增收的若干意见》明确提出，“按照统筹城乡发展要求切实加大‘三农’投入力度。强化农业基础，必须引导要素资源合理配置，推动国民收入分配切实向‘三农’倾斜，大幅度增加对农业和农村投入。要坚持并落实工业反哺农业、城市支持农村和多予少取放活的方针，坚持做到县级以上各级财政每年对农业总投入增长幅度高于其财政经常性收入增长幅度，坚持把国家基础设施建设和社会事业发展的重点转向农村。”④

（二）水利设施、电力工程、农村道路建设全面加快

由于水利、电力、道路等基础设施在解决“三农”问题中的重要性，因

---

① 中共中央文献研究室编．十五大以来重要文献选编（上）．北京：中央文献出版社，2011：492.

② 中共中央文献研究室编．十五大以来重要文献选编（上）．北京：中央文献出版社，2011：502.

③ 中共中央文献研究室编．十六大以来重要文献选编（下）．北京：中央文献出版社，2011：836.

④ 中共中央文献研究室编．十七大以来重要文献选编（上）．北京：中央文献出版社，2009：135.

而受到党和政府的高度重视。在各级党委和政府重视下，水利设施、电力工程、农村道路建设步伐全面加快。

1979年9月，《中共中央关于加快农业发展若干问题的决定》提出，“要因地制宜地开展农田水利和草原灌溉，分别在南方北方、山地平原、水田旱田的不同情况，能引则引，能蓄则蓄，能提则提，逐步发展喷灌，实现农业水利化。”① 同时要根据资源条件努力举办农村小水电站、水火电站，扩大沼水，积极利用风力和太阳能，切实解决农村用电的问题。在交通运输方面，强调指出“要努力建设联结城市、县镇和农村的公路，在一九八五年基本上做到县县、社社通汽车，同时加强牧区、林区、渔区的交通建设。”② 1993年8月经国务院第七次常务会议审议通过《九十年代中国农业发展纲要》明确指出，“水利工程是农业生产持续稳定发展的重要保障。中央和地方都要集中力量，建设一批重点水利工程。”③ 20世纪90年代的主要建设项目有：防洪工程、水资源工程、灌排工程、水电工程等。

1998年10月，党的十五届三中全会通过的《中共中央关于农业和农村工作若干重大问题的决定》强调指出，必须高度重视水利建设，“洪涝灾害历来是中华民族的心腹大患，水资源短缺越来越成为我国农业和经济社会发展的制约因素，必须引起全党高度重视。要增强全民族的水患意识，动员全社会力量把兴修水利这件安民兴邦的大事抓紧抓好。水利建设要坚持全面规划、统筹兼顾、标本兼治、综合治理的原则，实行兴利除害结合，开源节流并重，防洪抗旱并举。重大水利工程建设，应从长计议、全面考虑、科学选比、周密计划。当务之急要加大投入，加快长江黄河等大江、大河、大湖的治理，提高防洪能力。”④

进入21世纪新阶段，从发展现代农业、推进社会主义新农村建设的高度，强调大力发展水利、电力、饮水、乡村道路等基础设施。2006年12月《中共

---

① 中共中央文献研究室编．三中全会以来重要文献选编（上）．北京：中央文献出版社，2011：171.

② 中共中央文献研究室编．三中全会以来重要文献选编（上）．北京：中央文献出版社，2011：173.

③ 中共中央文献研究室编．十四大以来重要文献选编（上）．北京：中央文献出版社，2011：409.

④ 中共中央文献研究室编．十五大以来重要文献选编（上）．北京：中央文献出版社，2011：498－499.

中央 国务院关于积极发展现代农业扎实推进社会主义新农村建设若干意见》提出，“要把加强农田水利设施建设作为现代农业建设的一件大事来抓。加快大型灌区续建配套和节水改造，搞好末级渠系建设，推行灌溉用水总量控制和定额管理。”[①]“十一五”时期，“要解决1.6亿农村人口的饮水安全问题，优先解决人口较少民族、水库移民、血吸虫病区和农村学校的安全饮水，争取到2015年基本实现农村人口安全饮水目标，有条件的地方可加快步伐。加大农村公路建设力度，加强农村公路养护和管理，完善农村公路筹资建设和养护机制。继续推进农村电网改造和建设，落实城乡同网同价政策，加快户户通电工程建设，实施新农村电气化建设‘百千万’工程。”[②] 2010年12月，《中共中央 国务院关于加快水利改革发展的决定》提出，深入贯彻落实科学发展观，把水利作为国家基础设施建设的优先领域，把农田水利作为农村基础设施建设的重点任务，把严格水资源管理作为加快转变经济发展方式的战略举措，注重科学治水、依法治水，突出加强薄弱环节建设，大力发展民生水利，不断深化水利改革，加快建设节水型社会，促进水利可持续发展，努力走出一条中国特色水利现代化道路。[③]

（三）积极探索农村教育、新型农村合作医疗新布局

1979年9月，《中共中央关于加快农业发展若干问题的决定》明确强调指出，必须彻底纠正那种认为农业现代化可以不要高度现代化的科学研究和教育事业的错误观点，中央要办好几个重点的高等农业院校，各省、市、自治区要根据农业区域规划办好一批农业学院和中等农业技术学校，逐步形成门类齐全、布局合理的农业教育体系。“县以下主要要抓好试验、示范、推广和技术培训工作。各地要尽快制定规划，着手轮训县、社、队干部，培养当前农村急需的农机手、农业技术人员和财会人员”。[④] 1993年8月，经国务院第七次常

---

① 中共中央文献研究室编．十六大以来重要文献选编（下）．北京：中央文献出版社，2011：838－839.

② 中共中央文献研究室编．十六大以来重要文献选编（下）．北京：中央文献出版社，2011：839－840.

③ 国务院公报．http：//www.gov.cn/gongbao/content/2011/content_1803158.htm.

④ 中共中央文献研究室编．三中全会以来重要文献选编（上）．北京：中央文献出版社，2011：170.

务会议审议通过《九十年代中国农业发展纲要》明确强调指出，“统筹规划经济、科技、教育的发展，基本普及九年义务教育。进一步搞好一批农林水利重点大学、院校、重点学科的建设，集中力量建设一批水平较高的重点中等农林水利学校。”①

1998 年 10 月，党的十五届三中全会通过的《中共中央关于农业和农村工作若干重大问题的决定》从加强社会主义精神文明、落实科教兴农的战略高度提出，“加强农村文化设施建设，扩大广播、电视覆盖面，组织好文化、科技、卫生‘三下乡’，鼓励和支持农民业余文化体育活动。……完善农村医疗卫生设施，稳步发展合作医疗，提高农民健康水平。发展农村教育事业是落实科教兴农方针、提高农村人口素质的关键。必须从农村长远发展和我国现代化建设全局的高度，充分认识发展农村教育的重要性和紧迫性。积极推进农村教育综合改革，统筹安排基础教育、职业教育和成人教育，进一步完善农村教育体系。抓紧实施农村尤其是少数民族地区和贫困地区的义务教育，切实解决适龄儿童尤其是女童的辍学问题。”②

2006 年 12 月，《中共中央 国务院关于积极发展现代农业扎实推进社会主义新农村建设若干意见》从推进城乡基本公共服务均等化、构建社会主义和谐社会的战略高度提出，必须“继续改善农村办学条件，促进城乡义务教育均衡发展。2007 年全国农村义务教育阶段学生全部免除学杂费，对家庭经济困难学生免费提供教科书并补助寄宿生生活费，有条件的地方可扩大免、补实施范围。加快发展农村职业技术教育和农村成人教育，扩大职业教育面向农村的招生规模。加大对大专院校和中等职业学校农林类专业学生的助学力度，有条件的地方可减免种植、养殖专业学生的学费。努力扫除农村青壮年文盲。继续扩大新型农村合作医疗制度试点范围，加强规范管理，扩大农民受益面，并不断完善农村医疗救助制度。增加农村文化事业投入，加强农村公共文化服务体系建设，加快广播电视“村村通”和农村文化信息资源共享工程建设步伐。”③

---

① 中共中央文献研究室编．十四大以来重要文献选编（上）．北京：中央文献出版社，2011：413.
② 中共中央文献研究室编．十五大以来重要文献选编（上）．北京：中央文献出版社，2011：507.
③ 中共中央文献研究室编．十六大以来重要文献选编（下）．北京：中央文献出版社，2011：847.

（四）要素资源配采用计划、市场两种手段，资金来源开始多样

随着改革开放的不断深入，市场化程度不断提高，要素配置上采用计划与市场两种手段，资金来源上追求多样化。

1983年1月，中共中央印发《当前农村经济政策的若干问题》的通知，强调指出，“加快农村建设，必须广辟资金来源。……有限的国家投资只能用于群众力所不及的重大建设项目，如开发重点垦区、林区、兴修大型水利、电力工程、公路干线、电讯设施和储运设施等。其他小型农田基本建设和服务设施所需要的投资主要依靠农业本身的资金积累和劳动积累。”①

1990年12月，《中共中央 国务院关于一九九一年农业和农村工作的通知》进一步提出，农田水利基本建设“要本着自力更生为主、国家支援为辅的原则，国家、地方、集体和农户一起上、多层次、多渠道地筹集建设资金。国家资金投入主要用于大江大河治理和某些重点水利工程建设。小型农田水利建设，主要依靠集体和农民，特别是依靠农民的劳动积累。”②

1993年8月，经国务院第七次常务会议审议通过《九十年代中国农业发展纲要》明确强调“必须努力拓宽农业投资渠道，大幅度增加农业投资。国家预算内农业基本建设投资、国家财政支农资金、银行的农业信贷资金、以工代赈资金等现有渠道的农业投资要长期稳定，并逐步增加。为了保证农业发展的需要，从中央到地方，计划、财政、信贷盘子都要优先保证农业资金，一定要下决心改变农业投资份额小的状况。根据国家财税、金融、投资、外贸体制改革方向，积极开辟资金渠道，更多地吸收和利用外资。”同时要增加农村集体、个人用于农业的投入。”③

2004年12月，《中共中央 国务院关于进一步加强农村工作提高农业综合生产能力若干政策的意见》明确提出，“进一步放宽农业和农村基础设施投资领域，采取贴息、补助、税收等措施，发挥国家农业资金投入的导向作用，鼓

① 中共中央文献研究室编．十二大以来重要文献选编（上）．北京：中央文献出版社，2011：226.

② 中共中央文献研究室编．十三大以来重要文献选编（中）．北京：中央文献出版社，2011：688.

③ 中共中央文献研究室编．十四大以来重要文献选编（上）．北京：中央文献出版社，2011：413.

励社会资本积极投资开发农业和建设农村基础设施。……加快农村小型基础设施产权制度改革。要在总结经验的基础上，加大改革力度，明晰产权，明确责任，充分调动各方面投资建设和管好农村小型基础设施的积极性。加快小型农村水利工程管理体制改革步伐。”①

三、党的十八大以来的要素融合

党的十八大以来，中国综合国力得到进一步增强，中国特色社会主义进入新时代，我国社会主要矛盾已经转化为人民日益增长的美好生活需要和不平衡不充分的发展之间的矛盾。深化供给侧结构性改革，推进城乡融合、实现高质量发展，必然对要素资源配置提出更高的要求，同时，互联网信息、通信技术日益成熟，为推进要素资源融合提供了重要条件。党的十八大以来，适应城乡融合发展要求，要素资源配置处于互联互通的融合状态，基础设施快速提升。其主要表现为以下几点：

（一）要素资源配置从城乡融合战略高度进行谋划布局，以更好地造福亿万农民

党的十八大明确提出推动城乡发展一体化的任务，把它作为解决“三农”问题的根本途径。要加大统筹城乡发展力度，增强农村发展活力，逐步缩小城乡差距，促进城乡共同繁荣。强调指出，加快完善城乡发展一体化体制机制，着力在城乡规划、基础设施、公共服务等方面推进一体化，促进城乡要素平等交换和公共资源均衡配置，形成以工促农、以城带乡、工农互惠、城乡一体的新型工农、城乡关系。②

为了更好地贯彻党的十八大精神，切实解决当时存在农业综合生产成本上升、农产品供求结构性矛盾突出、村庄“空心化”、人口老龄化趋势明显等问题，为此，2012 年 12 月，《中共中央 国务院关于加快发展现代农业进一步增强农村发展活力的若干意见》提出，“要改进农村公共服务机制，积极推进城乡公共资源均衡配置。按照提高水平、完善机制、逐步并轨的要求，大力推动

---

① 中共中央文献研究室编．十六大以来重要文献选编（中）．北京：中央文献出版社，2011：527－528．

② 中共中央文献研究室．十八大以来重要文献选编（上）．北京：中央文献出版社，2014：19．

社会事业发展和基础设施建设向农村倾斜，努力缩小城乡差距，加快实现城乡基本公共服务均等化。”[①] 2014 年 1 月，《中共中央 国务院关于深化农村改革加快推进农业现代化的若干意见》提出，“健全城乡发展一体化体制机制，开展村庄人居环境整治。加快编制村庄规划，推行以奖促治政策，以治理垃圾、污水为重点，改善村庄人居环境。”[②] 2017 年 2 月，国务院办公厅印发《关于创新农村基础设施投融资体制机制的指导意见》，强调提出，“以加快补齐农村基础设施短板、推进城乡发展一体化为目标，以创新投融资体制机制为突破口，明确各级政府事权和投入责任，拓宽投融资渠道，优化投融资模式，加大建设投入，完善管护机制，全面提高农村基础设施建设和管理水平。”[③]

为了更好地贯彻党的十九大精神，2018 年 2 月，《中共中央 国务院关于实施乡村振兴战略的意见》全面部署乡村振兴工作，明确了乡村振兴战略三个阶段的目标任务，将农村基础设施完善纳入具体目标之中，“到 2020 年，乡村振兴取得重要进展，制度框架和政策体系基本形成。农村基础设施建设深入推进，农村人居环境明显改善，美丽宜居乡村建设扎实推进；城乡基本公共服务均等化水平进一步提高，城乡融合发展体制机制初步建立。到 2035 年，乡村振兴取得决定性进展，农业农村现代化基本实现。城乡基本公共服务均等化基本实现，城乡融合发展体制机制更加完善；农村生态环境根本好转，美丽宜居乡村基本实现。到 2050 年，乡村全面振兴，农业强、农村美、农民富全面实现。”[④] 为了切实解决城乡要素流动不顺畅、公共资源配置不合理等问题，2019 年 4 月，《中共中央 国务院关于建立健全城乡融合发展体制机制和政策体系的意见》提出，“坚持推进高质量发展，坚持农业农村优先发展，以协调推进乡村振兴战略和新型城镇化战略为抓手，以缩小城乡发展差距和居民生活水平差距为目标，以完善产权制度和要素市场化配置为重点，坚决破除体制机制弊端，促进城乡要素自由流动、平等交换和公共资源合理配置，加快形成工农互促、城乡互补、全面融合、共同繁荣的新型工农城乡关系，加快推进农业农村

① 中共中央文献研究室．十八大以来重要文献选编（上）．北京：中央文献出版社，2014：94－104.

② 中共中央文献研究室．十八大以来重要文献选编（上）．北京：中央文献出版社，2014：713.

③ 中国政府网．http：//www. gov. cn/zhengce/content/2017－02/17/content_5168733. htm.

④ 中国政府网．http：//www. gov. cn/zhengce/2018－02/04/content_5263807. htm.

现代化。”①

（二）道路、水利、电力等传统设施进一步完善，互联网、社区生活服务等新型设施不断推进

围绕现代农业建设，改变农业资源要素流失加快的现状，2012 年 12 月《中共中央 国务院关于加快发展现代农业进一步增强农村发展活力的若干意见》提出，“加强农村基础设施建设。加大公共财政对农村基础设施建设的覆盖力度，逐步建立投入保障和运行管护机制。‘十二五’期间基本解决农村饮水安全问题。农村电网升级改造要注重改善农村居民用电和农业生产经营供电设施，中央投资继续支持农村水电供电区电网改造和农村水电增效扩容改造。推进西部地区、连片特困地区乡镇、建制村通沥青（水泥）路建设和东中部地区县乡公路改造、连通工程建设，加大农村公路桥梁、安保工程建设和渡口改造力度，继续推进农村乡镇客运站网建设。加快宽带网络等农村信息基础设施建设。”② 2014 年 1 月，《中共中央 国务院关于深化农村改革加快推进农业现代化的若干意见》提出，“以西部和集中连片特困地区为重点加快农村公路建设，加强农村公路养护和安全管理，推进城乡道路客运一体化。因地制宜地发展户用沼气和规模化沼气。在地震高风险区实施农村民居地震安全工程。加快农村互联网基础设施建设，推进信息进村入户。”③

为了更好地贯彻党的十九大精神，2018 年 2 月，《中共中央 国务院关于实施乡村振兴战略的意见》提出，推动农村基础设施提档升级，为此要“继续把基础设施建设重点放在农村，加快农村公路、供水、供气、环保、电网、物流、信息、广播电视等基础设施建设，推动城乡基础设施互联互通。以示范县为载体全面推进‘四好农村路’建设，加快实施通村组硬化路建设。推进节水供水重大水利工程，实施农村饮水安全巩固提升工程。加快新一轮农村电网改造升级，制定农村通动力电规划，推进农村可再生能源开发利用。实施数字乡村战略，做好整体规划设计，加快农村地区宽带网络和第四代移动通信网络覆盖步伐，开发适应‘三农’特点的信息技术、产品、应用和服务，推动远

---

① 中国政府网 . http：//www. gov. cn/zhengce/2019 - 05/05/content_5388880. htm.

② 中共中央文献研究室 . 十八大以来重要文献选编（上）. 北京：中央文献出版社，2014：104.

③ 中共中央文献研究室 . 十八大以来重要文献选编（上）. 北京：中央文献出版社，2014：713 - 714.

程医疗、远程教育等应用普及，弥合城乡数字鸿沟。”①

2019年1月，《中共中央 国务院关于坚持农业农村优先发展做好“三农”工作的若干意见》提出，“实施村庄基础设施建设工程。推进农村饮水安全巩固提升工程，加强农村饮用水水源地保护，加快解决农村‘吃水难’和饮水不安全问题。全面推进‘四好农村路’建设，加大‘路长制’和示范县实施力度，实现具备条件的建制村全部通硬化路，有条件的地区向自然村延伸。加强村内道路建设。全面实施乡村电气化提升工程，加快完成新一轮农村电网改造。完善县乡村物流基础设施网络，支持产地建设农产品贮藏保鲜、分级包装等设施，鼓励企业在县乡和具备条件的村建立物流配送网点。加快推进宽带网络向村庄延伸，推进提速降费。继续推进农村危房改造。”② 2019年1月，中央农办、农业农村部、国家卫生健康委、住房城乡建设部、文化和旅游部、国家发展改革委、财政部、生态环境部等8部门联合印发了《关于推进农村“厕所革命”专项行动的指导意见》提出，加快完成农村户用厕所无害化改造。为了解决体制机制上的问题，同年4月，《中共中央 国务院关于建立健全城乡融合发展体制机制和政策体系的意见》提出，把公共基础设施建设重点放在乡村，坚持先建机制、后建工程，加快推动乡村基础设施提档升级，实现城乡基础设施统一规划、统一建设、统一管护。

（三）推动城乡义务教育一体化发展，新型农村合作医疗不断完善

为了更好地推进城乡公共服务均等化，2012年12月，《中共中央 国务院关于加快发展现代农业进一步增强农村发展活力的若干意见》提出，“大力发展农村社会事业。完善农村中小学校舍建设改造长效机制。办好村小学和教学点，改善办学条件，配强师资力量，方便农村学生就近上学。设立专项资金，对在连片特困地区乡、村学校和教学点工作的教师给予生活补助。深入实施农村重点文化惠民工程，建立农村文化投入保障机制。”③ 2014年1月，《中共中央 国务院关于深化农村改革加快推进农业现代化的若干意见》提出，“推进城乡基本公共服务均等化。加快改善农村义务教育薄弱学校基本办学条件，适当

---

① 中国政府网．http：//www. gov. cn/zhengce/2018－02/04/content_5263807. htm.

② 人民网．http：//cpc. people. com. cn/n1/2019/0219/c419242－30806167. html.

③ 中共中央文献研究室．十八大以来重要文献选编（上）．北京：中央文献出版社，2014：105.

提高农村义务教育生均公用经费标准。大力支持发展农村学前教育。落实中等职业教育国家助学政策，紧密结合市场需求，加强农村职业教育和技能培训。支持和规范农村民办教育。提高重点高校招收农村学生比例。有效整合各类农村文化惠民项目和资源，推动县乡公共文化体育设施和服务标准化建设。深化农村基层医疗卫生机构综合改革，实施中西部全科医生特岗计划。继续提高新型农村合作医疗的筹资标准和保障水平，完善重大疾病保险和救助制度，推动基本医疗保险制度城乡统筹。”① 2016 年 7 月，国务院印发《关于统筹推进县域内城乡义务教育一体化改革发展的若干意见》，要求“按照全面建成小康社会目标，加快缩小城乡教育差距，促进教育公平，统筹推进县域内城乡义务教育一体化改革发展。加快推进县域内城乡义务教育学校建设标准统一、教师编制标准统一、生均公用经费基准定额统一、基本装备配置标准统一和‘两免一补’政策城乡全覆盖，到 2020 年，城乡二元结构壁垒基本消除，义务教育与城镇化发展基本协调；城乡学校布局更加合理，学校标准化建设取得显著进展，城乡师资配置基本均衡，乡村教师待遇稳步提高、岗位吸引力大幅增强，乡村教育质量明显提升，九年义务教育巩固率达到 95%，县域义务教育均衡发展和城乡基本公共教育服务均等化基本实现。”②

乡村振兴，教育必须先行。2018 年，《中共中央 国务院关于实施乡村振兴战略的意见》提出，优先发展农村教育事业，要“高度重视发展农村义务教育，推动建立以城带乡、整体推进、城乡一体、均衡发展的义务教育发展机制。全面改善薄弱学校基本办学条件，加强寄宿制学校建设。按照有标准、有网络、有内容、有人才的要求，健全乡村公共文化服务体系。发挥县级公共文化机构辐射作用，推进基层综合性文化服务中心建设，实现乡村两级公共文化服务全覆盖，提升服务效能。深入推进文化惠民，公共文化资源要重点向乡村倾斜，提供更多更好的农村公共文化产品和服务。”③ 2019 年 1 月，《中共中央 国务院关于坚持农业农村优先发展做好“三农”工作的若干意见》强调，“全面提升农村教育、医疗卫生、社会保障、养老、文化体育等公共服务水平，加快推进城乡基本公共服务均等化。推动城乡义务教育一体化发展，深入

① 中共中央文献研究室．十八大以来重要文献选编（上）．北京：中央文献出版社，2014：714.
② 中国政府网．http：//www. gov. cn/zhengce/content/2016 －07/11/content_5090298. htm.
③ 中国政府网．http：//www. gov. cn/zhengce/2018 －02/04/content_5263807. htm.

实施农村义务教育学生营养改善计划。实施高中阶段教育普及攻坚计划，加强农村儿童健康改善和早期教育、学前教育。加快标准化村卫生室建设，实施全科医生特岗计划。加快推进农村基层综合性文化服务中心建设。”① 同年4月，《中共中央 国务院关于建立健全城乡融合发展体制机制和政策体系的意见》提出，“优先发展农村教育事业，建立以城带乡、整体推进、城乡一体、均衡发展的义务教育发展机制。多渠道增加乡村普惠性学前教育资源，推行城乡义务教育学校标准化建设，加强寄宿制学校建设。健全乡村医疗卫生服务体系。改善乡镇卫生院和村卫生室条件，因地制宜建立完善医疗废物收集转运体系，提高慢性病、职业病、地方病和重大传染病防治能力，加强精神卫生工作，倡导优生优育。健全网络化服务运行机制，鼓励县医院与乡镇卫生院建立县域医共体，鼓励城市大医院与县医院建立对口帮扶、巡回医疗和远程医疗机制。统筹城乡公共文化设施布局、服务提供、队伍建设，推动文化资源重点向乡村倾斜，提高服务的覆盖面和适用性。”②

（四）创新投融资体制机制，拓宽投融资渠道

2012年12月，《中共中央 国务院关于加快发展现代农业进一步增强农村发展活力的若干意见》提出，“要在稳定完善强化行之有效政策基础上，着力构建‘三农’投入稳定增长长效机制，确保总量持续增加、比例稳步提高。鼓励企业以多种投资方式建设农村生产生活基础设施。”③ 2014年1月，《中共中央、国务院关于深化农村改革加快推进农业现代化的若干意见》进一步提出，“支持农业发展银行开展农业开发和农村基础设施建设中长期贷款业务，建立差别监管体制。积极发展村镇银行，逐步实现县市全覆盖，符合条件的适当调整主发起行与其他股东的持股比例。支持由社会资本发起设立服务‘三农’的县域中小型银行和金融租赁公司。对小额贷款公司，要拓宽融资渠道，完善管理政策，加快接入征信系统，发挥支农支小作用。”④ 2017年2月，国务院办公厅印发《关于创新农村基础设施投融资体制机制的指导意见》，强调

① 人民网．http：//cpc.people.com.cn/n1/2019/0219/c419242－30806167.html.

② 中国政府网．http：//www.gov.cn/zhengce/2019－05/05/content_5388880.htm.

③ 中共中央文献研究室．十八大以来重要文献选编（上）．北京：中央文献出版社，2014：97－98.

④ 中共中央文献研究室．十八大以来重要文献选编（上）．北京：中央文献出版社，2014：712－713.

提出，“健全分级分类投入体制。对农村道路等没有收益的基础设施，建设投入以政府为主，鼓励社会资本和农民参与。对农村供水、污水垃圾处理等有一定收益的基础设施，建设投入以政府和社会资本为主，积极引导农民投入。对农村供电、电信等以经营性为主的基础设施，建设投入以企业为主，政府对贫困地区和重点区域给予补助。创新政府投资支持方式，采取直接投资、投资补助、资本金注入、财政贴息、以奖代补、先建后补、无偿提供建筑材料等多种方式支持农村基础设施建设。支持各地通过政府和社会资本合作模式，引导社会资本投向农村基础设施领域。鼓励按照‘公益性项目、市场化运作’理念，大力推进政府购买服务，创新农村基础设施建设和运营模式。”①

为了更好地实施乡村振兴战略，2018 年 2 月，《中共中央 国务院关于实施乡村振兴战略的意见》进一步提出，“要健全投入保障制度，创新投融资机制，加快形成财政优先保障、金融重点倾斜、社会积极参与的多元投入格局，确保投入力度不断增强、总量持续增加。加快设立国家融资担保基金，强化担保融资增信功能，引导更多金融资源支持乡村振兴。支持地方政府发行一般债券用于支持乡村振兴、脱贫攻坚领域的公益性项目。稳步推进地方政府专项债券管理改革，鼓励地方政府试点发行项目融资和收益自平衡的专项债券，支持符合条件、有一定收益的乡村公益性项目建设。拓宽资金筹集渠道。”② 2019 年 4 月，《中共中央 国务院关于建立健全城乡融合发展体制机制和政策体系的意见》提出，“健全财政投入保障机制。鼓励各级财政支持城乡融合发展及相关平台和载体建设，发挥财政资金四两拨千斤作用，撬动更多社会资金投入。建立涉农资金统筹整合长效机制，提高资金配置效率。调整土地出让收入使用范围，提高农业农村投入比例。支持地方政府在债务风险可控前提下发行政府债券，用于城乡融合公益性项目。完善乡村金融服务体系。加强乡村信用环境建设，推动农村信用社和农商行回归本源，改革村镇银行培育发展模式，创新中小银行和地方银行金融产品提供机制，加大开发性和政策性金融支持力度。依法合规开展农村集体经营性建设用地使用权、农民房屋财产权、集体林权抵押融资，以及承包地经营权、集体资产股权等担保融资。实现已入市集体土地

① 中国政府网 . http：//www. gov. cn/zhengce/2019 – 05/05/content_5388880. htm.

② 中国政府网 . http：//www. gov. cn/zhengce/2018 – 02/04/content_5263807. htm.

与国有土地在资本市场同地同权。”①

总之，1949 年以来农村基础建设经过从要素分割到要素融合的过程，在每一阶段基础设施完善对实现各个时期农业生产与生活任务发挥着重要的支撑作用。

第二节

农村基础设施发展现状

1949 年，我国农业底子薄、基础差，生产方式十分落后，农村建设全面落后。新中国成立后，尤其是改革开放以来，党中央、国务院高度重视“三农”问题，在积极推进城镇化发展的同时，坚持工业反哺农业、城市支持农村，农村基础设施建设持续加强，农村教育、文化、交通、通信条件明显改善。

一、农村基础设施明显改善

（一）农田水利建设得到加强，防灾抗灾能力增强

1949 年以前，全国只有 22 座大中型水库，江河堤防仅 4.2 万公里，许多江河都缺乏控制性工程。1949 年以来，国家深入实施藏粮于地、藏粮于技战略，持续加强以农田水利为重点的农业基础设施建设力度，加大投入兴修农田水利，深化重大水利工程建设，不断完善小型农田水利设施，农田灌溉条件明显改善，“靠天吃饭”的局面正在逐步改变。新中国成立之初，全国的农田灌溉面积只有标准很低的 2.4 亿亩，1978 年达到 6.74 亿亩，与 1949 年相比，增长了 181%；改革开放以来，由于重视水利等基础设施建设，农田灌溉面积得到进一步扩大，至 2018 年达到 10.2 亿亩，居世界首位；2018 年与 1978 年相比，又增长了 51.34%。改革开放以来，我国粮食产量从 1978 年的 3.05 亿吨增长至 2018 年的 6.58 亿吨，2018 年粮食产量虽然与 2017 年相比略有减少，但与 1978 年相比，增长了 115.74%。粮食产量大幅增加，与重视水利建设、不断扩大耕地灌溉面积有着密切的联系，详见表 7－1 和图 7－1。

① 中国政府网．http：//www.gov.cn/zhengce/2019－05/05/content_5388880.htm.

表 7－1　　改革开放以来我国耕地灌溉面积、粮食产量增长

年份	耕地灌溉面积（亿亩）	粮食产量（亿吨）
1978	6.74	3.05
1980	6.73	3.21
1985	6.61	3.79
1990	7.11	4.46
1995	7.39	4.67
2000	8.07	4.62
2005	8.25	4.84
2010	9.05	5.59
2015	9.88	6.61
2017	10.17	6.62
2018	10.20	6.58

注：表中数据来自《中国统计年鉴2018》及《2018年国民经济和社会发展统计公报》整理得出。

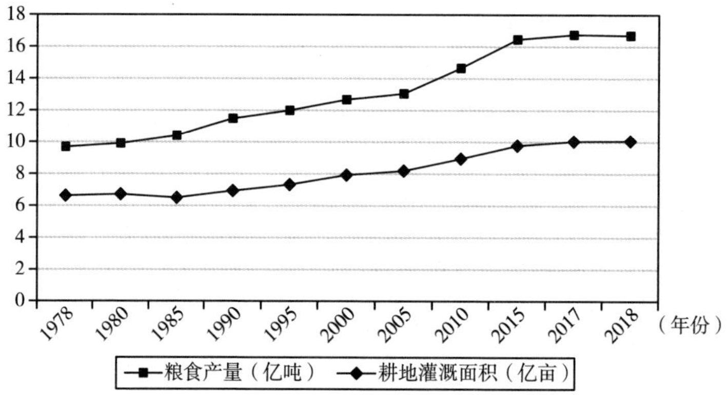

图 7－1　改革开放以来我国耕地灌溉面积、粮食产量增长

（二）农村义务教育得到很大发展，农村办学条件显著改善

1949年，我国农村教育水平低下，人口文化素质差，文盲人数多。1949年以来，我国大力发展农村教育，学龄儿童入学率不断提高，文盲率不断降低。改革开放以来，国家把教育放在优先发展战略地位，逐步将农村义务教育全面纳入公共财政保障范围，农村义务教育阶段免交学杂费、免费提供教科书。党的十八大以来，国家大力支持农村教育，实施农村寄宿制学校建设、教

育脱贫攻坚等重大工程。据教育部统计，截至2019年3月，全国92.7%的县实现义务教育基本均衡发展，更多农村孩子享受到更好更公平的教育。建立覆盖从学前到研究生教育的全学段学生资助政策体系。“农普”结果显示，初中文化程度的农村居民占42.5%，高中或中专文化程度的农村居民占11.0%，大专及以上的农村居民占3.9%，农村居民文化素质明显提升。

（三）医疗基础设施全面提升，实现基本医疗保障制度实现全覆盖

新中国成立初期，广大农村缺医少药。20世纪50～70年代，农村卫生机构逐步建立，“赤脚医生”发挥了历史作用。改革开放以来，加强农村医疗卫生服务体系建设，以县级医院为龙头、乡镇卫生院为枢纽、村卫生室为基础的农村医疗卫生服务网络加快形成，农村医疗卫生状况大为改观。2018年全国乡镇卫生院3.6万个，床位133万张，卫生人员139万人；村卫生室62.2万个，人员达144万人，其中，执业（助理）医师38.1万人、注册护士15.3万人、乡村医生和卫生员90.7万人。与1978年相比，虽然全国乡镇卫生院、村卫生室数量有所减少，但由于医疗卫生资源集中，带动了农村人均床位数的增加，以每千农村人口乡镇卫生院床位数为例，2010年第一次全国统计为1.12张，至2018年达到1.39张，2018年与2010年相比增长了24.11%，详见表7－2和图7－2。

表7－2 我国每千农村人口乡镇卫生院床位数增长

年份	每千农村人口乡镇卫生院床位数（张）
2010	1.12
2011	1.16
2012	1.24
2013	1.30
2014	1.34
2015	1.24
2016	1.27
2017	1.35
2018	1.39

注：表中数据来自《中国统计年鉴2018》以及《2018年我国卫生健康事业发展统计公报》。

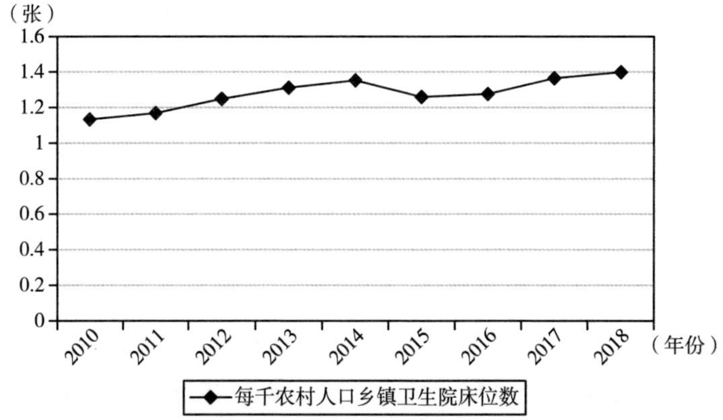

图 7-2　我国每千农村人口乡镇卫生院床位数增长

党的十八大以来，农村医疗医保事业深入发展，各级财政对新型农村合作医疗制度的人均补助标准逐年提高，2018 年达到 490 元。“新农合”政策范围内门诊和住院费用报销比例分别稳定在 50% 和 75% 左右。随着医疗服务体系完善和医疗保障水平提高，农村居民健康水平大幅提高，农村孕产妇死亡率从新中国成立初期的 1500/10 万下降到 2018 年的 19.9/10 万，农村婴儿死亡率从 200‰下降到 7.3‰。

（四）多层次养老服务体系加快形成，农村“养老难”问题逐步缓解

新中国成立初期，农村养老保障尚属空白。20 世纪 50～70 年代，初步建立了“五保户”等保障机制。改革开放以来，在全国建立新型农村社会养老保险制度，实行社会统筹与个人账户相结合的制度模式，采取个人缴费、集体补助、政府补贴相结合的筹资方式。党的十八大以来，逐步提高农村养老服务能力和保障水平。2018 年全国城乡居民基本养老保险基础养老金最低标准提高至每人每月 88 元。“农普”结果显示，56.4% 的乡镇有本级政府创办的敬老院。加快构建以居家养老为基础、社区服务为依托、机构养老为补充的养老服务体系，满足老年人基本生活需求，提升老年人生活质量。我国城乡居民人均预期寿命从新中国成立初期的 35 岁提高到 2018 年的 77 岁。

（五）水电路网建设提速，农民生活更加方便快捷

新中国成立初期，我国绝大部分农村照明靠煤油灯，饮水直接靠井水、河

水。20世纪50～70年代农村建设有了发展。改革开放以来，农村基础设施建设不断加强，电气化有序推进。农村用电量由1952年的0.5亿千瓦时增加到1978年的253.1亿千瓦时，1978年与1952年相比增长了505倍；改革开放以来，农村电力供应增长较快，农村用电量从1978年的253.1亿千瓦时增长至2017年的9524.4亿千瓦时，2017年与1978年相比，又增长了362倍，详见表7－3和图7－3。

表7－3　　改革开放以来我国农村用电量增长

年份	农村用电量（亿千瓦时）
1978	253.1
1980	320.8
1985	508.9
1990	844.5
1995	1655.7
2000	2421.3
2005	4375.7
2010	6632.3
2015	9026.9
2017	9524.4

注：表中数据来自《中国统计年鉴2018》。

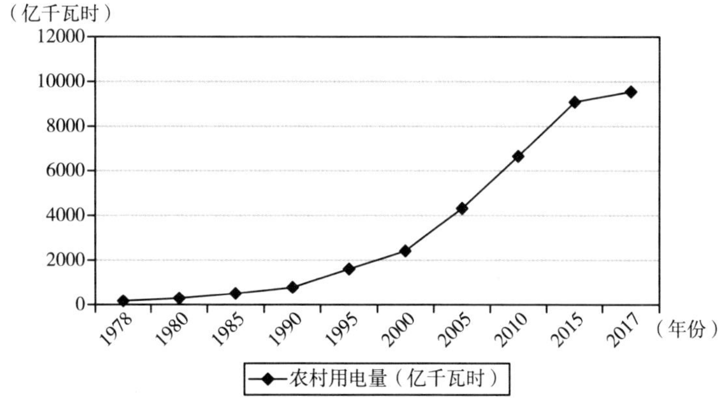

图7－3　改革开放以来我国农村用电量增长

实施农村饮水安全工程，乡村饮水状况大幅改善。“农普”结果显示，

47.7%的农户饮用经过净化处理的自来水。公路和网络建设成效明显，据交通运输部统计，全国农村公路总里程由1978年的59.6万公里增加到2018年的404万公里。截至2018年年底，99.6%的乡镇、99.5%的建制村通了硬化路，99.1%的乡镇、96.5%的建制村通了客车，建好、管好、护好、运营好的“四好”农村路长效机制正在形成。“农普”结果显示，61.9%的村内主要道路有路灯；99.5%的村通电话；82.8%的村安装了有线电视。农村宽带接入户增长迅速，2010年为2475.7万户，至2017年达9377.3万户，2017年与2010年相比，农村宽带接入户增长279%，详见表7-4和图7-4。

表7-4　改革开放以来我国农村宽带接入户增长

年份	农村宽带接入户（万户）
2010	2475.7
2011	3308.8
2012	4075.9
2013	4737.3
2014	4873.7
2015	6398.4
2016	7454.0
2017	9377.3
2018	11700.0

注：表中数据来自《中国统计年鉴2018》以及《2018年通信业统计公报》。

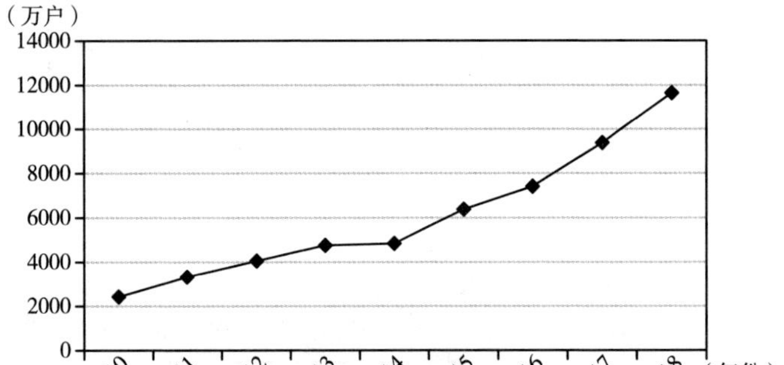

图7-4　改革开放以来我国农村宽带接入户增长

二、存在问题与不足

当前我国进入新时代，随着经济快速发展以及各级党委、政府日益重视，农村地区基础设施建设突飞猛进，个别农村地区甚至达到发达国家农村地区的水平，在运输、教育、文化和健康方面处于领先地位。但我们还必须清楚地认识到，与城乡融合、乡村振兴以及广大群众期盼相比，尚有许多的不足与短板，主要表现在以下几个方面。

（一）城乡之间基础设施不平衡不充分表现突出

由于优质教育、医疗卫生、文化场所、路网设施等主要集中于城市，尤其是大城市，而广大农村相对被忽略，因而城乡之间基础设施有较大的差异，以市政公用设施为例子，2017 年城市供水普及率、燃气普及率、污水处理率最高，分别为 98.30%、96.26%、94.54%；建制镇供水普及率、燃气普及率、污水处理率其次，分别为 88.10%、52.11%、49.35%；乡供水普及率、污水处理率再次，分别为 78.78%、17.29%，其中，燃气普及率只有 25.02%，居末位，而村庄供水普及率只有 75.51%，居末位，燃气普及率为 27%，居倒数第二位，详见表 7－5、图 7－5。

表 7－5　城乡之间市政公用设施比较（2017 年）　单位：%

	城市	建制镇	乡	村庄
供水普及率	98.30	88.10	78.78	75.51
燃气普及率	96.26	52.11	25.02	27.00
污水处理率	94.54	49.35	17.29	无数据

资料来源：《中国城乡建设统计年鉴 2017》。

再以每千人医疗卫生机构床位数为例，2017 年城市为 8.75 张，农村为 4.19 张，城市为农村的 2 倍多，农村基础设施资源弱势地位十分明显，详见表 7－6。

表 7－6　城乡每千人医疗卫生机构床位数比较　单位：张

年份	每千人医疗卫生机构床位数	
	城市	农村
2017	8.75	4.19

资料来源：《中国统计年鉴 2018》。

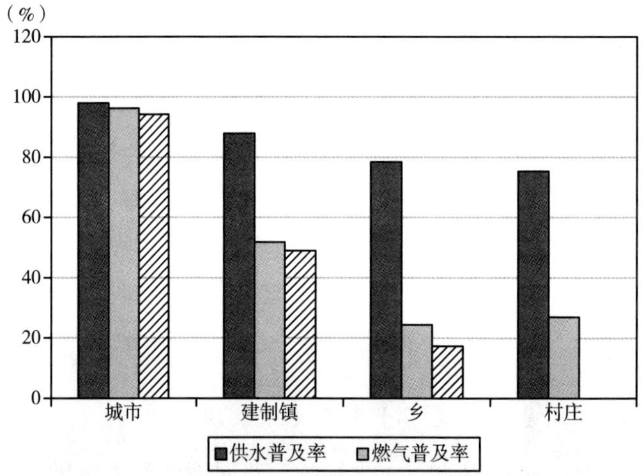

图 7－5　2017 年城乡之间市政公用设施比较

（二）区域之间基础设施不平衡不充分表现明显

由于我国东部、中部、西部以及东北四个区域，原有基础不同、经济发达程度不同，不同地区的农村基础设施差距较大。2016 年年底进行第三次全国农业普查显示，以通信、能源、交通等为例子，2016 年全国通电的村、通燃气的村、通电话的村、安装了有线电视的村、通宽带互联网的村、有电子商务配送站点、通公路的村、村内主要道路有路灯的村分别为 99.7%、11.9%、99.5%、82.8%、89.9%、25.1%、99.3%、61.9%，在上述八项指标中，东部地区超过全国平均水平的共有 7 项，低于全国平均水平的只有 1 项；中部地区超过全国平均水平的有 5 项，低于全国平均水平的有 3 项；西部地区超过全国平均水平的有 1 项，低于全国平均水平的有 7 项；东北地区超过全国平均水平的有 5 项，低于全国平均水平的有 3 项，详见表 7－7。

表 7－7　东中西以及东北农村基础设施比较　　单位：%

	全国	东部	中部	西部	东北
通电的村	99.7	100.0	99.9	99.2	100.0
通燃气的村	11.9	10.3	8.4	18.3	4.7
通电话的村	99.5	100	99.7	98.7	100
安装了有线电视的村	82.8	94.7	82.9	65.5	95.7

续表

	全国	东部	中部	西部	东北
通宽带互联网的村	89.9	97.1	92.7	77.3	96.5
有电子商务配送站点的村	25.1	29.4	22.9	21.9	24.1
通公路的村	99.3	99.9	99.5	98.3	99.7
村内主要道路有路灯的村	61.9	85.9	59.8	35.5	54.1

资料来源：第三次全国农业普查主要数据公报。

再以每千农村人口乡镇卫生床位数为例，2017 年全国平均数为 1.35 张，其中高于平均数以上的有北京、天津、上海、江苏、山东、湖北、湖南、广西、重庆、四川、西藏、陕西、新疆等地，而低于平均数的有河北、山西、内蒙古、辽宁、吉林、黑龙江、浙江、安徽、福建、江西、河南、广东、海南、贵州、云南、甘肃、青海、宁夏等地，在低于平均数的省区市中，除了浙江、广东经济较为发达外，其他均处于西部和中部地区。

（三）基础设施供需结构矛盾突出

在当前农村能源消耗结构中，随着国家倡导低碳、绿色发展和农民生活水平的不断提高，农村对清洁能源的需求不断增长；然而目前供给能力不足，集中供气的比例还很低，大部分农村还在使用煤，并由此加剧了农村空气污染。随着农业生产的发展和生活水平的提高，农村居民对电的需求量在不断增加，改革开放以来，农村用电量从 1978 年的 253.1 亿千瓦时增长至 2017 年 9524.4 亿千瓦时，2017 年与 1978 年相比，增长了 362 倍（详见表 7－3、图 7－3）。然而当前农村电力设施供给不足，农村电力设备落后，中西部地区农村电网相对薄弱。每当集中用电时便会跳闸，无法满足农民的日常生活需要。农村用电、用气成本较城市而言偏高，农民无法负担高额费用。而这些因素综合导致了 2017 年的“寒冬危机”的产生。在供水方面，农民希望用上清洁卫生的自来水，然而农村集中式供水比例仍然偏低，农村自来水普及率仍然相对偏低。在互联网方面，农民希望上网以更好地了解外部世界，然而农村互联网相关基础设施相对不健全，互联网普及率远低于城镇。另外，在污水处理方面农民也有改善宜居环境的愿望，然而由于污水处理设施不多，污水管网不普及，因而农村污水处理率仍然偏低。

（四）资金投入严重不足

受传统因素、体制机制等方面影响，现有融资渠道相对不畅，城乡之间资金流通存在隔阂，资金投入严重不足，已直接影响到农村基础设施改善，影响到乡村振兴，以农户固定资产投资为例，2016 年、2017 年投资总额分别为 9964.9 亿元、9554.4 亿元，已低于 2013 年、2014 年、2015 年水平，与全社会固定资产投资额稳步增长相比，形成较为鲜明的反差；另外，从农户固定资产投资占全社会固定资产投资比重分析，自 2011 年以来，所占比重呈现逐年下降趋势，2011 年为 2.92%，至 2017 年降到 1.49%，详见表 7－8 和图 7－6。

表 7－8　全社会、城镇、农户固定资产增长

年份	全社会固定资产投资总额（亿元）	城镇固定资产投资总额（亿元）	农户固定资产投资总额（亿元）	农户固定资产投资占全社会固定资产投资比重（%）
2011	311485.1	302396.0	9089.1	2.92
2012	374694.7	364854.1	9840.6	2.63
2013	446294.1	435747.4	10546.7	2.36
2014	512920.7	501264.9	10755.8	2.10
2015	561999.8	551590.0	10409.8	1.85
2016	606464.9	596500.0	9964.9	1.64
2017	641238.4	631684.0	9554.4	1.49

资料来源：《中国统计年鉴 2018》。

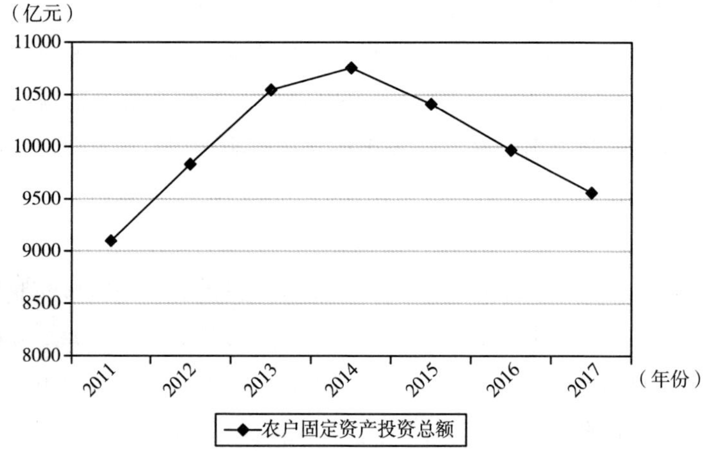

图 7－6　农户固定资产增长

（五）体制机制有待进一步理顺

由于存在城乡部门分割、协同较难，在基础设施方面一直以来没有形成统一规划、统一建设、统一管护体制机制，造成供需结构失衡、城乡之间地区之间差距增大，致使有限的财政投入没有发挥出应有的效果。重建设轻维护倾向比较严重，农村基础设施利用率不高。

第三节

完善基础设施，实现互通共享

纵观世界主要国家，越来越重视农村基础设施建设，把完善农村基础设施作为实现农业可持续发展、提升农产品国际竞争力的重要举措。2018 年 12 月 20 日，美国总统特朗普签署 2018 年农业法案，新法案的全称为《2018 年农业提升法案》，有效期 2019～2023 年，预计 5 年间支出 3870 亿美元。在乡村发展上，法案要求美国的农村地区应该享有与城市地区相同的宽带和基础设施。该法案批准大量的农村宽带年度拨款，并要求美国农业部制定具有前瞻性的宽带标准。农业法案还加强了一系列农村发展举措，以促进美国农村的就业和经济活动。2019 年 8 月，美国总统特朗普提出要重振美国的基础设施，以政府补助形式激励州、地方和私营部门投资于核心基础设施，联邦资金用于改善农村基础设施，包括交通运输和水电、宽带等公用事业。2018 年 1 月 2 日，法国总统马克龙发表就任以来首次新年贺词，列举了新一年的施政重点，尤其是重塑“社会民生工程”，将加强农村地区的移动通信和运输网络建设，让农业人口享有“体面的生活”；他将致力于改善平民社区的面貌，以促进“经济和社会流动性”。

进入新时代，我国农村基础设施在快速改善的同时，也存在问题与不足，必须广泛借鉴发达国家经验，立足于实际，按照城乡融合发展要求，重点推进“一二三四五工程”，提高农村基础设施档次，提升城乡公共服务水平，着力补齐农村基础设施短板、助推城乡发展一体化，实现乡村振兴。

一、坚持融合提升一条主线

坚持融合提升一条主线是做好城乡基础设施完善工作的迫切需要。为此要做到以下几点：

第一，加强对城乡基础设施需求预测与分析，提高预测能力和掌控能力。开展与高校、研究机构合作，结合农业普查，开展深入调查研究，全面摸清农村基础设施的现状；加强城乡基础设施需求预测分析与研究，及时了解产业融合、乡镇建设、文化发展、社区建设基础设施发展趋势，根据城乡经济社会发展以及人口需求变化，及时优化农村基础设施内部结构，提升公共服务档次与水平，解决供给不足问题，促进供需平衡。

第二，将融合提升的理念与要求，贯穿于高质量的编制多层次、广覆盖的城乡基础设施发展规划之中。政府部门在加强调查研究、了解掌握农村基础设施的现状基础上，明确五年目标与年度目标，统筹城乡之间以及东部、中部、西部、东北地区基础设施规划设计，统筹道路、供水、供电、信息、广播电视、防洪和垃圾污水处理等设施布局，理顺电力、水务、电信体制机制，推动城市的供电、供水、网络设施向农村、山区延伸，不断扩大公共服务覆盖面。同时要充分抓住城市重大基础设施不断向外延伸的有利时机，中心镇、中心村要做好配套工作和服务工作，实现农村基础设施与城市的联网对接，全面融入大中城市，接受大中城市辐射。

第三，做多规合一。大力推进城乡基础设施规划与城市总体规划、国民经济和社会发展规划、土地开发和利用规划“多规合一”，促使城乡基础设施不断完善，更加注重与乡村振兴战略、精准扶贫脱贫、农业农村现代化发展相协调，本着“修一条路，带动一方经济，致富一方百姓”，发挥农村公路建设的最大效益。遵循生态环保的根本要求，促进农村基础设施与生态环境协调发展。

二、抓住产业融合、小城镇建设两大载体

充分利用当前新型城镇化大力兴起以及交通、通信条件显著改善的有利时机，以产业融合、小城镇建设为两大载体和抓手，以点带面，进一步完善农村基础设施。

以产业融合为载体，就是要坚持农业农村优先发展，牢牢把握“互联网+”“旅游+”“生态+”已经深度渗透并融入农业农村发展的各个领域和各个环节，不断催生诸多新产业、新业态和新的经营模式的有利时机，统筹乡村管

网、路网、电网、互联网建设，加大土地整理、高标准农田、农田水利建设力度，大力发展农业市场信息服务、农资供应服务、农业绿色生产技术服务、农业废弃物资源化利用服务、农机作业及维修服务、农产品初加工服务、农产品营销服务等生产性服务基础设施，完善现代农业“产业园”“科技园”“创业园”的配套设施，为农业新业态添加互联网基因，进一步促进农业产业链延伸与融合，更好地助推服务型农业新业态、创新式农业新业态、社会化农业新业态发展。

以小城镇建设为载体，就是按照规模适中、适度超前、综合配套、集约利用的要求大力加强小城镇基础设施建设，进一步发挥乡镇集聚功能；推进中心镇商业商贸大街规划建设，优化行政服务中心布局，完善配套的生产性基础设施建设；配合中心镇功能提升，加强学校、文化馆、卫生院、图书馆、公共停车场、污水垃圾处理等设施建设；充分利用数字化技术，统筹城乡居民收费标准，扩大数字电视、广播、互联网覆盖面；提早谋划5G布局，做好光纤入户工作；有条件的中心镇建设一批人才公寓，以进一步吸引年轻返乡人才和“银发人才”居住；配合美丽乡镇建设，完善景观带、公园、绿道、生态林等规划建设，大力推动生态镇、生态谷建设。

三、构筑“三大服务圈”布局

根据我国现阶段发展的现状及趋势，按照“服务、对接、融合、共享”的理念，重点推进农村居民生活服务圈、城乡交通服务圈、城市居民休闲体验服务圈等三大圈建设。

一是构筑农村居民生活服务圈。坚持以城乡融合发展规划引领，统筹城乡区域生活性基础设施布局，按照“均衡、优质、多层次”的要求，围绕构建社会事业“15分钟”或者半小时服务圈，聚焦推进一批基础教育、一批基本医疗服务、一批养老服务和一批基础文化体育重点项目，推进农村公厕革命，推动优质城市基础设施向农村、山区、边区延伸，让广大农民享有高品质、有温度的美好社区生活，增强对家乡归属感与自豪感。

二是构筑城乡交通服务圈。按照城乡基础设施发展一体化的原则，聚焦推进一批城乡路网体系、一批公共交通设施和一批公用设施重点项目，进一步推进农村“四好公路”建设，实现与城市交通无缝对接，让广大农民享受更加安全便捷高效生活；以乡镇运输服务站建设为重点，提高农村物流网络节点覆盖率、创新农村物流运营模式、加强农村物流信息化建设、推广应用先进物流装备、培育龙头骨干企业等五个方面入手，统筹推进县、乡、村三级农村物流网络节点体系建设，实现城乡之间货畅其流。

三是构筑城市居民休闲体验服务圈。按照城乡融合的发展要求，遵循全域景区化的理念，把整个区域看作吸收城市居民旅游休闲的大景区来规划、建设、管理和营销；遵循全地域覆盖、全资源整合、全领域互动、全社会参与的要求，谋划一批健康养生、避暑休闲、度假疗养、山地体育、汽车露营等旅游新业态，完善相应配套设施建设，推进旅游城镇、旅游村落、风景庭院、风景园区、风景厂矿、风景绿道等建设，展现“处处是景、时时见景”的城乡旅游风貌，将城市居民吸引到农村休闲观光，实现旅游引领、融合发展、共建共享目的。

四、完善四大体系

重点完善教育、医疗、文化、路网四大体系，推动公共服务向农村延伸、社会事业向农村覆盖，提升公共服务质量与水平。

一是健全城乡教育资源均衡发展体系。优先发展农村教育事业，建立以城带乡、整体推进、城乡一体、均衡发展的义务教育发展机制。探索建立教育集团，创建城乡教育联合体模式，实现城乡师资交流，提升农村师资水平。稳步提高农村教师待遇，吸引优秀高校毕业生回乡工作；完善职称评审制度，改进教师绩效考核办法，鼓励城乡教师相互交流。多渠道增加乡村普惠性学前教育资源，推行城乡义务教育学校标准化建设，加强寄宿制学校建设。

二是健全乡村医疗卫生服务体系。统筹城乡医疗卫生健康设施布局，进一步改善乡镇卫生院和村卫生室条件，因地制宜地建立完善医疗废物收集转运体系，提高慢性病、职业病、地方病和重大传染病防治能力，加强精神卫生工作，倡导优生优育。鼓励县医院与乡镇卫生院建立县域医共体，鼓励城市大医院与县医院建立对口帮扶、巡回医疗和远程医疗机制，提高乡村医疗卫生服务水平。因地制宜建立完善全民健身服务体系。

三是健全城乡公共文化服务体系。统筹城乡公共文化设施布局、服务提供、队伍建设，推动文化资源重点向乡村倾斜，提高服务的覆盖面和适用性。

推行公共文化服务参与式管理模式，建立城乡居民评价与反馈机制，引导居民参与公共文化服务项目规划、建设、管理和监督，推动服务项目与居民需求有效对接。建立文化结对帮扶机制，推动城市文化工作者和志愿者等投身乡村文化建设，帮助农村搞好历史文化规划，推动非物质文化遗产活态传承。支持乡村民间文化团体开展符合乡村特点的文化活动，提升乡村文化产品影响力。

四是健全覆盖城乡路网服务体系。完善城乡路网一体化规划设计，畅通城乡交通运输连接，加快实现县乡村（户）道路联通、城乡道路客运一体化，完善道路安全防范措施。要尊重农民的意愿，吸收基层好的经验做法，进一步完善农村公路建设养护机制，加快农村供水设施产权制度改革，积极推进农村电力管理体制改革，以确保新时期农村基础设施建设符合可持续发展的要求，符合广大人民群众的长远利益。疏通道路重要节点和“瓶颈”，改善居民出行条件。

五、着力破解五大难题

新时期推进农村基础设施建设，必须着力破解以下五个方面的难题。

一是破解思想认识不足的难题。提高思想认识是做好基础设施完善工作的重要保证。在对待农村基础设施建设的必要性和重要性问题上统一思想，提高认识。如前所述，农村基础设施建设，是贯彻落实习近平新时代中国特色社会主义思想的重大举措，关系到乡村振兴是否顺利推进，关系农业强农村美农民富能否真正实现，关系到我国农产品国际竞争力的提升。必须给予高度重视。当前要紧紧抓住乡村振兴和新型城镇化战略实施的有利时机，进一步解放思想，转变观念，增加忧患意识和机遇意识，加快完善农村基础设施，坚决树立“抓基础设施就是抓经济、抓产业、抓经济结构调整”的新观念，树立信心，把干部群众的思想统一到推进基础设施完善的实际行动中去，统一到打造农业农村现代化的行动中去，为基础设施完善提供思想和观念上保证。

二是破解部门协同不够的难题保障。基础设施建设面广，牵一发而动全身，会涉及发改委、住建委、农村农业部、自然资源部、水利部、工业和信息化部、交通运输部、财政部等众多部门，部门协同不够会直接影响到基础设施建设。为此要加快建立由发改委牵头、多部门共同参与的工作协同推进机制，明确分工、强化责任；设立联席会议制度，定期交流工作情况，着力解决面临的困难。广泛借鉴发达国家的有益经验，选择有条件较好的地区开展先行先试，及时总结提炼可复制的典型经验并加以宣传推广。选择年轻干部赴重大农村基础设施工程挂职锻炼，从中发现和提拔优秀人才。完善人才引进政策，优先引进紧缺相关人才，改善人才成长环境，强化人才支撑。

三是破解资金不足的难题。统筹基础设施建设投入多、周期长，资金不足是当前必须解决的急迫问题。为此加快建立健全分级分类投入机制，强化资金保障。对农村道路等没有收益的基础设施，建设投入以政府为主，鼓励社会资本和农民参与；对农村供水、污水垃圾等有一定收益的基础设施，建设投入以政府和社会资本为主，积极引导农民投入。对农村供电、电信等以经营性为主的基础设施，建设投入以企业为主，政府对贫困地区和重点区域给予补助。采取直接投资、投资补助、资本金注入、财政贴息、以奖代补、先建后补等多种方式支持农村基础设施建设。设立城乡融合发展基金，发挥财政资金的引导和杠杆作用，吸引金融资本和社会资本参与农村基础设施投资。将集体经营性建设用地入市收益按照20%比例提取农村基础设施建设资金，专门用于农村基础设施建设与管护。完善相关配套政策，切实发挥输配电企业、基础电信运营企业等主体作用，加大对农村电网改造升级、电信设施建设的投入力度。

四是破解技术支撑不力的难题。统筹推进智慧城市建设工程，充分利用大数据、云计算、物联网等新一代信息技术，对原有城乡信息化平台进行改造提升，将服务范围扩大至农村基础设施规划、建设与管护之中，实施动态监控。实现城乡全区域农村基础设施的信息共享、工作互动、无缝对接，让城乡管理更高效。加强城乡公共安全视频监控规划、建设和联网应用，统一技术规范、基础数据和数据开放标准。

五是破解体制机制不顺的难题。实现统一规划、统一建设、统一管护为城乡基础设施建设提供体制保障。根据城乡经济社会发展和广大群众的需要，统筹城乡基础设施规划设计，有目标，分步骤实施，健全城乡基础设施一体化规划机制。按照乡村基础设施公共产品定位的要求，构建事权清晰、权责一致、中央支持、省级统筹、市县负责的城乡基础设施一体化建设机制，确保各项建设工程有序推进。合理确定城乡基础设施统一管护运行模式，健全城乡基础设施一体化管护机制，兼顾短期利益与长期利益，以改革创新的精神，以政府购买服务等方式引入专业化企业，提高管护市场化程度，推进城乡基础设施建设运营事业单位改革，更好地行使城乡基础设施管护责任。鼓励按照“公益性项目、市场化运作”理念，大力推进政府购买服务，创新农村基础设施建设和运营模式。

总而言之，推进城乡基础设施融合发展，重点在农村；加强农村基础设施建设是我国实施乡村振兴战略的重要环节。它寄托着国家的要求和农民的期盼。只有按照城乡融合的要求，实现城乡基础设施互通与共享，让改革发展成果越来越公平地惠及人民，满足广大人民的根本利益，才能真正实现乡村振兴的目标。当前应当根据城乡经济社会发展的需要，重点推进“一二三四五工程”，采取切实可行的措施，多方出力共同补齐短板。

第八章

绿色融合　美丽宜居

绿色融合是城乡融合发展的题中之意。进入21世纪，中国农村在取得显著发展成就的同时，面临着越发沉重的资源环境压力和污染防控挑战。尤其令人尴尬的是，中国城镇化进程带动农村发展的同时带来了自然生态环境的严重破坏和日益严重的乡村污染问题。当前，中国农村生产任务巨大，要应对全球气候变化、发展可持续农业的新挑战。切实解决中国城乡发展中面临的环境污染等突出问题，除了依靠科技创新外，进一步推进城乡统筹发展战略，完善和构建适合中国特色的城乡融合的生态体系，具有很强的现实意义。

第一节

从意识缺失到生态文明

1949年初，在中国共产党的领导下，我国国民经济有了迅速发展，经济效益有了较大提高。与此同时，城市工业的发展是以牺牲农村生态环境为代价的。改革开放以后，党中央开始认识到生态环境的重要意义，在推进经济发展的同时也在完善农村的生态保护措施。党的十八大以来，在党和政府的高度重视下，我国生态文明建设不仅在制度建设上着力推进，而且在实践中扎实推进，取得了明显成效。

一、新中国成立到十一届三中全会前的城乡生态

新中国成立后，国家加速推进工业化，很长时间里我国实行以工业为主导、以农业为基础的战略，处于一种“以农哺工”的状态。这种“以农哺工”的发展策略和当时环保意识的缺失使农村环境保护面临巨大的挑战。我国国民

经济有了迅速发展后，国家在保护和改善农村生态环境方面做了许多工作，也取得了很大成绩。虽然在法规建设方面还没有提出专门的农村生态环境保护问题，但在国家的一些重要文献中作出了相关规定，例如，1957 年国务院颁发的《中华人民共和国水土保护暂行纲要》中，也包含一些农村生态环境保护的要求，推动了农村生态环境方面的建设，在农村兴修水利、道路建设、植树造林、防治水土流失、开展爱国卫生运动、提高农村居民身体健康水平等方面都取得了进展。从 1958 年起，我国开始进入计划经济时期。计划经济下的种种政策，使城乡二元结构进一步强化。通过工农产品的“剪刀差”这种不等价的交换关系，来积累工业化所需资金，使本来就落后的农业因长期得不到补偿而失去自身发展的活力，农业生产的物质、技术条件得不到应有的改善，农业生产力发展缓慢，农村生态环境日益恶化。在胜利完成第一个五年计划后，对经济发展不是坚持实事求是的态度，而是改变了原来稳步发展的战略，实行一种急于求成的冒进战略，如大炼钢铁、滥挖滥采矿产资源、严重破坏了农村生态环境。在“文化大革命”一段时期，关于工业、城市、农村等领域的有关生态环境保护的规章制度被当作资本主义和修正主义的“管、卡、压”受到批判和否定。由于大办“五小工业”的提出，各地都热衷于搞“大而全”“小而全”的工业体系，工业一哄而起。在农业生产方面，由于片面强调“以粮为纲”，以牺牲林业、牧业、渔业为代价来发展粮食生产，使毁林、毁牧、围湖造田、搞人造梯田等现象严重发展，破坏了农业生产生态系统，导致了生态环境恶性循环。

二、十一届三中全会到党的十八大前的城乡生态

自新中国成立以来，为了实现中国经济的快速发展，我国的城乡发展照抄了苏联的发展模式，采取了优先发展重工业的策略，虽然这在一定程度上促进了城乡工业的发展，提升了国民经济发展水平，却也在消耗着国家的环境资源、自然资源，随之而来的空气污染、水污染问题让农村在后期污染治理上吃了很多苦头；改革开放初期，在与许多欧美国家相比中我们不难发现，我国逐渐体现出了生态保护意识淡薄、保护措施滞后的弊端。

党的十一届三中全会通过了以经济建设为中心和实行改革开放的伟大决策，农村经济开始飞速发展，农村生态环境问题也逐渐显现，与之相关的各项

制度开始建立。1977年的第一次全国农业环境保护工作座谈会全面分析了农业环境保护工作的历史、现状和当时的主要任务，为农村生态环境的制度构建奠定了基础。1979年是中国环境制度建设的元年，也是农村环境制度建设的元年，第二次全国环境保护会议将环境保护确定为基本国策，环境的制度化建设从此拉开序幕。《环境保护法（试行）》是中国第一部关于环境保护的法制文件。1985年以后农村生态环境基本走上了法制化、规范化的轨道，许多相关法律法规在这一时期出台。例如，1989年12月26日，第七届全国人民代表大会常务委员会第十一次会议通过了《中华人民共和国环境保护法》；1993年，第八届全国人民代表大会常务委员会第二次会议通过了《中华人民共和国农业法》；1999年1月1日起施行的《中华人民共和国土地管理法》等。这些相继出台的法律为我国的农村生态环境建设提供了明确具体的法律保障。

20世纪末到党的十八大（1999年11月至2012年11月）是农村生态环境制度建设的快速发展时期。2003年，胡锦涛提出了“树立以人为本，全面、协调、可持续”的科学发展观。可以说，这是为我国的改革发展提出了更高层次的要求，它要求我们不仅在改革中求新求快，更要求质量、求科学。城乡生态一体化建设作为城乡一体化大改革、大发展局势下重要的一盘棋，应将科学发展观的观点深入贯彻其中。科学发展观的核心在于“以人为本”，要求我们在城乡建设中亦应重视“人”在维系城乡生态社会发展中的作用，这指引我们，提高城乡居民的生态意识、树立生态发展理念是重要前提。

三、党的十八大以来的城乡生态

2012年11月8日，党的十八大报告强调“建设生态文明，是关系人民福祉，关乎民族未来的长远大计。”党的十八大报告把生态文明建设放在十分显著的位置，进一步强调了生态文明建设的重要地位和作用，习近平总书记站在人类文明演进的高度，把生态文明纳入“五位一体”的总布局中，并发表了一系列关于生态文明的重要讲话。2013年4月2日，习近平在参加首都义务植树活动时强调“为建设美丽中国创造更好生态条件”；2013年5月24日，在主持十八届中央政治局第六次集体学习时强调“努力走向社会主义生态文明新时代”；2013年9月7日，在哈萨克斯坦访问谈到生态环境保护问题时说：“我们既要绿水青山，也要金山银山。宁要绿水青山，不要金山银山，而且绿水青山就是金山银山。”；2015 年 1 月，在云南大理市湾桥镇古生村考察工作时提出了“山水林田湖是一个生命共同体”的理论；2015 年 10 月在中国共产党第十八届五中全会上提出了创新、协调、绿色、开放、共享的五大发展理念。这些讲话阐释了生态兴衰与文明变迁、生态文明建设与中华民族伟大复兴之间的耦合关系，形成了习近平的生态文明思想。习近平的一系列重要讲话和重要论述，包含深厚的马克思主义哲学基础，继承升华了中国传统文化中蕴含的生态智慧，形成了其特有的生态文明思想，具有重要的现实指导意义，是马克思主义中国化的理论成果，形成了马克思主义中国化的生态文明建设思想，标志着具有中国特色的生态文明思想理论已开始成熟发展。

第二节

中国生态环境治理的现状

党的十八大以来，中国的生态环境治理取得了巨大的成绩。我国的环保立法不断完善，涉农环保投入不断加大，农村人居环境明显改善，农民的环保意识有效提升。但仍然存在一些问题，如农业生产带来的生态环境的破坏、乡镇企业生产对生态带来破坏、农村生活垃圾对生态环境的影响，究其原因，农村的环保处理基础设施薄弱及农村环境保护体制机制建设不完善都造成了目前农村的环保问题。

一、农村生态环境持续改善

（一）环保立法不断完善

随着我国对环境保护的日益重视，关于环保立法工作也得到了极大推进。目前我国已经颁布了环保法律 30 多部。我国已经构筑起了以《宪法》为基础，以《环境保护法》为核心的环保法律构架体系。2015 年 1 月 1 日起颁布实施的《环境保护法》被称为我国历史上最严格的环境保护法。党和政府将贯彻落实《环境保护法》视为基本国策，将每年的 6 月 5 日定为环境保护日。生态保护是环境保护的重要内容。要求建立红线机制，强化管理。在新的《环境保护法》中，关于农业环境保护、农村生态建设的内容从以前的 1 条增加到了 4 条，为农村生态文明建设提供了立法保障。一些地方政府也积极推进农业环境保护，出台地方性法规、政策，确保《环境保护法》得到具体有效的落实。例如，《农药管理条例》《农田灌溉水质标准》等，这些地方性法规对于依法强化农村生态文明建设提供了有力的依据。河北省等地还制定出台了《乡村环境保护和治理条例》，针对农村生态文明建设中存在的问题，他们提出了有针对性的管理措施。[①] 明确规定国家明令禁止的严重污染环境生产企业向农村转移。明确禁止乡镇企业采用淘汰的生产工艺、生产设备，进行淘汰产品生产。对于城市将生活垃圾、建筑垃圾向农村倾倒的行为进行严格处罚。对于向农村转移工业废弃物、医疗废弃物的现象坚决制止。他们划定专门区域、场所，使相关垃圾、废弃物能够有组织地集中倾倒，并且有效填埋。通过强化监管，杜绝跨行政区域进行垃圾或者生产、生活废弃物倾倒以及填埋现象。在当地大力推广高效生态循环农业模式发展，广泛使用生物有机肥，不断降低在农产品山的农药残留。积极推广使用可降解地膜，将化肥农药使用量控制在零增长。他们探索建立以农药、化肥包装废弃物为主的有偿回收模式，农民将这些东西交由固定的地点，可以获得相应的经济补偿。他们还逐步建立废弃农膜全面回收综合利用模式，导入现代技术，进行有效处理。他们强化耕地保护和污染治理，对已经被污染的耕地进行调查研究，分析后实施分类管理模式：如果土地的污染属于轻度和重度污染，就结合当地农作物种植情况和自然条件情况进行农业种植调控；如果土地还没有污染，就大力发展生态农业，保护耕地。这些措施非常有针对性，在实施后发挥了有效的作用。

（二）涉农环保投入不断加大

我国从 2008 年开始，实施农村环境“以奖促治”政策，截至 2016 年，中央财政累计安排农村环境综合整治资金 315 亿元，与此同时，中央建立的“农村环境保护专项资金”已经累计投入 200 亿元用于改善农村生态环境资金保障。[②] 2017 年我国专门出台《关于创新农村基础设施投融资体制机制的指导意见》，针对由于历史欠账较多、资金投入不足、融资渠道不畅等原因，农村基础设施总体上仍比较薄弱，与全面建成小康社会的要求还有较大差距的现

---

① 魏德才. 着力提升农村环境保护的法制化水平 [J]. 中共山西省委党校学报，2013 (03)：78-81.

② 王亚华. 乡村振兴——中国农村发展新战略 [J]. 中央社会主义学院学报，2017 (6)：49-55.

状，探索建立农村污水垃圾处理统一管理体制，切实解决多头管理问题，鼓励实施城乡生活污水“统一规划、统一建设、统一运行、统一管理”集中处理与农村污水“分户、联户、村组”分散处理相结合的模式，推动农村垃圾分类和资源化利用，完善农村垃圾“户分类、村组收集、乡镇转运、市县处理”集中处置与“户分类、村组收集、乡镇（或村）就地处理”分散处置相结合的模式，推广建立村庄保洁制度。推进建立统一的农村人居环境建设管理信息化平台，促进相关资源统筹利用。这些环保项目资金投入农村后，不仅改善了农村的基础设施建设，而且带动了农业生产方式的转变，如发展绿色科技、注重废弃物管理等。2017 年我国政府报告指出：“今年将加强农村公共设施建设。新建改建农村公路 20 万公里。实现农村稳定可靠供电服务和平原地区机井通电全覆盖。完成 3 万个行政村通光纤。提高农村饮水安全供水保证率”。①加大农村危房改造力度。深入推进农村人居环境整治，建设既有现代文明又具田园风光的美丽乡村。

（三）我国农村人居环境明显改善

改善人居环境是让农民直接体验到生态文明建设成果的重要载体。长期以来，受到生产、生活方式的影响以及基础设施建设配套能力不足的制约，我国农村的垃圾乱堆乱倒现象非常显著，污水排放问题也影响了农民的生活质量。我国从 2005 年开始启动了乡村清洁工程试点，有 11 个省、251 个村子被入选为首批乡村清洁工程试点。② 乡村清洁工程建设以村为单位，通过促进农村畜禽粪便、农作物秸秆、生活垃圾和污水（“三废”）向肥料、燃料、饲料（“三料”）的资源转化，实现经济、生态和社会三大效益（“三益”）；通过集成配套推广节水、节肥、节能等实用技术和工程措施，净化水源、净化农田和净化庭院，实现生产发展、生活富裕和生态良好的目标，寓污染防治于农业增效和农民增收之中，从根本上改变了示范村脏、乱、差的局面，推动了资源节约型新农村的建设。在乡村清洁工程实施中，大力推动了农村废弃物循环利用项目，通过建设田园清洁工程、家园清洁工程和水源清洁工程，为改善乡村人居环境找到了突破口。在乡村清洁工程中建立了农村物业站，并且开展了农村物

① 中国农村统计年鉴［z］. 中国统计出版社，2017：74.
② 中国农村统计年鉴［z］. 中国统计出版社，2003：96.

业管理，开始为农村提供改善生态公共服务。从 2010 年开始，我国又开始设施农村环境分片处理模范项目，共有 23 个省区市参与到该项目中。通过项目建设为农村提供了多个生活污水处理设备，并且投入处理生活垃圾的配套设备，彻底改善农村生活脏乱差的现状。村边道路的绿化美化和村落改造工作也有序开展。改水工程、改圈工程以及改厕工程大量实施，我国农村的饮水问题、垃圾处理问题得到有效解决。2013 年，党中央、国务院将新农村建设提升为美丽乡村建设，工作方针增加了“规划科学、宜居宜业”八个字，构成二十八字方针；工作重点增加了“生态文明建设”，形成了“五位一体”协调全面发展。凡是被列为试点的美丽乡村，中央财政将对美丽乡村试点村和扶持村级集体经济发展试点村分别给予 150 万元、100 万元补助，省财政将从省级美丽乡村建设专项资金中安排等额补助资金。[①] 我国农村生态文明建设在更高一个层次上得到了重视，并且从实践层面得到了新的发展。

（四）农民的环保意识有效提升

我国持续加大在农村地区开展生态环境宣传教育。环保教育内容已经成为九年义务教育课本中的必修课，而且环境保护专业以及环境保护课程已经成为高校、中等院校教育的有机组成部分。在《环境保护法》颁布实施后，我国在农村地区的普法教育也深入开展。例如，北京市农村工作委员会就专门设立了面向“三农”工作的宣传岗位，根据农村发展和农村生态文明建设的进展情况，宣传贯彻党在农村的方针政策和北京市在城乡统筹发展、推进农村发展中的政策措施，重点开展农村的物质文明、精神文明、政治文明和生态文明的建设情况，和农村基层组织一起，开展农村精神文明教育、生态环境保护教育。他们还开设了“美丽乡村”综合网站、微信平台和相关的杂志，制作专题片，对农民进行生态文明宣传教育，既选树典型，也曝光不足，促进了农民生态环保意识的提升。许多地方政府都深入开展社会主义核心价值观和生态文明理念教育，提升农民文明素质，增强农民的环境卫生治理意识。他们积极推动农村文化资源整合，开辟生态文明橱窗等生态文化阵地建设，运用各层级的文化教育场所，开展形式多样的生态文明知识宣传，组织开展培训，形成了农村生态文明新风尚。

---

① 中国农村统计年鉴［z］. 中国统计出版社，2013：83.

除了政府加大环保宣传力度、提升了农民的环保意识外，众多的社会组织以及高校学生都加入面向农民的环保意识宣传普及中。有的大学生组织志愿者深入农户家中关于绿色处理垃圾的宣讲。在宣讲上呼吁村民追求更为健康的生活方式，要从身边做起，将垃圾实行分类处理，不同的垃圾分类有不同的处理方式；有的大学生不仅走近田间地头倡导村民们树立环保观念，发展绿色经济，推动新农村节能减排，还结合各专业学科特色，根据当地实际情况，结合专业知识，提出了一些改善当地环境状况的方案和建议，并将方案和建议反馈给当地政府，为农村生态文明建设贡献智慧。

二、存在的问题和不足

（一）农业生产带来的生态环境破坏严重

一是农药的污染。当前全世界的农药产品已经超过千种。我国农作物每年实用的农药总量超过了 30 万吨。一些农民思想认识中存在不足，认为多用农药就会对农作物产量给予帮助，结果导致了滥用农药现象非常严重。据分析，使用的农药中仅有 1% 发挥了预期作用，在病虫害消除中作出了贡献，而 30% 的农药残留到了农作物的表面，其余的都渗入土壤中，进入地下水系中，导致了土壤和水质的污染。二是化肥污染。为了提高产量，施化肥几乎已经成为农业生产的必要工序。化肥不仅增加了农产品的增产增收，而且农作物的质量也提升了。但是，过量使用的化肥同样会进入土壤、水系中，导致农村生态受到破坏。根据有关数据显示，我国每年使用化肥数量在 46 万吨以上，占据了世界粮食生产使用化肥总量的 35% 之多。我国每亩土地使用的化肥是美国的四倍，达到了 400 公斤，是发达国家规定使用化肥标准的两倍。根据统计，只有 35% 的化肥发挥了预期的效果，其余的化肥也成为环境污染的重要污染物。

（二）农村企业生产对生态带来破坏

农村企业的产生和发展是我国农村经济发展的产物，已经成为带动农村经济的重要引擎，也成为我国国民经济发展中的重要组成，其对农村经济贡献有目共睹的。但是受农村自然经济的深刻影响，农村工业化实际上是一种以低技术含量的粗放经营为特征、以牺牲环境为代价的工业化，村村点火、户户冒烟，不仅造成环境污染，加大了治理的困难，还导致污染危害直接影响到周边的自然生态环境。目前，我国农村企业废水和固体废物等主要污染物排放量已占工业污染物排放总量的一半以上，而且农村企业布局不合理，污染物处理率也显著低于工业污染物平均处理率。农村企业的设备老化、生产技术含量低、工艺技术落后也是不争的事实。这些乡镇企业在生产中不仅能耗高，对污染物处理的能力还低下，而且往往处于高污染的行业，如矿产、煤炭以及皮革加工等领域。有的甚至就没有环保设施，废水、废气、废渣直接排放。一些地方政府受到利益驱使，往往对这些环境污染现象睁一只眼闭一只眼，导致农村企业的环境污染已经超出了环境的自净能力。近年来我国多地都发生过农民抗议农村企业污染环境的典型案例，由此可以看出农民环保意识的觉醒和农村企业对环境破坏之严重。

随着我国加大环境污染治理力度，一些企业觉得在城市中发展环保压力太大，所以就启动了向农村转移战略。在转移过程中继续保持了环保处理能力不足、技术落后等发展弊端，导致农村成为它们“三废”违规排放的主阵地。这些污染企业向农村转移，电镀厂、造纸厂等高污染企业排放出的含有有害物质的废水未经处理就直接排入溪流、河道，加上农村地区的基础设施落后，没有一套完善的排污、排水和垃圾清理系统，使农村的生态遭受到不同程度的破坏，生态失衡愈来愈严重。水资源的污染是很多疾病的源头，给农村地区广大农民的生命健康等基本权利造成了严重的侵害，而且导致土壤、空气和水都受到污染，农作物减产，农民健康水平下降。

（三）农村生活垃圾破坏生态环境

随着农民生活水平的提升，垃圾的数量和种类都有所增加。因为农村基础设施的不完善以及具体管制的不健全，一般直接排入周边环境中，造成严重的“脏乱差”现象：每年产生约为1.5亿吨的农村生活垃圾几乎全部露天堆放；每年产生超过3000万吨的农村生活污水几乎全部直排，使农村聚居点周围的环境质量严重恶化。[①] 然而，在我国农村现代化进程发展较快的地区，这种基础设施建设不完善和环境管理落后于经济的城镇化发展水平的现象并没有随着经济水平的提高而得到改善，其对人群健康的威胁却与日俱增。垃圾乱放、厕

① 周毅.21世纪中国人口与资源、环境、农业可持续发展［M］.山西经济出版社，2017：164.

所乱建、生活污水直接排放已经成为常态。大量生活垃圾被随意丢弃在有限的村落空间里，将大量土地占据，即便是散落在村头屋旁，也会导致村落整体环境面貌脏乱；乱抛乱撒的生活垃圾，在大风的作用下就飘落在农村河沟边且相当部分浸泡在水体中，甚至部分地区将收集好的垃圾运送到附近的河道违法倾倒，造成地表水体污染；此外，垃圾堆放村头，蚊蝇鼠害滋孽，部分垃圾本身就含有病原体，也成为疾病的滋生地和传播源；垃圾渗出液中含有多种有毒有害的重金属和难以降解的有机物质，进入水体和农田后，还会严重污染土壤和地下水环境，导致了地下水的被污染，所以当前我国农村饮水安全问题也十分突出。据有关数据显示，我国当前有300万村民的饮水问题还没有解决，而导致这一问题的原因之一就是人为因素。

三、农村生态环境存在问题的原因分析

（一）农村居民环保意识不强

农村居民直接生活在农村地区，不仅是环境的直接体验者，也从环境中直接获取资源。所以他们的环境保护意识强弱与农村生态文明建设密切相关。但是受到长期以来生活习惯的影响以及农村居民普遍受教育程度不高等影响，导致农村居民的环境保护意识不强，乱扔垃圾、乱倒废水的现象非常普遍，而且对于禽畜的饲养和管理也不严格，尤其是对于生病的禽畜处理也存在不当的地方，这些生活小习惯、传统思想最终影响的是环境污染的大事。为了提高粮食产量，他们还会选择增加农药使用量、偷用国家禁止的农药等，这些短期效益行为，都会造成对于环境的污染。与此同时，作为农村发展带头人的村干部中也存在一些环境保护的错误认识，为了推动乡村经济的发展，他们对于环境治理不达标的乡镇企业睁一只眼闭一只眼，没有严格管理，更没有进行有效的举报和监督，而且在上项目中没有将环境问题作为主要考虑因素，加剧了环境的污染程度。

（二）农村的环保处理基础设施薄弱

近年来我国加大了对环保的投入，但是相比较于城市，农村的环境保护基础设施建设却呈现出滞后现象。据有关数据统计显示，当前我国没有垃圾收集处理的建制村还有40%之多，而且没修建立废水处理系统的建制村还有78%

以上。有40%的农村养殖的禽畜排泄物和废弃物没有进行有效的循环处理，这些无法处理的废弃物加剧了农村的脏乱程度。而且在农村地区，38%的饮水水源没有保护标识、没有保护范围，导致饮水安全存在很大的隐患。[①] 一些地方的污水处理设备、垃圾处理设备都不完善。即便是有污水处理设备，但是技术水平不高，处理后的废水依然不达标排放。还有一些地方的农村环保设施建成后，没有落实管理主体，导致设备维护运行效果不高、设施运行维护资金不落实、运行管护人员不足、规章制度不健全等问题，导致一些设施不能正常运行，影响农村环境整治成效。

（三）农村环境保护体制机制建设不完善

当前我国很多农村地区一些地方政府尚未建立起农村环境综合整治工作的有效推进机制。地方政府的责任分工不明确，治理措施不具体，资金投入不到位，工作部署不落实。各地在推进农村环境的综合整治中，主要依靠行政推动，农民群众主体作用未得到充分发挥。农村环境治理市场化机制亟待建立，社会资本参与度不高。很多农村的环保管理中没有成立专门的机构，责任人员不足，管理过程中执法力度不严格。而且在农村发展质量的考核中，以经济增长、农户收入等为考核指标的现象比较多，导致一些乡镇企业即便是存在环境不达标的情况，但是乡镇机构还是会容忍它们存在。农村环保监管能力仍然薄弱。目前，地方各级环保部门农村环保工作力量非常薄弱，约90%的乡镇没有专门的环保工作机构和人员，缺乏必要的设备装备和能力，难以保证有效开展工作。农村环保标准体系不健全，农村生活污水处理污染物排放标准、农村生活垃圾处理技术规范等亟待制定。农村环境监测尚未全面开展，无法及时掌握农村环境质量状况和变化情况。尤其是对于一些在搬迁中进入农村地区的工业企业，乡镇一级政府的环保发言权不足，对于滋生环保的企业监督不力，埋下隐患。

第三节

城乡生态融合治理的对策

城乡融合发展是全面建成小康社会、实现乡村振兴的重要举措，当前要牢

① 张佳佳. 关于生态文明及其建设问题综述索 [J]. 才智，2012（1）：213－214.

固树立习近平总书记的“两山理论”，找准城乡环境保护的切入点，以城市环境保护反哺农村环境保护，消除城乡环境保护二元结构，推进城乡生态融合发展。

一、深入贯彻“两山理论”，打造城乡一体的绿色产业体系

生态环境是新时代乡村的形象代言人，要把优化生态环境放在新农村建设的重要位置。《中共中央 国务院关于实施乡村振兴战略的意见》指出：“良好生态环境是农村最大优势和宝贵财富。”在建设新时代乡村过程中，要以“绿水青山就是金山银山”的发展理念作为优化乡村生态环境的行动指南，坚持人与自然和谐相处的原则，倡导绿色生产、绿色生活。

习近平总书记认为，经济发展和生态保护之间的关系比较密切，也比较微妙。在经济发展的过程中，如果采用先污染，然后再进行治理的态度，不仅会使生态环境遭受严重的破坏，经济效益也会得不到保障。已有的经济效益很难对弥补生态环境破坏所带来的损失，因此，城乡发展与资源环境的关系，既要“绿水青山”，也要“金山银山”。如果既想要发展经济，又想保护生态环境，必须坚持环境保护为主的发展原则，促进产业的转型和经济增长模式的转变，最终才能够实现经济增长和生态环境保护的协调发展。绿色发展方式与生活方式是五位一体总布局的基本要求。当前，生态文明建设已成为我国社会经济发展的关键环节。全面提高农业发展效率，保障农产品质量，促进绿色发展方式和生活方式形成是在工业化、城镇化和现代化发展过程中构建城乡生态文明一体化建设的根本目的。

统筹城市和农村的产业结构链，在区域内部实现自然资源的重复和高效利用、实现内部消耗产业废弃物，从而降低环境治理成本。构建科工农贸产业链，这条链条上拥有商业贸易业、加工制造业和订单农业这三个主要环节。

第一，城市布局商贸金融等流通服务业。城市集聚了大量的经济要素，是现代经济活动和人类文明发展的中心。适应绿色城市需要，城市着力发展无污染或仅有轻度污染的金融、商业贸易等第三产业，发展重点是文化、法律、金融、保险、信息、科技创造等领域。

第二，城郊布局订单农业向商贸金融业的加工转换环节。城郊区位独特，一方面自身作为城市重要的农副产品生产基地和供应基地；另一方面，更重要

的是，凭借广大乡村提供的大量农副产品和轻工业原料，面向城市市场，大规模地展开农副产品和轻工原料的加工、深加工与精加工，并尽可能拉伸其加工转换环节，延伸该产业链，建设成为面向城市需要和国内国际市场需要的现代农业产品加工转换大营地。

第三，乡村布局订单农业和大农业环节。乡村地区继续在其产业基础上，大力发展农业产业，但应该密切关注市场需求，围绕城市需求发展相关经济作物，甚至是订单生产，为城市生活消费提供部分食品原料并为城市轻工业发展供给大量的原材料。

区域生态系统是一个整体，统筹城乡经济社会发展必须遵循市场经济规律，发挥市场在资源配置中的基础性作用。按照建立统一、开放、竞争、有序的现代市场体系的要求，加快发展和培育城乡一体化的商品市场和要素市场，建立健全城乡统一的市场网络。在规划城市产业布局时，首先，应从区域或流域角度布局，充分考虑区域资源的承载力和环境承载力。其次，不仅要考虑产业布局对城市环境的影响，还应从污染扩散等角度考虑对农村的环境影响。大力发展循环经济是解决产业布局不合理问题的途径。在农村，一是大力发展生态农业，运用循环经济理念来实现农业清洁生产和产业间协调发展。例如，推进集约化畜禽养殖与生态农业农牧一体化发展。通过沼气综合利用设施治理集约化畜禽养殖场的污染，沼渣、沼液就地转化为肥料利用。这不仅可以克服其污染治理中的技术经济障碍，还能统筹解决农村资源、能源、环境问题，也减少了化肥、农药可能造成的污染。二是科学规划合理布局，不断调整优化畜牧业的结构。对于受畜牧业污染较为严重的地区，可以适当地采取划定禁养区、限养区的范围，尽量以牺牲最小的环境代价换取最好的经济效益。有条件的地方，可以划出一定的区域作为养殖小区，鼓励集中养殖、集中治理，以减少畜禽污染所带来的影响。同时要进一步地调整优化产业结构，发展一些经济效益好而污染比较少的生态农业。

城市、农村应各行其道，坚持因地制宜原则，针对城市、农村自然条件、产业特点、生活状况不同和财政实力等实际情况，按照低成本运行的要求，选择处理模式和处理技术路线。农村地区大多经济相对落后，地方财力有限，环卫设施相对滞后，一些环境保护建设不可能也没有必要一镇一村的建立，如垃圾处理场、污水处理厂等。因此，要重点建立“设施互补、设备配套、服务衔接”的处理系统，以实现设施共建、资金共担、服务共享的目的。

统筹城乡发展，是从城乡生态对立走向城乡生态融合的过程，是城乡文化冲突到城乡文化融合的过程。政府要给予财政支持和有效引导，打破城乡壁垒，以生态建设为平台，开展城乡统筹规划，让生态体系和文化网络逐步从城市延伸到农村，使城乡居民共享文明成果。科学规划是城乡生态融合和文化融合的基础，体制改革是城乡生态融合和文化融合的根本切入点，生态、文化与产业并举是城乡生态融合和文化融合的支撑，政府投入是城乡生态融合和文化融合的原动力。发展绿色生态产业，利用现代科学技术和管理手段在传统有效的农业经验上发展生态农业；乡镇政府给予乡村工业适当的政策或者资金的扶持，协助乡村工业实现从传统高污染、高能耗、低产量的生产方式向低污染、高产量、绿色可持续的生产方式转变；因地制宜发掘乡村历史文化资源、自然旅游资源来发展乡村旅游业。要长期树立“建设生态农业，发展无公害农产品，实现城乡环境统筹”的战略思想，摸清农业环境污染的主要原因，研究提出防治污染的政策、措施和管理机制，并因地制宜地搞好防治规划，开展试点示范。

此外，推广绿色产业，着力进行农村生态文明建设。首先，推广先进的科学技术，普及绿色农业，并考虑农村生态环境的实际情况，因地制宜，采取有针对性的农业科技标准和方法。一是推广集约化的农药技术。基于减少或者控制农药造成环境污染，降低农作物病虫害的危害水平的目标，应当综合使用农药的防治技术：大力推广诱虫灯等防控技术；创新农药生产技术，研发无毒无害的新品种农药。二是推广高效低耗的施肥技术。按照土壤肥力和农作物生长特性，适度地使用化肥，同时，适当增加使用有机肥。三是采用绿色农产品生产技术。研究开发可以防止病虫害、适应性强、生长期短的绿色种子，收获的绿色农产品产量高，不仅可以拉动当地绿色农业的发展，而且可以保证老百姓吃上自产自销、健康安全的绿色食品。四是运用先进的环保技术。一方面，整合农业生产、生活垃圾中可回收的“资源”，废物利用、变废为宝，加工出二次利用的产品；另一方面，当地政府出资建立可重复使用的垃圾卫生填埋场，鼓励农民采用自主处置模式，处理在农业生产中产生的如用空的农药包装、覆盖的农用塑料薄膜等垃圾，这样既可以充分发挥广大农民自力更生的精神，又加速垃圾的稳定化，解决农村固体废物问题。

其次，利用农村生态资源，发展乡村旅游业。乡村旅游业是建立在农村优美环境的基础之上，结合当地农业发展，体现当地旅游特色、风土人情的产业，两者是相互促进、相得益彰的关系。农村的旅游业和农业相结合，形成农业旅游的原生态模式，既能让游客享受旅游的乐趣，又能使其认识到农业文化的价值。农村发展旅游，可以考虑以下几方面的路径：一是以发展生态农业作为契机，合理安排农业生产，大力发展绿色果蔬和花卉种植，形成具有观赏力的休闲旅游农业，结合农家乐等全力打造特色品牌；二是充分利用当地优势生态资源，搞好旅游资源规划和开发，形成一批景色优美的山水旅游胜地；三是做好与县级政府农业部门和旅游开发管理部门的合作，及时关注市场发展，重点关注消费者需求，利用中介组织和行业协会进行市场宣传来增加知名度。

二、推进法治建设，加强绿色法律体系支撑

完善保护生态资源和城乡环境的各项制度，通过有效的资源保护和环境建设实施可持续发展战略，建立起符合城乡可持续发展的完善的环境法规体系。同时，必须依靠法制的保障，走生态环境建设法治化道路，实现环境建设法制化。针对我国目前农村生态环境污染日益严重的状况，在环境立法时，我国考虑到由于各生态要素相互关联的特点，注意与现行的相关法律法规的综合协调，同时应对现有的这些法规中已有的一些制度进行完善；强调预防体系的健全，并规定严格的法律责任；鼓励公众参与环境保护，确立公众参与制度，充分发挥公民个人、NGO 等环保组织以及社区的作用，让他们积极参加到污染防治工作中来。具体说来，应从以下几点加以立法完善。

（一）构建和完善城乡环境绿色发展的法规体系

（1）充分运用法律法规，促进城乡环境公平的保障机制。在法律框架内建立并完善我国环境治理体系，是解决我国环境公平问题的根本途径。因此，要在立法环节注重环境治理公平。全国人大在制定、修订相关法律时，要着重体现环境治理公平，建议国务院在制定修改相关法规条例时增加保障环境治理公平的有关条款，要完善资源保护和环境建设的立法，逐步健全有关方面的法律法规和制度体系。目前国家是通过制定专门的或单项的法律法规来规范对资源和环境的保护，这些法律法规难以涵盖所有的资源与生态类型，也无法穷尽环境保护的各种情况和各个环节，因此，需要在基本法律的原则指导下，增加不同种类和层次的法律法规，以改变现在环境建设许多方面无法可依的状况。

同时，地方要结合实际，依据基本法的精神制定一些切合当地实际的地方性法规，颁布一些地方性的标准和实施办法，以增强法律法规的覆盖面和针对性。企业和社会其他相关部门要结合工作需要，完善配套的政策和规定，清理废除不合时宜的政策办法，为实施生态发展战略提供政策支持。

建立和完善环境利益的公平分享法律制度。目前在我国，环境利益分享中存在的问题主要体现为城乡环境利益的分享不公、污染转移问题、流域生态效益分享不公、环境正效应的激励机制和环境负效应的惩罚机制未能有效地建立，对生态难民也缺乏有效的生存和发展保障。上述问题产生的根源主要是现行资源利用、污染防治、环境利益分享的监督管理法律制度仍然存在着不少的问题，不足以形成环境利益公平分享的制度格局。因此，要通过立法的形式建立产业补贴制度、流域财政转移支付制度、生态保险制度、生态融资制度、生态补偿税制度，并以生态难民的扶助和救济为重点，完善生态难民的援助和补贴制度以及保护生态难民的公益诉讼制度等。这样，使城乡居民在争取环境公平权利时有法可依，其他相关利益者有法必依，以确保城乡居民的环境利益能公平分享。

（2）立法限制城市污染向农村转移，为农村环境提供法制保障。长期以来，我国环境保护的重点一直在城市，对农村的生态环境关注不够。虽然国家的《环保法》《森林法》《水法》《土地法》等法律从宏观上规范了对相关资源和生态环境的要求，但是，由于农村经济和社会发展路径的特殊性，国家对农村生态环境的实际状况、产生原因、影响程度、作用机制等问题在很多方面缺乏准确、具体的把握，难以形成具有可操作性的环境政策。同时要重视农村环境保护基础体系的建设，依据资源环境基本法的精神，制定适合农村经济社会发展的法律法规和环境政策，对于解决农村环境问题的资金来源、使用要求、环境监测和环境统计等农村环境建设的基础工作，都应当有相应的法律或政策加以指导，为农村的环境建设提供制度依据。

针对当前突出的污染转移现象，从城乡生态安全、城乡环境公平两个角度为控制污染转移的合法性基础提供合理合法依据，应该通过立法加以限制城市污染向农村的转移。假如《环保法》等相关法规中对农村和城市采取同样的规范标准，即所谓“城乡一体化”的环境污染治理，那么，在城市没有前途的污染企业到农村同样走投无路。如果基于农村环境保护法制建设的现状，需要构筑一个比较完善的、独立的农村环境保护法律体系，那么，把农村环境保护从整个环境保护法中独立开来，形成一个单独针对农村的环境保护法律体系应包括：①《宪法》关于农村环境与资源保护的规定；②农村环境与资源保护基本法；③农村环境与资源保护单行法；④农村环境标准；⑤其他部门法中关于农村的环境与资源保护法律规范。除以上规定外，同样也应该有对工业污染的相关法规限定，确定合理有效的标准以限制城市污染企业向农村大量迁移。

（二）改革城乡环境保护统筹的执法体制

政府首先要转变发展的观念，确立统筹发展、协调发展、可持续发展的科学发展观，坚持依法办事，坚持走兼顾经济发展和环境保护的可持续发展道路，为全社会树立典范，结合当地环境变化的实际情况，说明环境与生存发展的关系，提高全民生态环境意识，增加广大群众环境法制的观念，引导和培养公民形成科学的生活消费习惯，营造保护资源和生态环境的良好社会氛围。

进一步改革环境执法体制，坚持从环境问题或纠纷的客观事实出发，严格依据环境法律法规办事，规范执法程序，推行环境政务公开，扩大民众参与。要大力开展宣传教育培训，提高环境执法人员的素质，使之树立公平执法理念。建立环境公平执法奖惩机制，对严格执法、公平执法的环境部门或人员给予奖励，对违法行政甚至贪赃枉法的环境部门或人员要追究责任给予相应惩罚。另外，应当通过司法审判纠正和制止政府、企业、社会其他组织和公民个人破坏资源和环境的行为，并依法处以相应的惩罚，由此建立起资源和环境建设法律法规的权威，从根本上改变社会对环境法制的漠视。

三、完善体制机制，促进城乡一体化绿色发展

2016 年，习近平总书记在青海考察时强调，我国可持续发展必不可少的是生态环境保护建设。尊重自然、保护自然，始终把生态文明放在城乡发展中最重要的位置，巩固国家生态安全，实现城乡生态一体化发展。城乡发展与生态保护是一脉相承的科学体系，应当协同推进。破除两者的相互割裂的状态首先要建立健全城乡生态环境保护一体化的发展机制，构建和谐的城乡生态文明体系。

走生态文明之路，要跳出传统的环境保护思路，按照“生产、生活、生态”三位一体的新思路来统筹发展，将生态环境保护作为评价政府管理绩效

的重要指标，作为衡量“三农”工作成效的重要维度。一是形成建立资源节约、环境友好的生态价值观。推进农业发展方式的转变，建设现代化生态农业产业，使农民获得经济利益的同时，更要享受到“天蓝、地绿、水净”的美丽农村。二是要建立完善发现问题治理问题的保护制度。为防止资源过度消耗、环境受到损害，要建立红线保护制度。以不同地区的生态环境为基础，划分不同的生态功能区、敏感区和脆弱区，来限定开发的方式和强度。在农业发展全过程中，通过防患于未然，发现问题及时解决问题，实行环境保护的综合治理。三是要建立健全农业生态环境政策支持体系。通过完善税收优惠、财政投入、基础建设等方面制定维护生态环境，提倡绿色发展，资源循环利用的政策体系，为生态文明建设的发展提供保障。四是要依靠先进科学技术治理农业生产、生活污染。针对现阶段农业环境面临的土壤重金属污染、地膜白色污染等突出问题，开展关键性重大技术创新，变废为宝，发展循环经济，将秸秆、畜禽粪便等农业废料转换为生产生活的能源，利用科技创新实现逐渐减少生产废料与对废料进行再利用和无害化。此外，农业发展靠农民，对农业生产经营主体进行培育，为农民普及生态发展意识和农业科学技术，提高农业科技成果在农村的转化应用水平，促进农业产业向生态、高产、优质的方向转变，保障城乡生态一体化建设顺利推进。

中国的城乡环境差距问题，更多的是政府的制度安排，政府的“城乡分治、重城轻乡”的政策效应所致。鉴于我国城乡环境严重失衡的特殊成因及其机理，特别是其现实影响，因此，“解铃还须系铃人”，政府权力形成和拉大的城乡环境差距还是需要借助政府的力量来缩小这种差距。

我国的环境保护规划和建设既滞后于城镇发展，也滞后于城乡一体化进程。在城镇发展过程中，由于没有做到环境保护与经济发展、城镇建设同步规划、同步实施，造成了城镇建设布局不当、功能不全。城乡环境统筹需要创新环境考核思路和工作方法，加快考核指标的修订工作，将水、气、噪声、固废等工作综合纳入考核范畴，将城乡总体规划中对环境的要求和环境保护规划的执行情况纳入考核体系。由于政府职能的转变，政府在经济发展中的作用由主导作用下降为引导作用，只能通过由规划等干预手段所建立的控制机制来引导和限制各种利益集团对其利益的追求。因此制定合理的环境规划要从协调互动关系入手，从而解决环境冲突。因此，城乡环境保护统筹规划应先行。任何行为都必须坚持以科学的城乡环境规划为引导，实施联合治理；在环境统筹规划的引领和推动下，促进城乡环境与发展的综合决策和综合考核机制的形成，并与政府的环境政策扶持相结合。

城乡是一个完整的体系，只有将城乡环境保护规划视为区域总体建设规划，进行城乡生态经济一体化规划才能保证生态环境的良性循环。农村在区域协调可持续发展的作用是城市生态系统不可替代的。要科学编制城镇总体规划和环境保护规划，并严格按规划进行建设。要防止在城镇建设中违背自然生态规律和城市总体规划，破坏具有重要生态功能用地和基本农田及侵占城镇绿地的现象发生。城镇规划编制应遵循“居民进区，工业进园”的原则，对城镇进行环境功能分区，统筹考虑城镇工业发展结构、布局、城镇建设规模、基础设施建设水平和环境保护措施，确保一定比例的“公共绿地”和生态保护用地。新建城镇、现有城镇进行大规模的区域开发及公路干线两侧的项目建设，要开展区域环境影响评价工作，避免城镇建设和交通干线两侧开发而造成的环境污染和生态破坏。

四、加强设施建设，夯实绿色发展基础

没有完善的基础设施建设，生态文明发展只是嘴上空谈。新农村环境基础设施建设的定位要以建设生态农村为目标，坚持污染防治与生态保护并重，构建山水、域、田、海协调共生的生态格局，形成以重点生态环境保护区为主体，自然生态走廊以河流、道路、自然历史风景沿线为脉络的生态体系，运用项目支持的形式，重点发展生态环境保护区的生态移民和替代产业，将农村新能源建设作为基础设施建设和生态环境建设的重要内容。

第一，通过政府加大基础建设的资本投入，逐步形成政府主导下的多元投资主体环保投融资格局。中国环境保护投资不足是由于巨大的客观需求和投融资机制不健全两方面的因素共同造成的，但后者是可调控和改进的。对资金有巨大需求是由中国严峻的环境形势和环境保护目标所决定的。中国在较低的经济发展阶段，出现了工业污染、城市生活型污染、生态系统功能失衡、新污染问题和全球环境问题等组成的复合型环境问题。要解决这一复合型环境问题，所需要的资金投入无疑是巨大的，也是任何发达国家未曾经过的。为了适应中国社会经济发展的要求，环境保护目标必须不断提高。而现有投融资机制不健全是造成投资总量不足的重要原因。长期以来，我国环保资金来源单一，政府

始终扮演着投资主体角色。从投资主体和各手段的投融资作用与贡献看，中国目前的机制总体特征为：一是政府计划下的手段和渠道如公共预算、环境收费、国债等发挥着主导作用，但投入力度不够；二是政府和污染者以外的其他投资主体和向社会筹集资金的商业融资手段的作用严重不足或缺位；三是城镇居民的生活污水和垃圾收费制度还处于起步阶段，没有发挥应有的作用。有研究表明，中国70%以上的环境保护投资是政府和公共部门投入的，而在美国和英国等国家，60%的污染治理资金来自私人部门。在现有多渠道的商业融资手段中，要通过改革和完善相关政策，重点利用好银行信贷和企业债券，包括积极寻求国际基金支持。

第二，多方位地吸引社会和企业资本投入基础设施建设中，不断扩宽融资渠道。中国近几年的有关实践非常活跃，在环境污染治理市场化的政策和模式上均有重要进展。但从全国的总体形势看，市场化实践仍处于发展的初期阶段。在城乡环境基础设施领域，市场化的本质是打破政府在该领域的垄断格局，要大力推行基础设施的有偿使用，其具体做法包括三个方面：一是向城镇居民征收生活污水和垃圾处理费；向政府以外的其他投资者开放城市环境基础设施领域，设施建设向社会公开招标。二是改革现有政府建设、事业单位运营的体制，引入竞争机制，由企业实行商业化管理。三是鼓励公共部门以外的任何经济主体参与设施的建设和运营管理，吸收社会资金，建立由多元主体参与的设施投资建设和以市场机制为基础的企业化设施运营管理体制。例如，大胆采用项目融资的“建设—经营—转让（BOT）”“转让—经营—转让（TOT）”等投融资方式，引导中外企业、个人投资建设环保基础设施。

第三，各级政府通过制定优惠的或补偿的政策和体制，为实现农村绿色发展提供物质基础。我国长期的环境保护支出主要用于城市，没有充分考虑农村在环境上存在的问题，没有对农村环境保护作转移支付，使农村的环境问题没有得到根本解决，形成城乡不同的环境保护政策。农村是城市的生态屏障，对城市的经济健康发展具有决定性作用，改善农村生态环境对于确保城市环境安全至关重要。从理论上说，转移形式既包括货币形态的转移，也包括企业形态的转移和公共产品形态的转移。但从可操作性来看，生态位势较低而经济位势较高的是城市，城乡生态转移支付是指生态位势较低的城市向生态位势较高的农村支付货币资金，以使生态位势较高的农村在不给生态位势较低的城市造成污染的同时，也能有效地发展经济。

五、强化宣传教育，健全绿色教育体系

加强城乡环境保护统筹的教育，让城乡居民认识到城乡环境质量的优劣与自身利益息息相关，引导大众建立起人与自然的和谐相处、兴衰与共的观念和信念，主动参与城乡环境保护，发挥舆论监督作用，尤其强化农村的环境控制体系，真正把环境保护变为整个区域内的全民自觉行动。

（一）完善生态教育保障体系

首先，完善基层生态环境部门的组织机构。发挥基层政府和村“两委”在农村环保中的综合管理和监督作用，加强基层生态环境部门的沟通、协调、合作，制定集体检查的规章制度，发挥集群效应。

其次，提升基层生态环境部门技术人员的专业技术。对于在职的缺乏专业技术的人员，通过专业培训，提高他们监管生态环境和处理污染的能力；对于招聘的新入职人员，提高准入标准，重点考核他们的专业知识和专业技能。同时，为基层生态环境部门配备齐全的交通工具与通信工具，准确定位污染源头，及时查处环境违法行为。

最后，整合基层生态教育资源。思想是行为的先导，只有从内心接受了人与自然和谐共生的理念，才会自觉践行生态理念。这就需要整合农村现有的文体活动室、党员活动室和村委会的广播站、现代化的信息网络阵地等资源，围绕农村存在的生态环境现状，援引典型的生态案例对农民进行生态教育，特别是对农民最关注的绿色农业生产技术和知识进行重点宣传和讲授，条件成熟时形成制度定期讲解。

加强对公众居民的环境教育，这种教育不仅可以促进他们目前的自我保护，使其认识到环境质量的优劣与自身利益息息相关，而且可以引导大众建立起人与自然和谐相处、城乡兴衰与共的观念和信念，主动参与环境保护，真正把环境保护变为整个国民的自觉行动，发挥这种社会舆论监督作用。很多农民并不了解与工业化和城市化相伴随的环境污染，不了解这种污染对于城乡居民的危害，仍然按照传统的方式对待它们，处理它们，从而人为地加大了环境灾害的风险。因此，加强针对农村居民的环境宣传教育的重视，要将环境教育的重点由城市转向广大农村。农村环境保护教育既要重视区域性环境问题，也要

关注全球性生态问题；既要注重环境问题教育，也要突出人地协调观念的培养；既要重视环境保护知识的获得，也要重视环境保护理解水平的提高，还要重视环境保护态度的培养；更要关注环境保护行为的养成，从而使农村地区公众获得比较完善的环境素养。

（二）畅通生态教育通道

畅通农村生态文明教育的通道，应当明确基层领导干部、学生群体和农民群体的责任，保障接受生态文明教育和环境宣传教育的公开性与公平性。环保教育要努力寻找切入点，环保教育的方式让农民认可，通过环境教育，不仅农民环境意识得以提高，同时让农村得到实惠，这是成功的环境教育前提，因此案例教育方式和技术扶持教育方式是非常必要的。可以通过案例，让农民意识到自己原来的各种生活方式对周围及子孙后代的影响，让农民真正明白环境保护是关系脱贫致富和造福子孙的大事。技术扶持是最好的环境教育方式。目前我国进行农村改水、改厕工程就是一个很好的例子，不仅给农民带来实惠，改善了农村卫生环境，而且也改善了下游的城市水质和整个生态环境。利用秸杆处理技术进行新能源的开发，秸杆发电、秸杆气化炉等生物燃料，可以制作门窗，培养菌类，直接还田，也可以做青贮饲料和秸杆生物饲料等，既环保又节能，还城乡一个清澈而美丽的天空。

通过培训提升基层领导干部的生态素质。各级党校、行政学院和干部学院，要将乡村生态振兴战略、生态环境教育纳入教学和培训计划，通过乡镇干部培训的形式进行生态文明理念讲授，通过典型案例剖析及实地调研的方式，学习成功的经验，汲取失败的教训，让生态教育真实有效。

通过课堂讲授和情景体验牢固学生群体的生态理念。一方面，学生的教材内容设置上要有生态文明知识，并规定相应的课时，甚至考虑在考核学生素质环节增加相关内容，使孩子们从小就接受生态文明知识教育，树立生态文明理念，践行生态行为；另一方面，有机会（如植树节、世界环境日等）让他们投入大自然的怀抱，真实感受人与自然的关系，如亲自动手植上一棵树为大自然增添一抹绿色，与小动物零距离接触为热爱生命保护生命留下深刻的印记，也可以充分利用农村与自然关系更为直接的优势，把孩子们带到田间地头领略大自然对人类生存发展的给予。

通过大力宣传及生态警示强化农民群体的生态行为。村“两委”必须定期向农民群体宣传国家关于环境保护的大政方针，让农民意识深刻理解“绿水青山”可以带来“金山银山”，认真学习、应用绿色无公害农业技术，按照“生态宜居”标准建设自己的家乡，真正把农村打造成让城里人都向往的美丽家园，实现农村美和农民富的双向发展目标。同时，要及时告知农民哪些行为属于破坏生态环境的违法行为，一旦发现必须及时制止，甚至行使环境监督权举报不法分子，对于带来巨大影响的恶性环境事件要对当事人绳之以法，以警示广大群众，不得逾越法律底线。

（三）丰富生态教育形式

首先，借助环保纪念日普及生态环保知识。以纪念日的内容为主题，如在世界环境日、国际生物多样性日等环保纪念日，在学校、社区和农村通过多种多样的宣传形式，普及生态环保知识。其次，投资建立专门的生态教育基地。基地建设可以是绿色农业示范基地，可以是生物多样化保护基地，可以是自然与人文景观交相辉映基地，也可以是生态恢复成功基地等，通过基地现场教育，更能增加教育的真实感和实效性，让人心服口服地接受生态文明理念，践行生态文明行为。最后，号召农民参加有关生态环保的公益活动。通过参与行动，使农民身临其境地感受和理解生态问题，认识人与自然关系的密切性，懂得自己在农村生态环境建设中的职责。当农民树立“人人有责”的主体观念，便会在农村生态文明建设中身体力行。在城乡环境统筹宣传中，要创新手段，将形式、内容、效果有机统一起来，增强环境宣传教育实效；要抓住机遇，加强能力建设、整合宣教力量，推进环境宣传教育的专业化和社会化。

除此之外，还应当将城乡环境保护教育纳入教育与实践环节。当前，全国大部分高校、中等专业学校及职业高中开设了垃圾分类专题讲座；在大、中、小学开展了创建绿色学校活动；各级党校和行政学院开设了环保教学内容；举办了“保护生态环境、倡导文明新风”等大型宣传活动，环境宣传日益贴近群众；配合环保重点工作，新闻媒体集中进行采访报道；连续多年的“中华环保世纪行”活动宣传了先进典型，揭露和批评了违法行为，促进了一批“老大难”问题的解决。环境教育应与环保行动的实践结合起来，特别是从小培养城市和农村孩子的环境意识，不要只局限于口号宣传与书本教育形式，要落实到行动中去，让环保成为一种优良的习惯。

还有，就是要加强乡村文化教育，涵育新时代乡村的生态文明乡风。乡风文明是新时代乡村的灵魂，亟须加强乡村文化教育以提高乡村文明。《中共中央 国务院关于实施乡村振兴战略的意见》指出：“必须坚持物质文明和精神文明一起抓，提升农民精神风貌，培育文明乡风、良好家风、淳朴民风，不断提高乡村社会文明程度。”生态文化教育是一个潜移默化的活动，具有长期性、持久性的特点，需要具有持之以恒的决心来进行。首先，加强思想道德教育。用社会主义核心价值观引领乡村思潮，深入开展思想道德教育、民族精神教育等，让社会主义先进文化成为乡村主流思潮。其次，完善乡村教育体制，提高乡村学校的教育质量。健全乡村学校教育经费保障机制，改善乡村学校的软硬件设施；开展乡村教师知识技能培训，提高乡村教师素质水平和待遇。最后，建立健全乡村公共文化服务体系，提升村民科学文化素养。大力建设乡村图书馆、文化阅览室、村文化站等公共文化场所，使其成为传播先进科学文化的阵地；对村民进行再教育，开展科学知识培训和农业技能培训等，提高村民个人能力水平；开展法律宣传讲座，让村民知法、懂法、守法。

参考文献

[1] 马克思恩格斯．马克思恩格斯全集（第 1 卷）．［M］．人民出版社，2012.

[2] 中共中央马克思恩格斯列宁斯大林著作编译局编．马克思恩格斯选集（1~4 卷）人民出版社.

[3] 中共中央宣传部．习近平新时代中国特色社会主义思想三十讲．学习出版社，2018.

[4] 中共中央文献研究室，中国外文局编．习近平谈治国理政（第一、二卷）[M]．北京：外文出版社，2014、2017.

[5] 中共中央文献研究室编．十一届三中全会以来重要文献选编（上中下）.

[6] 中共中央文献研究室编．十四大以来重要文献选编（上中下）.

[7] 中共中央文献研究室编．十五大以来重要文献选编（上中下）.

[8] 中共中央文献研究室编．十五大以来重要文献选编（上中下）.

[9] 中共中央文献研究室编．十六大以来重要文献选编（上中下）.

[10] 中共中央文献研究室编．十七大以来重要文献选编（上中下）.

[11] 中共中央文献研究室编．十八大以来重要文献选编（上中下）.

[12] 中共中央文献研究室编．建国以来重要文献选编（1－20 卷）.

[13] 费孝通．乡土中国［M］．北京：北京大学出版社，2012.

[14] 贺雪峰．乡村治理的社会基础：转型期乡村社会性质研究［M］．北京：中国社会科学出版社，2003.

[15] 亚当·斯密．国民财富的性质和原因的研究（上卷）[M]．商务印书馆，2005.

[16] 陈方勐．农村改革的战略问题［M］．中共中央党校出版社，2012.

[17] 陈洪波，周琳琅等．美丽乡村在宁波实践探索［M］．中国财政经

济出版社，2016.

［18］江泽林．农业现代化、城镇化与城乡融合发展［M］．中国社会科学出版，2018.

［19］陈燕妮．马克思恩格斯城乡融合思想与我国城乡一体化发展研究［M］．中国社会科学出版社，2017.

［20］章文彪．城乡融合的浙江探索与实践［M］．浙江人民出版社，2017.

［21］宋惠敏，刘蕾，孙红军．城乡一体化中农村科技人才发展研究［M］．河北科学技术出版社，2013.

［22］埃比尼泽·霍华德．明日的田园城市［M］．商务印书馆，2000.

［23］邢祖礼等．新中国70年城乡关系演变及其启示［J］．改革，2019（6）.

［24］胡豹．以高质量为引领推进浙江乡村振兴．浙江经济［J］，2019（5）.

［25］郭星华，刘朔．中国城乡关系七十年回望：国家权力的下沉、回缩与再进入［J］．社会科学，2019（4）.

［26］熊万胜．郊区社会的基本特征及其乡村振兴议题——以上海市为例［J］．中国农业大学学报（社会科学版），2018（3）.

［27］马华．村治实验：中国农村基层民主的发展样态及逻辑［J］．中国社会科学，2018（5）.

［28］吕岩威，刘洋．农村一二三产业融合发展：实践模式、优劣比较与政策建议［J］．农村经济，2017（12）.

［29］周璐瑶，王曼莹．以产业推进城乡统筹发展的路径研究［J］．经济纵横，2014（12）.

［30］徐勇．农民理性的扩张："中国奇迹"的创造主体分析——对既有理论的挑战及新的分析进路的提出［J］．中国社会科学，2010（1）4.

［31］王浩．农村人才引进来还要留得住（三农杂谈）》［N］．《人民日报》2018年7月15日第10版.

［32］习近平在中国共产党第十九次全国代表大会上的报告［EB/OL］．人民网//cpc. people. com. cn/n1/2017/1028/c64094－29613660. html.

［33］《中共中央 国务院关于建立健全城乡融合发展体制机制和政策体系

的意见》(2019.4).

[34]《中共中央 国务院关于实施乡村振兴战略的意见》(2018.2).

[35] 中华人民共和国村民委员会组织法 [EB/OL]. 中国人大网, http://www.npc.gov.cn/huiyi/cwh/1117/2010-10/28/content_1602777.htm.

[36]《中国农村统计年鉴2018年》中国统计出版社, 2019年2月.

[37]《2017年城乡建设统计年鉴》http://www.mohurd.gov.cn/xytj/tjzljsxytjgb/index.html.

[38]《中国统计年鉴2018》国家统计局, http://www.stats.gov.cn/tjsj/ndsj/2018/indexch.htm.

[39]《2018年国民经济和社会发展统计公报》国家统计局, http://www.stats.gov.cn/tjsj/zxfb/201902/t20190228_1651265.html.

[40] 第三次全国农业普查主要数据公报, 国家统计局 http://www.stats.gov.cn/tjsj/tjgb/nypcgb/.

[41] 国家统计局: 新中国成立70周年经济社会发展成就系列报告.

后　记

从城乡分割到城乡融合，是经济社会发展的必然要求，也是贯彻落实党的十九大精神的客观需要。中共中央、国务院在2019年5月5日印发的《关于建立健全城乡融合发展体制机制和政策体系的意见》，是对未来我国城乡融合发展作出的全面安排。建立健全城乡融合发展体制机制和政策体系是一个系统工程，目的在于重塑新型城乡关系，走城乡融合发展之路，促进乡村振兴和农业农村现代化。宁波工程学院成立“城乡融合研究中心”，致力于城乡融合发展研究，以期为城乡融合与乡村振兴提供智力支持。本著作是城乡融合研究中心成立以来研究出版的第一个理论成果，本书作者在进行深入调查研究基础上，着力从产业融合、盘活资产、统筹规划、乡村善治、引智聚力、设施互通、绿色融合等方面对新中国成立以来城乡关系进行系统梳理，既肯定了取得的显著成绩，也指出存在的问题与不足，进而提出进一步推进城乡融合的相关措施。

进入新时代，随着城乡融合实践的不断深入，对理论界提出新的课题与要求。如何借鉴发达国家走城乡融合之路的成功经验，如何有力破解促进城乡融合的体制机制障碍、如何形成推进城乡融合的工作合力格局，都是需要值得深入研究的重大课题，本书只是城乡融合研究中心成立以来开展理论研究的第一次尝试。成立城乡融合研究中心，培养一支研究团队，形成一批有影响的研究成果，是我们努力的方向。由于我们刚刚起步，研究还不是非常充分，书中尚存在一些错讹或不当之处，敬祈专家和读者批评斧正，非常感谢！

课题研究过程中，得到了宁波工程学院马克思主义学院的大力支持以及相关专家的悉心帮助和指导，特此感谢！本书在写作的过程中参考和借鉴了理论界相关学者研究成果，使用了部分数据和图片，多数都已经作出注释，有些可能未一一注释，在此一并表示感谢！

本书的具体分工为：宁波工程学院陈方猛副书记和城乡融合研究中心主任

陈洪波教授负责全书的总体设计及全书统稿；宋超女老师负责第一章“序论”写作任务；王志新副教授负责第二章“产业融合 夯实基础”写作任务；周琳琅教授负责第三章“盘活资产 激发活力”写作任务；肖德龙老师负责第四章“统筹规划 引领发展”写作任务；郑娟博士负责第五章“乡村善治 实现和谐”写作任务；闻文博士负责第六章“引智聚力 振兴乡村”写作任务；陈洪波教授、邱琴芬副教授负责第七章“设施互通 资源共享”写作任务；陈园园副教授负责第八章“绿色融合 美丽宜居”写作任务。

作 者

2019 年 10 月于宁波工程学院